CALCUL ET CONSTRUCTION

AF320599

DES

PONTS MÉTALLIQUES

PAR

MM. FR. LAISSLE ET AD. SCHUEBLER,

INGÉNIEURS.

Traduit de l'allemand
avec l'approbation des auteurs.

Tome deuxième.

STUTTGART.

PAUL NEFF, ÉDITEUR.

1871.

CALCUL ET CONSTRUCTION

DES

PONTS MÉTALLIQUES

PAR

MM. FR. LAISSLE et AD. SCHUEBLER,

Jngénieurs.

Traduit de l'allemand
avec l'approbation des auteurs.

Tome deuxième.

Stuttgart.

PAUL NEFF, ÉDITEUR.

1871.

BIBLIOTHÈQUE NATIONALE
R.F.
IMPRIMÉS

ACQUISITION
N° 55,695.

Imprimerie de Woerner et Comp. à Stuttgart.

TABLE DES MATIERES.

Chapitre cinquième.

Formules pratiques pour les ponts-poutres en treillis.

§. 15. Théorie des poutres en treillis.

§. 16. Poutres en treillis, à nervures droites et horizontales.

§. 17. Poutres paraboliques.

§. 18. Poutres cintrées, non-paraboliques.

Chapitre sixième.

Ponts a poutres lattices.

§. 19. Théorie des ponts lattices.

§. 20. Ponts à poutres lattices, à barres semblables dans les deux sens, sans barres verticales.

§. 21. Ponts à poutres lattices, à barres en fers plats et à barres verticales.

§. 22. Ponts à poutres lattices, à barres rigides et à tiges en fers plats.

Chapitre septième.

Supplément et résumé.

§. 23. Ponts-tubes.

§. 24. Ponts à poutres composées.

§. 25. Poutres continues sur plusieurs ouvertures.

§. 26. Considérations rétrospectives.

Appendice.

BIBLIOTHÈQUE NATIONALE R.F.

CHAPITRE CINQUIÈME.
Formules pratiques pour les ponts-poutres en treillis.

---

§ 15.
Théorie des poutres en treillis.

122. Le trait caractéristique des poutres en treillis consiste en ce que leurs nervures sont reliées entre elles par des *barres*, (arcs-boutants, tirants, liens), de façon à former un système fixe de triangles invariables. Une des conditions essentielles à remplir, c'est de tâcher que chacune des pièces du treillis ne soit soumise qu'à des efforts longitudinaux, pression ou tension et si possible pas du tout à la flexion. — Si l'on nomme

O la force dans la partie considérée de la nervure supérieure,
U la force dans la nervure inférieure,
Ω la section transversale de la nervure,
N la force dans une barre,
ω la section transversale de cette barre,
$\mathfrak{A}$ la tension par unité carrée dans une pièce soumise à la traction,
$\mathfrak{B}_m$ la pression moyenne dans une pièce soumise à la compression,

d'après les lois développées dans l'étude des corps prismatiques, et spécialement d'après l'équation 20), on a:

pour la nervure supérieure:

$$\mathfrak{A} \text{ ou } \mathfrak{B}_m = \frac{O}{\Omega} \quad \ldots \ldots \ldots \quad 166)$$

II.   1

pour la nervure inférieure :

$$\mathfrak{A} \text{ ou } \mathfrak{B}_m = \frac{U}{\Omega} \quad \ldots \ldots \ldots \quad 167)$$

pour une barre :

$$\mathfrak{A} \text{ ou } \mathfrak{B}_m = \frac{N}{\omega} \quad \ldots \ldots \ldots \quad 178)$$

Lorsque des barres iront dans plusieurs directions, nous nommerons :

V la force dans une barre verticale (arc-boutant, tirant, boulon),
T la force dans une barre de direction opposée à celle de la force N,

l'équation 168) s'écrira

$$\left. \begin{array}{l} \mathfrak{A} \text{ ou } \mathfrak{B}_m = \dfrac{T}{\omega} \\[2mm] \mathfrak{A} \text{ ou } \mathfrak{B}_m = \dfrac{V}{\omega} \end{array} \right\} \quad \ldots \ldots \ldots \quad 168)$$

Pour des prismes courts la pression moyenne $\mathfrak{B}_m$ doit être prise égale à la pression maximum $\mathfrak{B}$ qui agit dans la barre ; pour des prismes longs, cette pression se trouvera d'après la méthode indiquée dans le § 3 ; l'équation 76) fournit

$$\mathfrak{B} = \mathfrak{B}_m \left(1 + K \frac{\omega L^2}{\Theta} \right) \quad \ldots \ldots \quad 169)$$

où L indique la longueur libre de la pièce considérée (voir le N°. **37**), Θ le moment d'inertie de la section dans le sens du ploiement probable et le terme $\left(1 + K \dfrac{\omega L^2}{\Theta} \right)$ indique de combien la résistance de pièces d'une longueur plus grande est moindre que celle de pièces courtes ; les coefficients K sont contenus dans la table XI, et la série des valeurs de $\mathfrak{B}_m$ à adopter, dans la table XIV.

123. Les poutres en treillis étant composées de triangles, il en résulte qu'en général au moins deux barres viennent s'assembler sur les nervures, ensorte que les extrémités de ces barres forment les *articulations* du treillis.

Les diverses pièces d'un treillis ne devant être soumises qu'à des efforts longitudinaux, il en résulte à la rigueur, que *la charge d'une poutre en treillis ne devrait être appliquée qu'aux articulations.* En général, cette condition est remplie au moyen de *poutrelles* et d'*entretoises* ; ces dernières servent ordinairement de points d'appui aux poutrelles et sont assujetties aux articulations supérieures ou inférieures, ou bien aussi à des armatures verticales (barres ou montants verticaux).

Lorsque la charge se trouve entre deux articulations consécutives, les nervures sont soumises à des efforts résultant de la flexion, qu'on devra ajouter aux efforts de tension ou de compression produits par le système du treillis lui-même; dans la détermination de ces efforts accessoires, on suppose la charge de la nervure transmise sur les articulations et déterminée d'après la loi du levier (suivant les cas, en tenant compte de la continuité). Le propre poids des pièces de construction agit semblablement à celui d'une charge qui se trouve entre les articulations; — le poids propre du pont est généralement regardé comme réparti uniformément par unité de longueur, ensorte que dans le cas d'équidistance des articulations, on pourra admettre, en général, que chacune d'elles est également chargée par le poids propre de la poutre principale, tandis que le tablier est uniformément réparti sur les articulations supérieures ou sur les articulations inférieures ou sur toutes deux à la fois.

124. Dans un fragment de poutre limité par une coupe verticale x, nommons, comme nous l'avons fait dans le N°. **4,**

$\mathfrak{V}$ *l'effort tranchant,* c'est-à-dire la somme algébrique des composantes verticales agissant à l'extérieur sur ce fragment (en valeur numérique égale à la résistance verticale ΣY de la section x);

$\mathfrak{M}$ *le moment de flexion,* c'est-à-dire le moment des forces extérieures, qui, en valeur numérique, est égal au moment de résistance $\Sigma X y$ des forces intérieures agissant en un point quelconque de la section considérée x. —

La détermination des valeurs $\mathfrak{M}$ et $\mathfrak{V}$ se fera au moyen des équations 100)—102), puisque les charges sont concentrées et

Fig. 127.

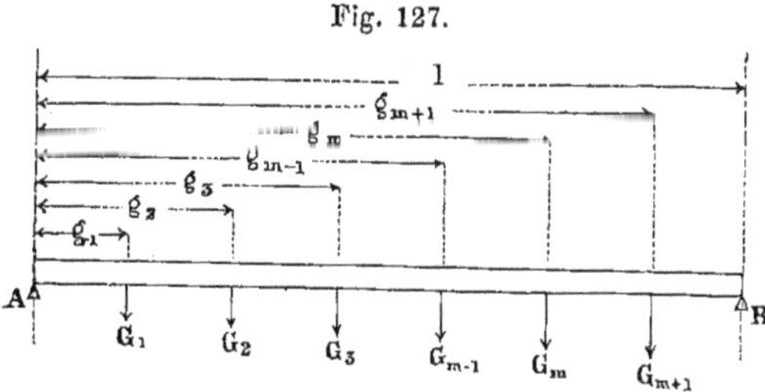

qu'elles agissent en des points déterminés sur les articulations; en négligeant les termes qui renferment $\mathfrak{p}$ et en désignant par

l la portée entre deux appuis A et B,

$G_1, G_2 \ldots G_m$ les poids agissant aux articulations,

$g_1, g_2 \ldots g_m$ les abscisses des articulations, A étant pris comme origine

$\mathfrak{M}_1$, $\mathfrak{M}_2$ . . . . $\mathfrak{M}_m$ les moments de flexion relatifs aux articulations 1, 2 . . . . . m,

$\mathfrak{B}_1$, $\mathfrak{B}_2$ . . . . $\mathfrak{B}_m$ les efforts tranchants, constants sur la longueur d'un panneau, pris relativement à une section faite à gauche des articulations 1, 2 . . . . m, nous obtiendrons,

$$170) \quad \begin{cases} A = \left(1 - \dfrac{g_1}{1}\right) G_1 + \left(1 - \dfrac{g_2}{1}\right) G_2 + \left(1 - \dfrac{g_3}{1}\right) G_3 + \ldots \\[2mm] B = \dfrac{g_1}{1} G_1 + \dfrac{g_2}{1} G_2 + \dfrac{g_3}{1} G_3 + \ldots \end{cases}$$

donc pour l'effort tranchant dans le panneau situé à gauche du point m

$$\mathfrak{B}_m = A - G_1 - G_2 \ldots - G_{m-1} \quad . \quad . \quad 171)$$

et pour le moment de flexion au point m

$$172) \quad \mathfrak{M}_m = A g_m - G_1 (g_m - g_1) - G_2 (g_m - g_2) \ldots \ldots - G_{m-1} (g_m - g_{m-1}).$$

Les équations 171) et 172) s'appliquent également aux *poutres continues* dès que les réactions sur les culées sont connues, (où a désigne la portée AB, et b la portée BC); les formules restent les mêmes pour l'ouverture AB; pour l'ouverture BC, il faut introduire la réaction sur l'appui B avec son bras de levier $(g_m - a)$, d'où résulte:

$$171^a) \quad \mathfrak{B}_m = A - G_1 - G_2 \ldots + B \ldots - G_{m-1}.$$

$$172^a) \quad \begin{cases} \mathfrak{M}_m = A g_m - G_1 (g_m - g_1) - G_2 (g_m - g_2) \ldots \ldots \\ \qquad + B (g_m - a) - \ldots \ldots - G_{m-1} (g_m - g_{m-1}). \end{cases}$$

Si, d'après l'équation 172) (ou 172ᵃ), on forme la valeur $\mathfrak{M}_{m-1}$ et qu'on la déduise de celle de $\mathfrak{M}_m$, on obtient:

$$\mathfrak{M}_m - \mathfrak{M}_{m-1} = \mathfrak{B}_m (g_m - g_{m-1})$$

d'où résulte:

$$\mathfrak{B}_m = \frac{\mathfrak{M}_m - \mathfrak{M}_{m-1}}{g_m - g_{m-1}} \quad . \quad . \quad . \quad 173)$$

La valeur $\mathfrak{M}_m - \mathfrak{M}_{m-1}$ représente l'augmentation du moment de flexion sur la longueur du panneau $d = g_m - g_{m-1}$; pour une longueur infiniment petite, c'est-à-dire pour une augmentation continue de $\mathfrak{M}$, l'équation 173) devient identique à l'équation 18) développée dans le chapitre premier:

$$\mathfrak{B} = \frac{d \mathfrak{M}}{d x} \quad . \quad . \quad . \quad . \quad . \quad . \quad 173^a)$$

Si nous prenons la direction *de la pesanteur comme positive*, $\mathfrak{B}$ sera négatif aussi longtemps que $A > (G_1 + G_2 \ldots + G_{m-1})$, d'où résulte que $\mathfrak{B}$ négatif a la même direction que la réaction sur les appuis.

Pour une poutre reposant librement sur deux appuis, $\mathfrak{M}$ a toujours le même signe, que nous avons regardé comme positif, d'où il résulte que la rotation correspondant à la réaction sur les appuis doit aussi être prise positive; dans une poutre continue, $\mathfrak{M}$ est négatif dans le voisinage des appuis intermédiaires, parce que le moment des charges agissant de bas en haut dépasse le moment de la réaction sur les appuis. Les valeurs de ΣY et $\Sigma X y$ sont égales, mais de signe contraire à celles de $\mathfrak{B}$ ou de $\mathfrak{M}$ (voir N°. **4**), d'où résulte, d'après les considérations ci-dessus développées, que ΣY négatif agit dans le même sens que la pesanteur, et qu'une rotation *positive* $\Sigma X y$ est opposée au moment de la réaction sur les appuis (voir fig. 128).

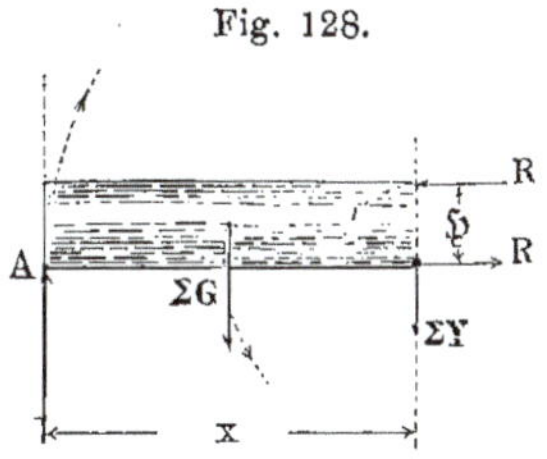

Fig. 128.

Ces considérations sont importantes lorsqu'on recherche les parties de la construction qui sont soumises à la tension ou à la pression.

125. Si, dans la fig. 127, nous prenons des distances égales entre les articulations et que les poids y agissant soient égaux, si, en outre, on porte comme ordonnées les $\mathfrak{B}$ et les $\mathfrak{M}$ calculés d'après les équations 171) et 172), on trouve que tous les $\mathfrak{M}$ calculés pour les diverses articulations se trouvent sur une para-

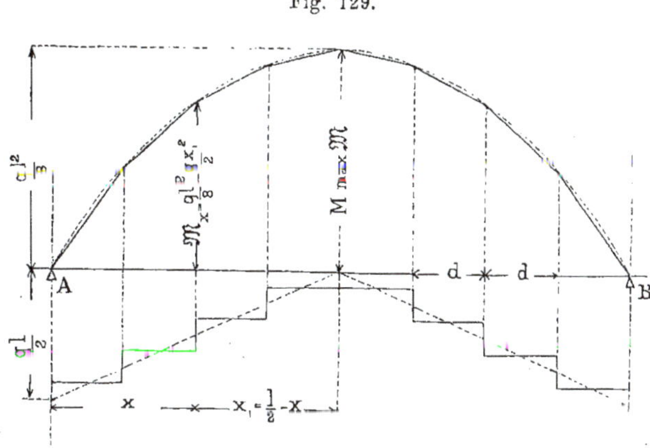

Fig. 129.

bole dont l'axe est vertical, comme le représente la fig. 129, tandis que par l'augmentation constante de l'effort tranchant, les ordonnées de $\mathfrak{B}$, portées au milieu des panneaux, doivent se trouver sur une ligne droite qui au milieu de la portée, passe sur l'axe des abscisses (d'après l'équation 171).

Il résulte des remarques précédentes et surtout de l'équation 171), que l'effort vertical est constant entre deux articulations successives; c'est pourquoi, pour un treillis; la courbe des $\mathfrak{B}$ forme un polygone en escalier, comme le représente également la fig. 129. — Puisque $\mathfrak{B}$ est constant sur la longueur d'un panneau, il résulte, d'après la relation $\mathfrak{B} = \dfrac{d\,\mathfrak{M}}{d\,x}$ donnée par l'équation 173ᵃ), que la courbe des $\mathfrak{M}$ entre deux articulations consécutives doit être une ligne droite, ensorte que cette courbe forme un polygone inscrit dans la parabole.

Si les poids agissant sur chacune des articulations correspondent à la *charge maximum* q *également répartie*, le polygone des $\mathfrak{M}$ se trouve entouré de la parabole de la charge maximum uniformément répartie; dès que l'ordonnée du sommet de la parabole $\dfrac{q\,l^2}{8}$ est connu, les divers points de la parabole se trouvent facilement d'après l'équation 93ᵇ):

$$\mathfrak{M} = \frac{q\,l^2}{8} - \frac{q\,x_1^2}{2} \quad \cdot \ \cdot \ \cdot \ \cdot \ \cdot \ \cdot \quad 174)$$

x_1 représente la distance horizontale entre le point considéré et le milieu de la poutre.

Lorsque la distance des articulations est variable, la méthode indiquée dans la fig. 129 reste la même, pourvu que la charge soit également répartie et transmise sur les articulations d'après la loi du levier; tous les points du polygone se trouvent sur la parabole de la charge maximum uniformément répartie, et de plus, la ligne droite $\mathfrak{B}$ simultanée aura, au milieu du treillis, un point de contact commun avec la courbe en escalier $\mathfrak{B}$ du treillis.

126. On se fera une idée claire du rapport existant entre les courbes des $\mathfrak{M}$ et des $\mathfrak{B}$ du treillis et les courbes correspondantes des $\mathfrak{M}$ et des $\mathfrak{B}$ qui augmentent d'une manière continue, si l'on soustrait des ordonnées de ces dernières, les valeurs correspondant aux pièces de pont, donc les efforts tranchants $\varDelta\mathfrak{B}$ et les moments de flexion $\varDelta\mathfrak{M}$, (en se rappelant que la différence entre deux couples est encore un couple).

Il résulte directement de ces observations, que les deux courbes ont des points communs où $\varDelta\mathfrak{B}$ et $\varDelta\mathfrak{M}$ sont nuls.

Si l'on fait usage des développements ci-dessus pour une poutre reposant librement sur deux appuis et chargée d'une *manière uniforme*, il en résulte que les $\mathfrak{M}$ pour les *articulations* et les $\mathfrak{B}$ pour *le milieu* de chaque panneau sont égaux, tant pour la construction totale, que pour la poutre principale seulement, ainsi que nous l'avons déjà vu dans le N°. **125**. Si la charge est variable sur la longueur d'un panneau, il faudra déterminer, d'après la théorie du levier, le point $\Delta\mathfrak{B} = $ o qui donne en même temps max $\Delta\mathfrak{M}$.

Si en outre les entretoises doivent être considérées comme des poutres continues, $\Delta\mathfrak{M}$ ne sera pas nul aux articulations, mais il y aura une valeur négative déterminée, et le point où les deux courbes des $\mathfrak{M}$ se coupent (c'est-à-dire le point $\Delta\mathfrak{M} = $ o) doit être déterminé d'après la loi déjà indiquée dans le § 8 pour les poutres continues; on trouvera par là aussi le point $\Delta\mathfrak{B} = $ o qui coïncidera avec le point max $\Delta\mathfrak{M}$.

127. D'après ce que nous avons vu au N°. **59**, le maximum de l'effort tranchant, en un point x d'une poutre reposant librement sur deux appuis, aura lieu lorsque la surcharge uniformément répartie atteindra le point considéré x; la courbe des max $\mathfrak{B}_x$ se trouvera d'après les équations 96) et celles des $\mathfrak{M}_x$ simultanés, d'après les équations 97).

La courbe des max $\mathfrak{B}_x$ ne représente pas les efforts tranchants qui agissent sur le *treillis*, puisque les $\Delta\mathfrak{B}$ renfermés dans les entretoises doivent être soustraits; on fera la soustraction en construisant la courbe des max $\Delta\mathfrak{B}$ pour chaque panneau, comme cela a eu lieu dans la fig. 130ᵃ.

Fig. 130ᵃ.

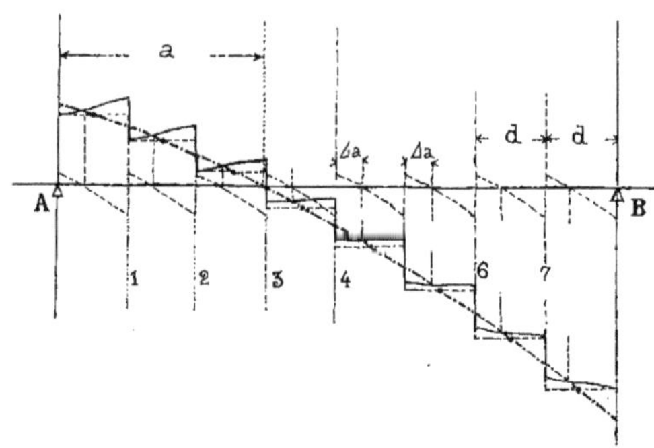

Dans cette figure, nous supposons qu'une charge uniformément répartie s'avance de A vers B et que l'on construise $\mathfrak{B}_x$ et $\Delta\mathfrak{B}$ pour chaque extrémité (en tête) de la surcharge; nous aurons pour chaque position de la surcharge une valeur déterminée de l'effort tranchant $\mathfrak{B}_m$ du treillis comme différence des valeurs de $\mathfrak{B}_x$ et de $\Delta\mathfrak{B}$; cette valeur $\mathfrak{B}_m$, calculée pour l'extrémité de la surcharge, existe aussi pour toute la longueur du panneau, puisque l'effort tranchant y est constant. La courbe en escalier du treillis, que montre la fig. 130ᵃ, est donc une représentation graphique de *toutes* les valeurs $\mathfrak{B}_m$ qui agissent dans le treillis lorsque la surcharge avance d'une manière uniforme et que son extrémité se trouve dans le panneau considéré; cette courbe nous donne le point jusqu'où la surcharge doit s'avancer afin de procurer un *maximum* d'effort tranchant dans le panneau.

D'après la fig. 130ᵃ, nous voyons qu'entre $\mathfrak{B} = 0$ et l'appui B, le max $\mathfrak{B}_x$ calculé pour le milieu du panneau, se trouve à-peu-près égal à celui de maximum $\mathfrak{B}_m$ du treillis; de même, entre A et $\mathfrak{B} = 0$, où chacun des max $\mathfrak{B}_x$ est négatif, le $\mathfrak{B}_x$ calculé pour le milieu du panneau correspond au minimum négatif, donc à la valeur *relative* maximum de $\mathfrak{B}_m$. — Nous en concluons que le max $\mathfrak{B}_x$ pour le milieu du panneau, représente également dans ce dernier la valeur de l'effort tranchant maximum $\mathfrak{B}_m$; c'est sur cette conséquence que se fonde la construction indiquée dans la fig. 130ᵇ, où la charge arrive de A ou de B et où les valeurs

Fig. 130ᵇ.

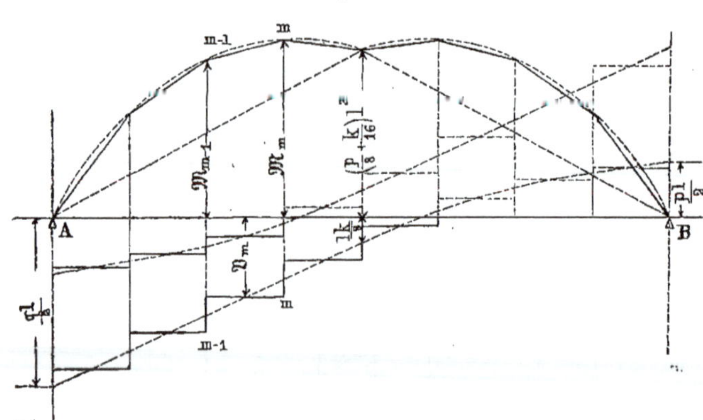

relatives maxima et minima de $\mathfrak{B}_m$ sont données par des lignes droites en escalier, qui renferment toutes les valeurs possibles de $\mathfrak{B}_m$.

Dans la fig. 130ᵇ, on a porté aussi pour les deux courbes $\mathfrak{B}_x$ les valeurs correspondantes de $\mathfrak{M}_x$; en retranchant de ces dernières d'une manière graphique les valeurs $\varDelta\mathfrak{M}$, on obtient pour le milieu de chaque panneau, des valeurs simultanées de $\mathfrak{M}$ et de $\mathfrak{B}_m$. Comme nous avons supposé la charge arrivée jusqu'au milieu du panneau considéré, d désignant la longueur du panneau, la valeur $\mathfrak{B}_m$

sera trop grande de $\dfrac{k\,d}{8}$. Cette différence disparaît si l'on se figure la surcharge du panneau demi-chargé concentrée à l'articulation voisine chargée, ce qui ne produit qu'un changement assez faible de la pression sur la culée, donnée d'après l'équation 91).

La méthode représentée par la fig. 130[b] peut être appliquée directement en pratique, lorsque, dans chacun des panneaux, outre max $\mathfrak{B}_m$, une seule valeur simultanée (moyenne) de $\mathfrak{M}$ est jugée suffisante pour le calcul, ou bien aussi, lorsque quelques dimensions ne dépendent que de max $\mathfrak{B}_m$, valeurs maxima qui sont assez exactement représentées par la fig. 130[b], comme nous l'avons démontré ci-dessus.

128. Lorsque *deux ou plusieurs valeurs simultanées de* $\mathfrak{M}$ seront nécessaires pour déterminer les dimensions de coupe d'une partie d'un treillis, on ne pourra plus employer directement la fig. 130[b];

Fig. 131.

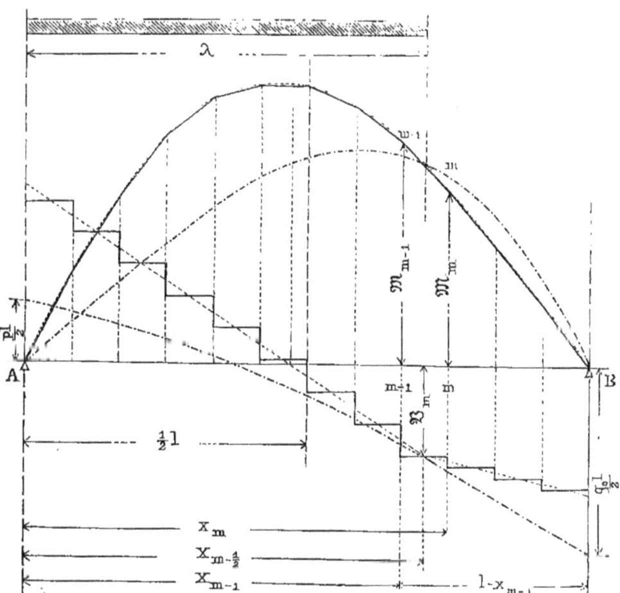

à chaque longueur de la surcharge correspond une courbe des $\mathfrak{M}_x$ formée de deux paraboles, courbe qui n'a qu'un point commun avec la courbe des $\mathfrak{M}$ déterminée d'après l'équation 97) et représentée dans la fig. 130^{b}.

La fig. 131 représente le cas où la surcharge k s'est avancée de A jusqu'au milieu du panneau (m — 1), où se coupent les deux courbes des $\mathfrak{M}_x$ et les deux courbes des $\mathfrak{V}_x$.

On a représenté les courbes du treillis, pour la longueur adoptée de la charge, d'après la méthode indiquée au N$^\text{o}$ **125**; la courbe $\mathfrak{V}$ du treillis coïncide toujours au milieu du panneau avec la courbe simultanée de $\mathfrak{V}_x$, excepté dans le panneau demi-chargé, où l'horizontale correspondante du treillis devrait être rapprochée de la valeur $\dfrac{dk}{8}$ de l'axe des abscisses. Cette exception disparaît si l'on a soustrait la grandeur $\dfrac{dk}{8}$, d'après les motifs énoncés dans le N$^\text{o}$ **127**.

La courbe des $\mathfrak{M}$ du treillis coïncide avec celle des $\mathfrak{M}_x$ aux d'articulation, comme nous l'avons déjà souvent mentionné.

Nous supposons donc la charge arrivée jusqu'au milieu d'un panneau quelconque et nous désignerons par m une articulation située à gauche de l'extrémité de la charge, par m' une articulation située à droite, comme le représente la fig. 132; en se servant pour les treillis des formules développées dans les N$^\text{os}$. **59** et **62**, et en nommant:

Fig. 132.

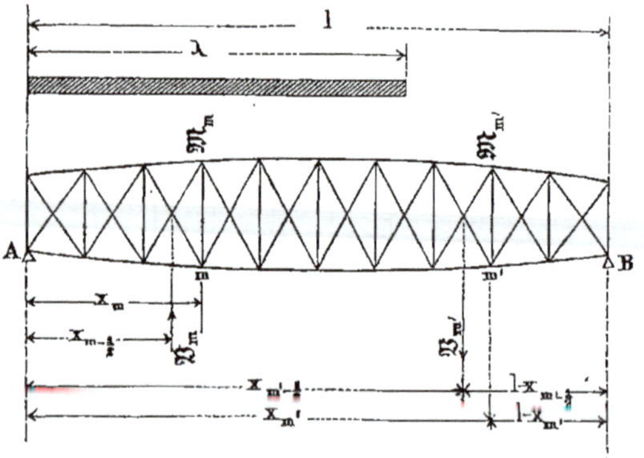

p le propre poids du pont par unité de longueur pour une voie, de même k le poids par unité de longueur de la surcharge, $q = p + k$ la charge maximum, nous obtiendrons, en employant les lettres qu'indique la fig. 132, pour le mouvement de la charge de A vers B :

$$A = \frac{p\,l}{2} + \lambda\,k\,\frac{2\,l - \lambda}{2\,l} \quad \ldots \quad \ldots$$
$$B = \frac{p\,l}{2} + \lambda\,k\,\frac{\lambda}{2\,l} \quad \ldots \quad \ldots \quad \Bigg\} \quad 175)$$

et pour la partie chargée, voisine de A :

$$\mathfrak{B}_x = A - (k + p)\,x \quad \ldots \quad \ldots \quad 176)$$
$$\mathfrak{M}_x = A\,x - (k + p)\,\frac{x^2}{2} \quad \ldots \quad \ldots \quad 177)$$

pour la partie non chargée, voisine de B :

$$\mathfrak{B}_x = B - p\,(l - x) \quad \ldots \quad \ldots \quad 178)$$
$$\mathfrak{M}_x = B\,(l - x) - p\,\frac{(l - x)^2}{2} \quad \ldots \quad 179).$$

Les valeurs $\mathfrak{B}_x$ et $\mathfrak{M}_x$ coïncident au milieu du panneau ou aux articulations, avec les valeurs $\mathfrak{B}$ et $\mathfrak{M}$ du treillis, (les $\mathfrak{B}$ d'une manière exacte lorsqu'on aura supposé la surcharge du panneau demi-chargé concentrée à l'articulation voisine chargée, ainsi que nous l'avons indiqué,) et l'on obtient pour la partie chargée, voisine de A :

$$\mathfrak{B}_m = A - (k + p)\,x_{m - \frac{1}{2}} \quad \ldots \quad \ldots \quad 176^a)$$
$$\mathfrak{M}_m = A\,x_m - (k + p)\,\frac{x_m{}^2}{2} \quad \ldots \quad \ldots \quad 177^a)$$

et pour la partie non-chargée, voisine de B :

$$\mathfrak{B}_{m'} = B - p\,(l - x_{m' - \frac{1}{2}}) \quad \ldots \quad \ldots \quad 178^a)$$
$$\mathfrak{M}_{m'} = B\,(l - x_{m'}) - p\,\frac{(l - x_{m'})^2}{2} \quad \ldots \quad 179^a)$$

On peut calculer d'après les équations 176^a) et 179^a), toutes les valeurs de $\mathfrak{M}$ et de $\mathfrak{B}$ pour un treillis, en supposant qu'une charge uniformément répartie se soit avancée de A vers B jusqu'au milieu d'un panneau quelconque.

Lorsque la charge s'avance de B vers A, les valeurs de A et de B doivent être prises inversement dans les équations 176)—179) ou 176^a)—179^a) ; en outre, au lieu de x, il faudra placer la valeur $(l - x)$ et au lieu de $(l - x)$, celle de x.

129. Dans les développements précédents, on a supposé une même surcharge k par unité de longueur, agissant sur une partie plus ou moins grande du pont ; toutefois nous avons introduit déjà dans le N°. **64** une valeur k$'$ pour le cas où une moitié seulement est chargée, valeur donnée en même temps que celle de k dans les tables XVII et XVII[a]. Ces poids k′ ne sont plus exacts lorsque la longueur de la surcharge n'atteint pas ou dépasse la moitié du pont; aussi, dans beaucoup de cas, il faudra déterminer d'une manière plus précise la valeur k_λ de la surcharge qui correspond à une longueur quelconque λ.

La fig. 133 représente la disposition de locomotives (dont les dimensions sont indiquées dans la table XVII[a]) pour une charge complète du pont, cas pour lequel la pression sur la

Fig. 133.

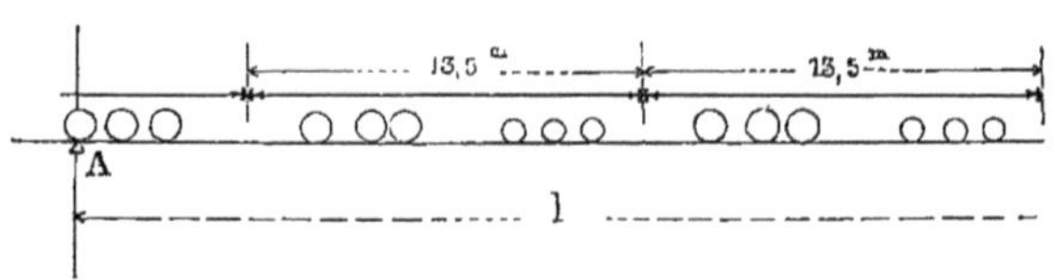

culée A, donc aussi l'effort tranchant près de celle-ci, atteint sa valeur maximum (lorsque 6 roues motrices se trouvent près de A). En faisant un usage répété de la théorie du levier, on trouve, pour toutes les portées, que la pression A_k sur la culée, résultant de la charge variable est assez exactement représentée par la valeur $\dfrac{k + k^1}{2} \cdot \dfrac{1}{2}$, lorsque k et k^1 sont pris, pour l'exemple considéré, dans la table XVII[a]; l'expression k_λ a donc, pour la culée extrême, c'est-à-dire pour le cas où tout le pont est chargé, comme le représente la fig. 133, la valeur $\dfrac{k + k^1}{2}$, et nous pouvons supposer que k augmente également à partir de la culée extrême jusqu'au milieu du pont et encore plus loin, tandis qu'au commencement du mouvement (c'est-à-dire lorsque l'extrémité du train arrive sur le pont), la variation de k_λ a lieu d'après une autre loi, que nous allons trouver par les considérations simples qui suivent. — Si l'on se figure le poids de la locomotive, dont la distance totale des axes est de 3 mètres, répartie uniformément sur les 4, 5 et 6 premiers mètres du pont, un simple calcul montre que cette charge uniformément répartie fournit, pour chaque portée, (sensiblement) les mêmes pressions sur les appuis, et aussi avec de faibles modifications, les mêmes moments que si l'on avait calculé chaque fois le poids des 3 axes avec leurs bras de levier respectifs; la charge remplaçante k_λ est donc, pour des longueurs de surcharge de 4, 5 et 6 mètres, représentée par les valeurs $\dfrac{36000}{4}$, $\dfrac{36000}{5}$ et $\dfrac{36000}{6}$, et nous pourrons donner clairement par la figure 134 les résultats ainsi obtenus.

Pour de faibles ouvertures, la continuation rectiligne de la partie droite de la courbe dépasse en hauteur celle donnée par les valeurs 6000, 7200 et même 9000 kilogr.; il faudra donc

Fig. 134.

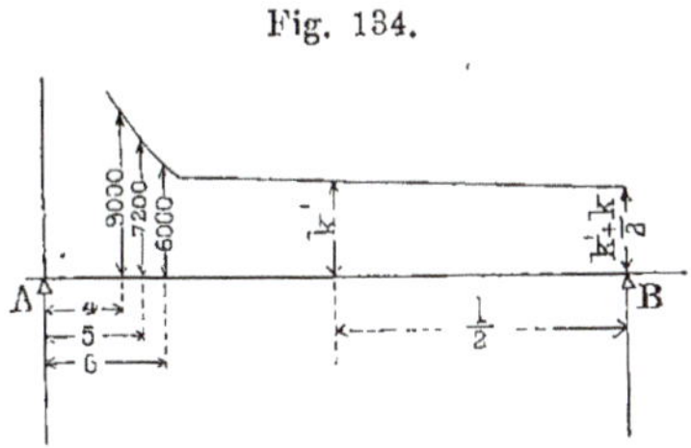

prendre ces premières valeurs, et cela, aussi longtemps qu'elles dépasseront les valeurs constantes de la partie de gauche.

La locomotive à marchandises sur laquelle se fondent la fig. 134 et la table XVII[a], peut être considérée comme une charge normale pour le calcul de ponts de lignes principales ordinaires; si toutefois, pour une ligne donnée ou pour quelque pont, on doit prendre comme base une autre locomotive, il faudra calculer pour ce cas k et k^1; dans le cas d'emploi de tenders particuliers, k_λ à la culée B peut toujours être placé égal à $\dfrac{k + k^1}{2}$, tandis que la valeur constante, pour la partie de gauche de la fig. 134, se laisse facilement déterminer d'après les considérations précédentes. — Pour des locomotives-tenders, on pourra poser $k^1 = k$, en ayant égard à la charge à-peu-près égale de tous les axes.

130. Dans les développements des N[os]. **125—128**, on doit distinguer les articulations chargées des articulations non-chargées; les premières sont contenues dans la longueur λ de la surcharge, qui du reste peut aussi renfermer des articulations non-chargées, ce qui aura surtout lieu lorsque les nervures supérieures ou inférieures sont seules chargées; il peut donc se trouver des articulations non-chargées dans le cas de charge uniformément répartie sur toute la longueur du pont, toutefois elles sont toujours affectées du poids propre de la construction qu'elles ont à supporter.

La fig. 135 représente un cas simple de ce genre, les articulations non-chargées n'ont à supporter que le poids $(p - F)$ d de la poutre sur la longueur d du panneau (F représente le poids du tablier toujours supporté par les articulations chargées), tandis que les articulations chargées, outre le poids propre de

Fig. 135.

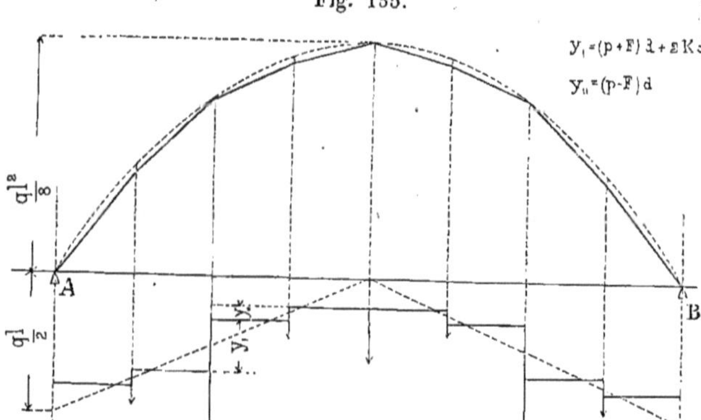

la construction $(p + F)\, d$, ont encore à supporter la charge variable, égale à $2\,kd$.

131. Passant à l'étude *de simples treillis*, nous indiquerons comme *système simple, symétrique*, celui où toutes les barres sont inclinées; nous le nommons symétrique, parce qu'un même nombre de barres sont inclinées dans les deux sens, et d'une manière à-peu-près égale (voir fig. 136).

En supposant que pour un mode de charge quelconque, le polygone des $\mathfrak{M}$ et la courbe des $\mathfrak{B}$ en escalier aient été déterminés d'une manière quelconquc, par exemple d'après les équations 170)—172) ou d'après les équations 176)—179) — et que

Fig. 136.

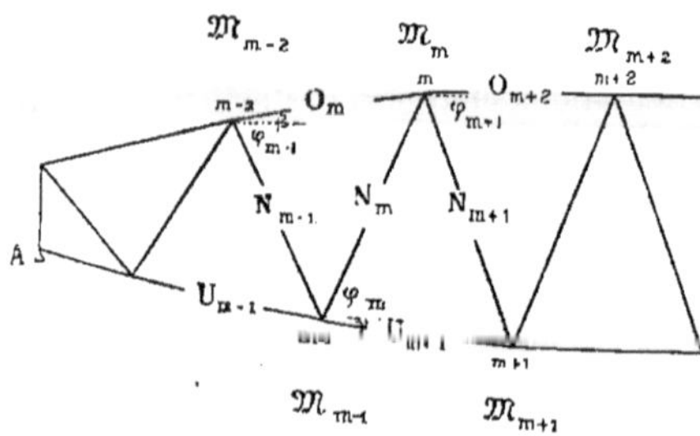

chacune des articulations d'un treillis symétrique simple soit numérotée de A vers B comme le représente la fig. 136; nommant:

$\mathfrak{M}'_{m-1}$, $\mathfrak{M}'_{m}$, $\mathfrak{M}'_{m+1}$ .... les moments de flexion aux points
m — 1, m, m + 1 . . . . . pour *une* poutre principale;

Remarque. Les charges par unité de longueur p, k et q, ainsi que les valeurs $\mathfrak{M}$ et $\mathfrak{B}$ sont calculées pour *une seule voie*, mais dans le calcul des forces d'un treillis, elles doivent être réduites pour *une poutre principale*; ces dernières valeurs réduites, nous les nommerons $\mathfrak{M}'$ et $\mathfrak{B}'$; ordinairement les valeurs $\mathfrak{M}$ et $\mathfrak{B}$ doivent être prises de moitié, mais il arrive aussi d'autres répartitions de la surcharge.

$\mathfrak{B}'_{m-1}, \mathfrak{B}'_m, \mathfrak{B}'_{m+1} \ldots$ les efforts tranchants dans les panneaux situés *à gauche* des articulations $m-1$, m, $m+1 \ldots$ et réduits sur *une* poutre principale;

$O_m, O_{m+2} \ldots$ les forces dans les parties de la nervure supérieure situées immédiatement *à gauche* des articulations m, $m+2 \ldots$;

$\beta_m, \beta_{m+2} \ldots$ les angles correspondants de la nervure supérieure avec l'horizon;

$U_{m-1}, U_{m+1} \ldots$ les forces dans les parties d la nervure inférieure situées immédiatement *à gauche* des points $m-1$, $m+1 \ldots$;

$\gamma_{m-1}, \gamma_{m+1} \ldots$ les angles correspondants de la nervure inférieure avec l'horizon

de plus:

$N_m, N_{m+1} \ldots$ les forces dans les barres situées immédiatement *à gauche* des points m, $m+1 \ldots$;

$\varphi_m, \varphi_{m+1} \ldots$ les angles correspondants des barres avec l'horizon;

enfin:

$\mathfrak{H}_m, \mathfrak{H}_{m+1} \ldots$ la distance verticale des centres de gravité des nervures aux points m, $m+1 \ldots$

Considérons une barre N_m (chaque partie d'un treillis peut être désignée par les mêmes notations que les forces dans cette partie), et supposons deux sections verticales faites immédiatement à gauche ou à droite des points (extrêmes) m et $m-1$ de la barre considérée, nous obtenons:

pour la coupe faite immédiatement à gauche du point m

$$U_{m+1} \cos \gamma = \frac{\mathfrak{M}'_m}{\mathfrak{H}_m} \qquad \ldots \ldots \quad 180)$$

pour la coupe située immédiatement à droite du point $m-1$

$$O_m \cos \beta = \frac{\mathfrak{M}'_{m-1}}{\mathfrak{H}_{m-1}} \qquad \ldots \ldots \quad 181)$$

Remarque. Lorsque les angles auront le même index que les forces adjacentes respectives, nous supprimerons ordinairement l'index dans les premiers.

Puisque les forces dans les nervures et dans les barres entre deux articulations sont constantes, chacune des sections verticales mentionnées fournira la relation

$$N_m \cos \varphi + U_{m+1} \cos \beta - O_m \cos \gamma = 0$$

et remplaçant les valeurs données par les équations 180) et 181), on obtient:

$$N_m \cos \varphi = \frac{\mathfrak{M}'_m}{\mathfrak{H}_m} - \frac{\mathfrak{M}'_{m-1}}{\mathfrak{H}_{m-1}} \quad . \quad . \quad 182)$$

Les équations 180)—182) suffisent à déterminer toutes les forces qui agissent dans un treillis simple et symétrique; on obtient une autre équation souvent plus commode et pouvant servir à déterminer les forces dans les barres, en écrivant que la somme des composantes verticales des forces, atteintes par une même section verticale, doit être égale à l'effort tranchant $\mathfrak{B}$:

$$\mathfrak{B}'_m = U_{m+1} \sin \gamma + O_m \sin \beta \pm N_m \sin \varphi$$

et en remplaçant les valeurs tirées des équations 180) et 181)

$$\pm N \sin \varphi = \mathfrak{B}'_m + \frac{\mathfrak{M}'_m}{\mathfrak{H}_m} \operatorname{tg} \gamma_{m+1} + \frac{\mathfrak{M}'_{m-1}}{\mathfrak{H}_{m-1}} \operatorname{tg} \beta_m \quad 183)$$

Dans beaucoup de cas, surtout lorsque la longueur des panneaux est faible relativement à la portée, la formule 183) se simplifie par l'introduction d'une valeur moyenne $\dfrac{\mathfrak{M}}{\mathfrak{H}}$ et devient

$$\pm N_m \sin \varphi = \mathfrak{B}'_m - \frac{\mathfrak{M}'_{m-1/2}}{\mathfrak{H}_{m-1/2}} (\operatorname{tg} \beta + \operatorname{tg} \gamma) \quad . \quad . \quad . \quad 184)$$

dans laquelle $\mathfrak{M}'_{m-1/2}$ et $\mathfrak{H}'_{m-1/2}$ sont comptés au milieu du panneau $(m-1)\, m$.

132. A l'aide des équations 182) et 183) et des considérations de la fin du N°. **124**, nous pourrons toujours savoir si une barre est *soumise à la traction ou à la compression*; nous atteindrons néanmoins plus rapidement ce but au moyen des règles spéciales qui vont suivre.

Considérons d'abord une poutre reposant librement sur deux appuis; on s'assurera facilement que la nervure supérieure est toujours soumise à la compression et la nervure inférieure à la traction, ce qui résulte aussi évidemment de la forme générale d'une telle poutre, ensuite de la flexion sous l'action d'une charge.

Afin de rechercher la force qui agit dans une barre, nous supposons que la valeur $\dfrac{\mathfrak{M}}{\mathfrak{H}}$ ait été calculée pour toutes les articulations et que cette valeur $\dfrac{\mathfrak{M}}{\mathfrak{H}}$ ait atteint un maximum au point m, pour diminuer soit à droite soit à gauche (voir fig. 137).

Une coupe à gauche du point $m = \max \dfrac{\mathfrak{M}}{\mathfrak{H}}$ montre, si le point m est situé dans la nervure supérieure, que la barre N_m doit être soumise à un effort dirigé dans le même sens que celui de la portion O_m, donc soumis à une *compression*, puisque nous avons supposé $U_{m+1} \cos \gamma > O_m \cos \beta$.

Lorsque le point m se trouve dans la nervure inférieure, on a $O_{m+1} \cos \beta > U_m \cos \gamma$ et par conséquent N_m agit dans le même sens que la nervure inférieure, donc la barre est soumise à un effort de *traction*.

À l'aide d'un raisonnement analogue, on trouve que la barre N_{m+1} est soumise à la traction ou à la compression, suivant que

Fig. 137.

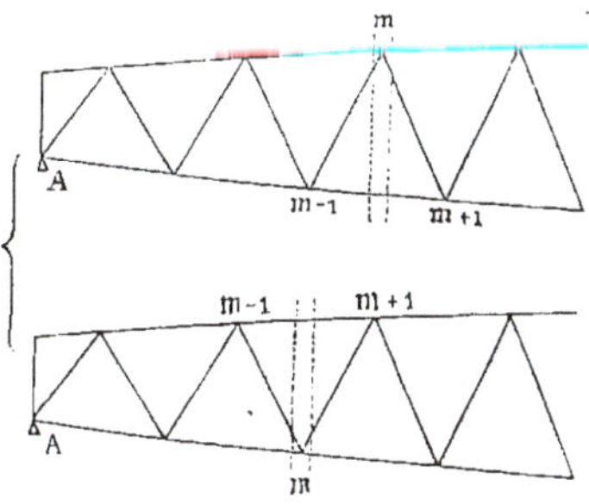

le point $m = \max \dfrac{\mathfrak{M}}{\mathfrak{H}}$ se trouve sur la nervure inférieure ou sur la nervure supérieure.

Nous voyons donc que les barres situées à gauche et à droite du point $m = \max \dfrac{\mathfrak{M}}{\mathfrak{H}}$ sont soumises à des efforts qui agissent dans le même sens, tandis que ces barres sont dirigées en sens inverse, d'où nous déduisons: *qu'au point max* $\dfrac{\mathfrak{M}}{\mathfrak{H}}$, *la pression et la tension changent de signe dans les barres de même direction.*

On verra également, par un raisonnement analogue à celui que nous venons de faire, que la pression et la tension doivent aussi changer de signe dans des barres parallèles pour le point $\min \dfrac{\mathfrak{M}}{\mathfrak{H}}$, et si nous nous figurons la poutre entière divisée en différents fragments limités par les soutiens et par les points $\max \dfrac{\mathfrak{M}}{\mathfrak{H}}$ et $\min \dfrac{\mathfrak{M}}{\mathfrak{H}}$, nous pourrons, pour une poutre reposant librement sur deux appuis, poser les règles générales suivantes:

1) Les forces dans les barres inclinées dans le même sens changent de signe aux points $\max \dfrac{\mathfrak{M}}{\mathfrak{H}}$ et $\min \dfrac{\mathfrak{M}}{\mathfrak{H}}$, c'est-à-dire

que les barres tirées ont des directions opposées à celles des barres comprimées.

2) Une barre sera soumise à la *tension*, lorsque son extrémité inférieure sera plus rapprochée du point max $\dfrac{\mathfrak{M}}{\mathfrak{H}}$ que son extrémité supérieure; et une barre sera soumise à la *compression*, lorsque son extrémité supérieure sera plus rapprochée du point max $\dfrac{\mathfrak{M}}{\mathfrak{H}}$ que son extrémité inférieure.

3) Une barre sera soumise à la *compression*, (ou à la *tension*) lorsque son extrémité supérieure sera plus éloignée (ou plus rapprochée) du point min $\dfrac{\mathfrak{M}}{\mathfrak{H}}$ que son extrémité inférieure.

Remarque. Il est évident que les règles 2) et 3) donnent les mêmes résultats pour des barres situées entre max $\dfrac{\mathfrak{M}}{\mathfrak{H}}$ et min $\dfrac{\mathfrak{M}}{\mathfrak{H}}$.

Ces règles, qui sont données pour des poutres reposant librement sur deux appuis, peuvent également être appliquées aux *poutres continues*, pourvu qu'on considère les valeurs négatives de $\mathfrak{M}$ comme devenant d'autant plus petites que la valeur $\dfrac{\mathfrak{M}}{\mathfrak{H}}$ s'éloigne de zéro; il en résulte alors pour les appuis intermédiaires, où $\mathfrak{M}$ atteint sa valeur négative maximum, une valeur min $\mathfrak{M}$ qui, en règle générale, représentera aussi min $\dfrac{\mathfrak{M}}{\mathfrak{H}}$ (car l'augmentation de $\mathfrak{H}$ est toujours plus faible que celle de $\mathfrak{M}$), tandis qu'en cet endroit la nervure inférieure est soumise à la compression et la nervure supérieure à la traction; deux coupes faites à gauche et à droite de min $\dfrac{\mathfrak{M}}{\mathfrak{H}}$ (près du point ou sur le point d'appui intermédiaire), montrent que les deux barres ainsi coupées seront soumises à la *compression*, lorsque O_m négatif sera numériquement plus grand que U_{m-1} et que U_{m+1}, tandis qu'elles seront soumises à la *traction* lorsque $U_m > O_m$ et $> O_{m+1}$ (voir fig. 138).

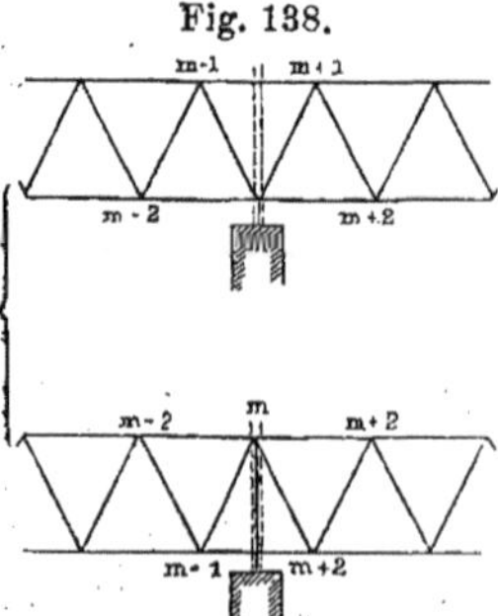

Fig. 138.

La règle 3) ci-dessus s'applique donc aussi aux poutres continues, par conséquent la règle 2) doit aussi être applicable pour les points max $\dfrac{\mathfrak{M}}{\mathfrak{H}}$, ensorte que les 3 règles ci-dessus indiquées restent les mêmes pour des poutres continues, pourvu qu'on considère comme minima, les valeurs numériques négatives maxima.

134. Un *système simple non-symétrique*, dont les barres sont en partie *verticales*, a toujours la même $\mathfrak{M}$ pour deux articulations situées dans le même plan vertical; les changements de la courbe $\mathfrak{B}$ ont aussi toujours lieu sur la verticale passant par deux articulations et ils restent toujours les mêmes, que l'articulation inférieure ou la supérieure soit chargée.

Il sera donc préférable, pour ce système simple non-symétrique, de noter par les mêmes lettres m, m + 1 .... les deux articulations situées sur la même verticale; non seulement les formules seront essentiellement simplifiées, mais aussi cette notation est conforme à la distribution des panneaux correspondant aux changements de $\mathfrak{M}$ et de $\mathfrak{B}$.

Comme pour un treillis simple symétrique, nommons:

$\mathfrak{M}'_m$, $\mathfrak{M}'_{m+1}$ .... les moments de flexion aux articulations m, m + 1 .... (ou bien aux verticales correspondantes) pour *une poutre principale;*

$\mathfrak{B}'_m$, $\mathfrak{B}'_{m+1}$ .... les efforts tranchants situés immédiatement *à gauche* des verticales m, m + 1 .... également pour *une poutre principale;*

O_m, O_{m+1} .... les forces dans la nervure supérieure situées immédiatement *à gauche* des verticales m, m + 1 ....;

β_m, β_{m+1} .... les angles avec l'horizon correspondants;

U_m, U_{m+1} .... les forces dans la nervure inférieure situées immédiatement *à gauche* des verticales m, m + 1 ....;

γ_m, γ_{m+1} .... les angles avec l'horizon correspondants;

N_m, N_{m+1} .... les forces qui agissent dans les barres inclinées situées immédiatement *à gauche* des verticales m, m + 1 ....;

φ_m, φ_{m+1} .... les angles avec l'horizon correspondants;

V_m, V_{m+1} .... les forces dans les verticales m, m + 1 ....;

$\mathfrak{H}_m$, $\mathfrak{H}_{m+1}$ .... la distance verticale des centres de gravité des nervures aux articulations m, m + 1 ....

Lorsque plusieurs barres inclinées auront des directions différentes pour une même poutre, nous désignerons par

T_m, T_{m+1} .... les forces dans les barres inclinées, opposées à la direction de N;

ψ_m, ψ_{m+1} .... les angles avec l'horizon correspondants.

Si nous considérons dans les fig. 139 et 140, deux sections faites immédiatement *à gauche* et *à droite* de l'articulation m, et si nous nous figurons une rotation autour du point m sur lequel vient se terminer une des extrémités de la barre coupée, il résulte de la fig. 139 :

$$O_{m+1} \cos \beta = U_m \cos \gamma = \frac{\mathfrak{M}'_m}{\mathfrak{H}_m} \quad . \quad . \quad 186)$$

et de la fig. 140 :

$$O_m \cos \beta = U_{m+1} \cos \gamma = \frac{\mathfrak{M}'_m}{\mathfrak{H}_m} \quad . \quad . \quad 187)$$

Fig. 139. 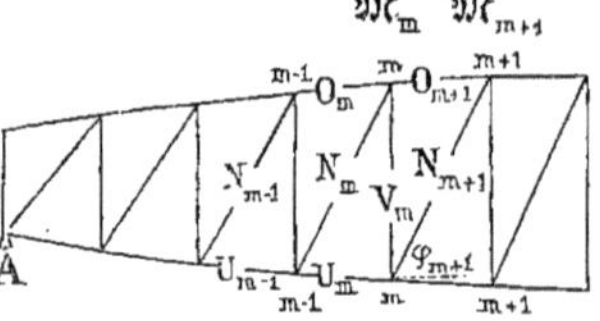

Fig. 140. 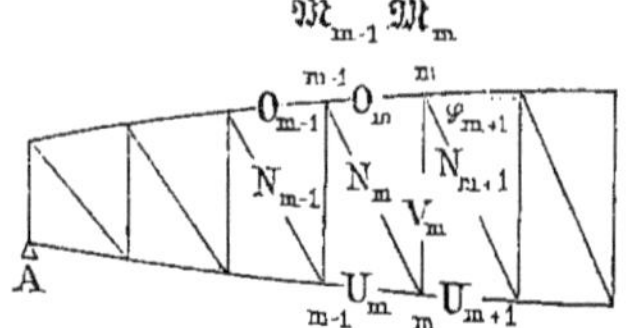

En examinant les fig. 139 et 140, nous remarquons que les deux forces dont les composantes horizontales sont équivalentes d'après les équations 186) et 187), sont atteintes par des lignes droites parallèles à la direction de la diagonale, ce qui peut servir à mieux faire comprendre les équations 186) et 187).

Si l'on détermine aussi les valeurs $\dfrac{\mathfrak{M}_{m-1}}{\mathfrak{H}_{m-1}}$, puis les forces O_{m-1} et U_{m-1} — et que, pour une section verticale quelconque, on écrive la somme des composantes horizontales, à savoir, d'après la fig. 139 :

$$N_m \cos \varphi = U_m \cos \gamma - O_m \cos \beta \quad . \quad . \quad \text{I.}$$

et d'après la fig. 140 :

$$N_m \cos \varphi = O_m \cos \beta - U_m \cos \gamma \quad . \quad . \quad \text{II.}$$

on obtient par ces équations I. et II., en remplaçant les valeurs tirées des équations 186) ou 187), la même valeur :

$$N_m \cos \varphi = \frac{\mathfrak{M}'_m}{\mathfrak{H}_m} - \frac{\mathfrak{M}'_{m-1}}{\mathfrak{H}_{m-1}} \quad . \quad . \quad 188)$$

L'équation 188) peut servir à déterminer d'une manière tout-à-fait générale les forces dans les barres d'un système simple non-symétrique; le choix du signe $\pm$ se donnera de la manière suivante :

La barre N_m est soumise à la *compression*, lorsque la composante horizontale $\dfrac{\mathfrak{M}}{\mathfrak{H}}$ de la nervure soumise à la traction est plus grande que celle de la nervure soumise à la pression; elle sera soumise à la *traction*, lorsqu'au contraire la composante horizontale de la nervure soumise à la compression sera plus grande.

Des deux côtés du point max $\dfrac{\mathfrak{M}}{\mathfrak{H}}$, la différence des composantes dans les nervures a un signe différent, ensorte qu'en ce point, les barres à inclinaison commune doivent aussi agir en sens opposé; il en sera de même au point min $\dfrac{\mathfrak{M}}{\mathfrak{H}}$, ensorte que, si l'on considère une poutre reposant librement sur deux appuis, chaque barre sera soumise à la *traction* lorsque son extrémité inférieure sera plus rapprochée du point max $\dfrac{\mathfrak{M}}{\mathfrak{H}}$ ou plus éloignée du point min $\dfrac{\mathfrak{M}}{\mathfrak{H}}$ que son extrémité supérieure, et une barre sera soumise à la *compression*, lorsque son extrémité inférieure sera plus rapprochée du point min $\dfrac{\mathfrak{M}}{\mathfrak{H}}$ ou plus éloignée du point max $\dfrac{\mathfrak{M}}{\mathfrak{H}}$ que son extrémité supérieure, et nous trouvons, en généralisant ce développement, que les *trois règles* du N°. **134** pour un système symétrique, s'appliquent aussi à un système non-symétrique, aussi bien pour une poutre reposant librement sur deux appuis, que pour une poutre continue.

Les équations 186)—188) suffisent à la détermination des forces qui agissent dans les nervures et dans les barres inclinées, toutefois on trouvera souvent plus facilement la force dans la barre au moyen de la détermination des composantes verticales. Il résulte d'une section faite à gauche de l'articulation m:

$$\mathfrak{B}'_m = O_m \sin \beta - U_m \sin \gamma \pm N_m \sin \varphi$$

d'après la fig. 139:

$$N_m \sin \varphi = -\mathfrak{B}'_m - \frac{\mathfrak{M}'_m}{\mathfrak{H}_m}\, t g\, \gamma_m - \frac{\mathfrak{M}'_{m-1}}{\mathfrak{H}_{m-1}}\, t g\, \beta_m \quad . \quad 189)$$

et d'après la fig. 140:

$$N_m \sin \varphi = \mathfrak{B}'_m + \frac{\mathfrak{M}'_m}{\mathfrak{H}_m}\, t g\, \beta_m + \frac{\mathfrak{M}'_{m-1}}{\mathfrak{H}_{m-1}}\, t g\, \gamma_m \quad . \quad . \quad 190)$$

N positif indique une traction et $\mathfrak{B}$ voisin de A est négatif.

Dans beaucoup de cas, et surtout lorsqu'il existera un grand nombre de panneaux, il sera suffisant d'introduire une valeur moyenne pour $\dfrac{\mathfrak{M}}{\mathfrak{H}}$, et l'on obtient ainsi la formule approximative:

$$N_m \sin \varphi = -\mathfrak{B}'_m - \frac{\mathfrak{M}'_{m-\frac{1}{2}}}{\mathfrak{H}_{m-\frac{1}{2}}} \cdot (t g\, \beta + t g\, \gamma) \quad . \quad . \quad . \quad . \quad 191)$$

dans laquelle $\mathfrak{M}'_{m-\frac{1}{2}}$ et $\mathfrak{H}_{m-\frac{1}{2}}$ sont pris au milieu de m et de m—1.

135. Pour la détermination des forces dans les *barres verticales*, il est surtout nécessaire de connaître de quelle manière la charge est répartie sur les articulations supérieures ou sur les

inférieures; l'équilibre doit exister entre les forces agissant sur
chaque point et comme les forces qui agissent dans les nervures
et dans les barres inclinées sont connues d'après le N°. **134**, il ré-
sultera un changement de valeur de la force V dans la barre verticale pour un changement de répartition des charges des articulations supérieures et inférieures.

Afin de trouver la force V_m, nous nous figurons la verticale
m m atteinte par une coupe oblique faite à-peu-près parallèlement

Fig. 141.
Fig. 142.

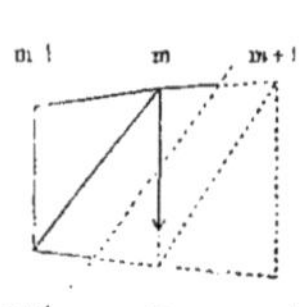

à la direction des barres inclinées (voir fig. 141 et fig. 142),
nommons :

P'_0 la charge agissant sur l'articulation supérieure,
P'_u celle agissant sur l'articulation inférieure.

D'après la fig. 141, si nous plaçons l'origine des coordonnées en **A**
et que nous prenions la direction de la pesanteur positive (ensorte
que $\mathfrak{B}$ voisin de A est négatif), la valeur $\mathfrak{B}'_m + P'_0$ représentera la
somme des composantes verticales des forces extérieures qui agissent
à gauche de la coupe considérée et en introduisant la valeur tirée
de l'équation 185), nous aurons immédiatement:

$$\mathfrak{B}'_m + P'_0 = -\frac{\mathfrak{M}'_m}{\mathfrak{H}_m}(\operatorname{tg}\beta_{m-1} + \operatorname{tg}\gamma_m) + V_m$$

$$V_m = \frac{\mathfrak{M}'_m}{\mathfrak{H}_m}(\operatorname{tg}\beta_{m+1} + \operatorname{tg}\gamma_m) + \mathfrak{B}'_m + P'_0 \quad \ldots \quad 192)$$

Remplaçant de même la valeur tirée de l'équation 186), il résulte de la fig. 142)

$$V_m = -\frac{\mathfrak{M}'_m}{\mathfrak{H}_m}(\operatorname{tg}\beta_m + \operatorname{tg}\gamma_{m+1}) - \mathfrak{B}'_m - P'_u \quad \ldots \quad 193)$$

Il est encore à remarquer qu'on peut écrire

$$\mathfrak{B}'_m + P'_0 = \mathfrak{B}'_{m+1} - P'_u \text{ et}$$
$$\mathfrak{B}'_m + P'_u = \mathfrak{B}'_{m+1} - P'_0.$$

Les fig. 141) et 142) ne s'appliquent pas aux verticales où $\dfrac{\mathfrak{M}}{\mathfrak{H}}$
atteint sa valeur maximum ou sa valeur minimum; dans ce cas, la

direction des barres soumises à la pression ou à la tension
change de signe (voir le numéro précédent et les règles du
numéro **132**).

Fig. 142ᵃ.

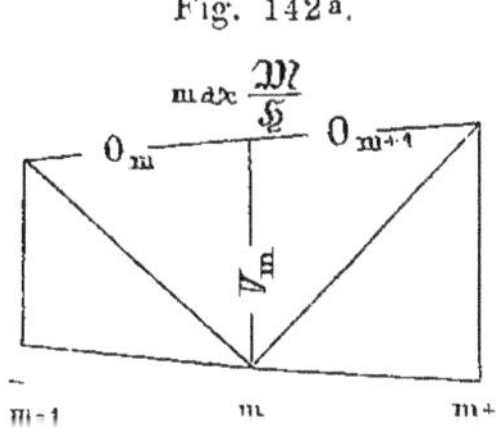

Fig. 142ᵇ.

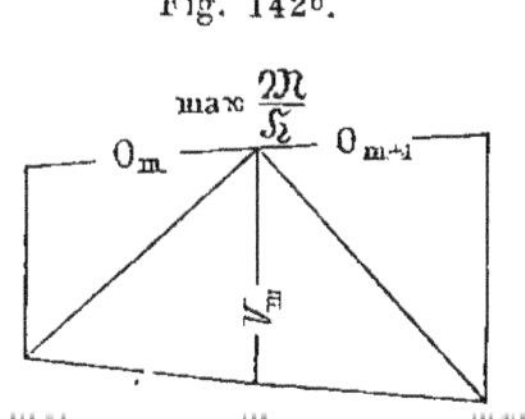

Si *toutes* les diagonales sont soumises à la *traction*, leurs ex-
trémités inférieures sont dirigées vers le point max $\dfrac{\mathfrak{M}}{\mathfrak{H}}$; en ce
point, les diagonales agissent des deux côtés de l'articulation in-
férieure, tandis que l'articulation supérieure n'a aucune force de
barre à supporter ; il est donc facile d'écrire la condition d'équilibre pour ce dernier point et nous avons :

$$V_m = P'_0 \pm \frac{\mathfrak{M}'_m}{\mathfrak{H}_m} (\mathrm{tg}\,\beta_m - \mathrm{tg}\,\beta_{m+1}) \quad . \quad . \quad . \quad 194)$$

Le signe + s'applique à l'inclinaison de la nervure, différente
à partir du milieu du pont.

Si *toutes* les diagonales sont soumises à la *compression*, leurs
extrémités supérieures sont dirigées vers le point max $\dfrac{\mathfrak{M}}{\mathfrak{H}}$ et
dans les verticales l'articulation inférieure n'a pas à supporter de
forces inclinées dans les barres, et l'on obtient en écrivant les
conditions d'équilibre pour ce dernier point :

$$V_m = P'_u \pm \frac{\mathfrak{M}'_m}{\mathfrak{H}_m} (\mathrm{tg}\,\gamma_m - \mathrm{tg}\,\gamma_{m+1}) \quad . \quad . \quad . \quad 194^a)$$

Dans les équations 192)—194ᵃ), V positif indique une *compression* et V négatif une *tension*, pourvu que les signes soient tous
bien appliqués et que la direction de la pesanteur soit toujours
regardée comme positive.

Il faudra surtout avoir égard aux signes des fonctions trigonométriques, qui, ordinairement, changent de signe au-delà du milieu
du pont dans une poutre reposant librement sur deux appuis
(lorsque la poutre est symétrique des deux côtés du pont).

136. Nous avons trouvé comme règle générale pour un système non-symétrique (ainsi que pour un système symétrique), qu'une barre est soumise à la traction lorsque son extrémité inférieure est plus rapprochée de la verticale max $\dfrac{\mathfrak{M}}{\mathfrak{H}}$ que son extrémité supérieure.

Puisque max $\dfrac{\mathfrak{M}}{\mathfrak{H}}$ change de position pour une variation de charge, il est aussi évident qu'une partie des barres sera alternativement soumise à la tension et à la compression. Dans les systèmes non-symétriques, on emploie souvent des barres qui ne peuvent supporter qu'une traction ou qu'une compression; il résulte donc que, pour les panneaux où les forces dans les barres changent de signe, on devra employer deux diagonales de sens opposé, dont une seule agira, à savoir celle dont l'extrémité supérieure ou inférieure est la plus rapprochée du point max $\dfrac{\mathfrak{M}}{\mathfrak{H}}$, suivant que cette barre est construite pour résister à la compression ou à la traction.

Une barre construite pour résister seulement à la traction cessera d'agir en se courbant sous l'action d'une pression, ensorte qu'on peut se figurer cet assemblage comme n'existant pas lorsque la traction cesse; dans les barres comprimées, assemblées sans boulons, cette liaison cesserait d'agir en même temps que la barre viendrait à être soumise à la traction ainsi que cela a lieu, par exemple, dans le système de Howe représenté par la fig. 143.

Fig. 143.

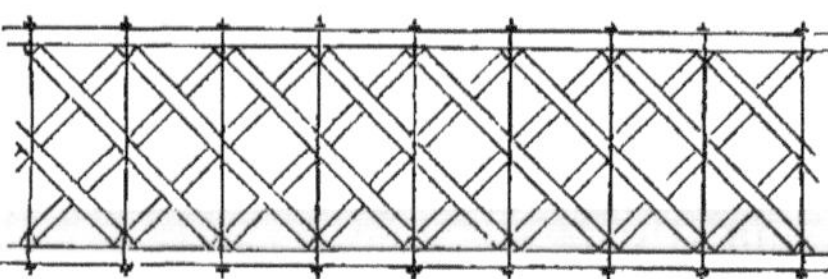

Les barres qui agissent principalement pour une charge partielle, se nomment *contre-fiches*; dans des poutres courbées dont les barres diagonales n'agissent pas ou ne travaillent que fort peu sous l'action d'une charge uniformément répartie, toutes les barres agiront alternativement comme contre-fiches, tandis que pour tous les autres systèmes, on considérera comme *barres principales*, celles qui travaillent sous l'action de la charge uniformément répartie.

137. Dans les considérations précédentes, il n'a pas été tenu compte de la possibilité que le treillis soit soumis à des efforts de tension ou à des efforts de compression avant que la charge soit appliquée.

Lorsque, par un changement de charge, les contre-fiches doivent subitement entrer en action au lieu des barres principales, il sera indispensable de construire toutes les barres de manière qu'elles soient soumises à une traction ou à une compression primitive avant que la charge soit appliquée, et si — abstraction faite de toute charge — toutes les diagonales du système représenté par la fig. 144 sont également comprimées (les lignes doubles indiquent

Fig. 144.

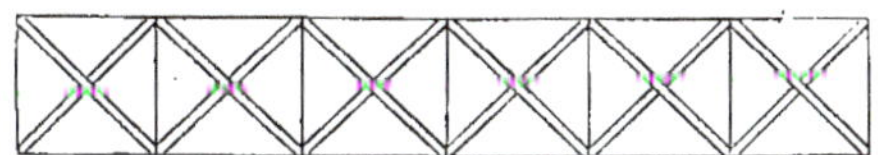

les parties soumises à la compression), il est absolument nécessaire que toutes les verticales, ainsi que les deux nervures, soient également soumises à la traction; inversement, si dans la fig. 144ª, toutes les diagonales sont soumises à la traction, toutes les verticales seront soumises à la compression.

Fig. 144ª.

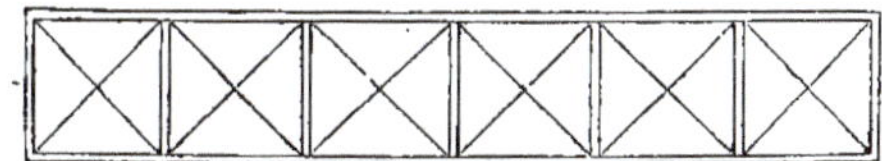

Si une poutre ainsi formée n'est d'abord que peu chargée, les barres principales et les contre-fiches restent toutes comprimées ou bien soumises à la traction; par une augmentation de charge, les contre-fiches peuvent peu-à-peu cesser d'agir et seront complétement déchargées, lorsque la barre de direction opposée travaille au maximum, d'où nous déduisons que, — tant que la pression ou que la tension primitive ne dépasse pas certaines limites, on pourra calculer les dimensions des barres principales pour la charge la plus défavorable exactement comme s'il n'existait pas de contre-fiches dans le treillis considéré.

Quant aux dimensions des contre-fiches, nous ferons une distinction entre les poutres droites et les poutres cintrées (courbées).— Dans ces dernières, on peut confondre les barres principales et les contre-fiches (ainsi que nous l'avons montré dans le N°. **136**) et l'on pourra calculer ordinairement toutes les diagonales d'après le maximum d'effort qu'elles auront à supporter sous l'action de la charge. — Dans les poutres droites, souvent sur une partie notable de la longueur, les contre-fiches ne sont pas du tout chargées, (ainsi que cela a lieu dans les constructions en bois du système Howe); les dimensions des contre-fiches se calculeront d'après la compression primitive qu'on a cru devoir admettre ou qui est survenue inopinément.

138. On obtient un *treillis double* lorsque deux barres principales viennent à se croiser. La fig. 145 représente un *treillis*

Fig. 145.

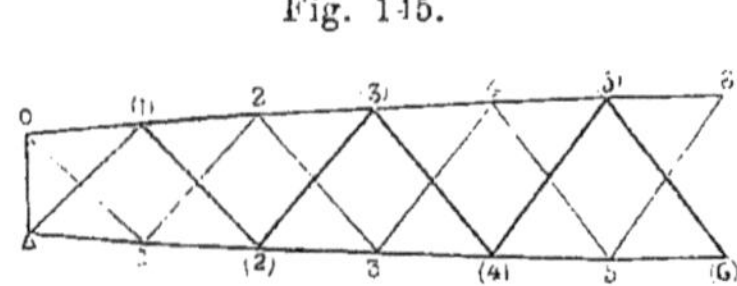

double, symétrique, dont les barres d'un des systèmes sont indiquées par des lignes plus fortes; les articulations 1, 2, 3, 4, 5 .... appartiennent à l'un des systèmes et les articulations (1), (2), (3), (4) .... à l'autre des systèmes.

La fig. 146 représente également un *système double, non-symétrique;* les articulations d'un des systèmes sont indiquées par les nombres impairs 1, 3, 5 .... et celles de l'autre système par les nombres pairs 2, 4, 6 ....

Fig. 146.

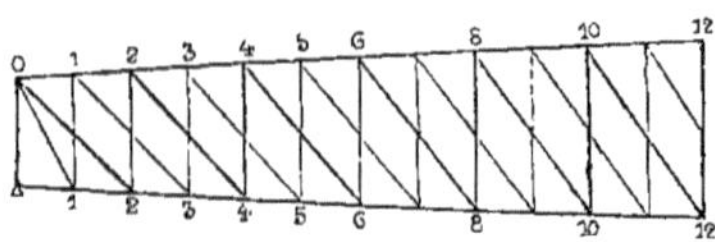

On peut faire le calcul exactement comme pour un treillis simple, en répartissant toutes les charges sur les articulations et en calculant pour chacun des deux systèmes les $\mathfrak{V}$ et les $\mathfrak{M}$ respectifs. Si, par exemple, les articulations supérieures sont chargées, nous avons à considérer dans la fig. 145 comme points chargés, les articulations 1, 3, 5 .... pour l'un des systèmes, et 2, 4, 6 .... pour l'autre; on construira d'après cela, des figures analogues aux fig. 129—131 ou bien on fera le calcul d'après les formules 170)—172) ou 176)—179).

En général, d'après ce que nous venons de voir, les $\mathfrak{M}_x$ correspondant à la même abscisse x sont différents pour les deux systèmes; seulement, lorsque les articulations supérieures et inférieures sont également chargées, $\mathfrak{M}_x$ a la même valeur pour les deux systèmes d'un treillis double symétrique (fig. 145), d'où résulte une même composante horizontale pour les forces des deux barres, du même panneau.

La décomposition d'un système double en deux systèmes distincts a été quelquefois employée pour des ponts en treillis de grande dimension, par exemple pour le pont sur le Wéser à Hoexter et pour un pont analogue sur l'Elbe à Tangermunde, tous deux construits d'après le système de Mr. Schwedler.

Cette manière de calculer peut aussi être employée pour des treillis à croisements multiples; toutefois nous allons donner une méthode plus simple, qui peut aussi être employée pour un système double.

139. Si l'on applique à chacun des systèmes *d'un treillis multiple* les principes généraux énoncés dans le N°. **138**, on trouvera que, pour la même distance x, les valeurs de $\mathfrak{M}$ et les $\mathfrak{B}$ de chacun des systèmes sont peu différentes les unes des autres, et cela d'autant moins, que le nombre des systèmes est plus grand. Pour un treillis à n systèmes, on pourra prendre pour chacun des systèmes:

$$(\mathfrak{M}_x) = \frac{1}{n} \mathfrak{M}_x$$

$$(\mathfrak{B}_x) = \frac{1}{n} \mathfrak{B}_x$$

où $\mathfrak{M}_x$ et $\mathfrak{B}_x$ indiquent les moments de flexion et les efforts tranchants de tout le système; les valeurs entre parenthèse sont celles d'un des systèmes.

Fig. 146ª.

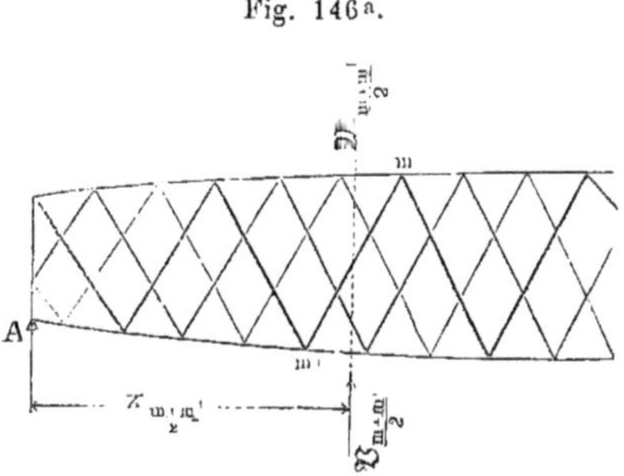

On aura donc, pour une *barre inclinée* N_m, dont les extrémités sont indiquées par les lettres m et m' (voir fig. 146ª) et d'après les équations 182) et 188), (aussi bien pour un système symétrique que pour un système non-symétrique):

$$N_m \cos \varphi = \frac{1}{n} \left(\frac{\mathfrak{M}'_m}{\mathfrak{H}_m} - \frac{\mathfrak{M}'_{m'}}{\mathfrak{H}'_m} \right) \quad . \quad 195)$$

de même, il résulte des équations 184) et 191):

$$N_m \sin \varphi = \frac{1}{n} \left\{ \mathfrak{B}'_{\frac{1}{2}(m+m')} - \frac{\mathfrak{M}'_{\frac{1}{2}(m+m')}}{\mathfrak{H}'_{\frac{1}{2}(m+m')}} (\mathrm{tg}\beta + \mathrm{tg}\gamma) \right\} \quad . \quad 196)$$

où l'index $\frac{1}{2}(m+m')$ se rapporte au milieu de la barre considérée, point pour lequel $\mathfrak{B}_{\frac{1}{2}(m+m')}$ représente l'effort tranchant du système complet.

Pour des systèmes multiples non-symétriques, il faut développer d'une manière spéciale les formules pour les *barres verticales* (montants, armatures) et l'on obtient par analogie aux équations 192) et 193), pour la fig. 139:

$$V_m = \frac{1}{n} \frac{\mathfrak{M}'_m}{\mathfrak{H}_m} (\mathrm{tg}\,\beta_{m+1} + \mathrm{tg}\,\gamma_m) + \frac{1}{n} \mathfrak{B}'_{\frac{1}{2}(m+m')} + P'_0 \quad . \quad . \quad 197)$$

équation dans laquelle $\mathfrak{B}_m$ indique l'effort tranchant immédiatement à gauche du point m, et d'après la fig. 140):

$$V_m = - \frac{1}{n} \frac{\mathfrak{M}'_m}{\mathfrak{H}_m} (\mathrm{tg}\,\beta_m + \mathrm{tg}\,\gamma_{m+1}) - \frac{1}{n} \mathfrak{B}'_{\frac{1}{2}(m+m)} - P'_u \quad 197^a)$$

140. Lorsque les forces dans les barres sont connues, on détermine les *forces dans les nervures* pour les divers systèmes de construction, d'après les règles suivantes:

Fig. 147.

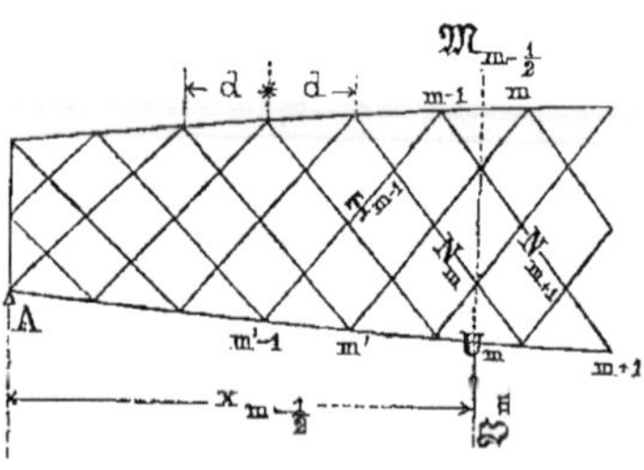

A) pour un treillis symétrique, à croisements multiples, de nombres pairs.

On fera une coupe verticale passant par les points de croisement qui se trouvent les uns au-dessus des autres, situés immédiatement à gauche du point m, ensorte que $x_{m-\frac{1}{2}}$ représente l'abscisse du point coupé, et en négligeant les différences des composantes horizontales des forces dans les barres rencontrées par cette section, nous obtenons:

$$O_m \cos \beta = U_m \cos \gamma = \frac{\mathfrak{M}'_{m-1/2}}{\mathfrak{H}_{m-1/2}} \quad \ldots \quad 198)$$

formule dans laquelle O_m et U_m représentent, comme ci-dessus, les forces situées immédiatement à gauche de l'articulation m dans les nervures.

B) pour un treillis symétrique, à croisements multiples, de nombres impairs (voir fig. 148).

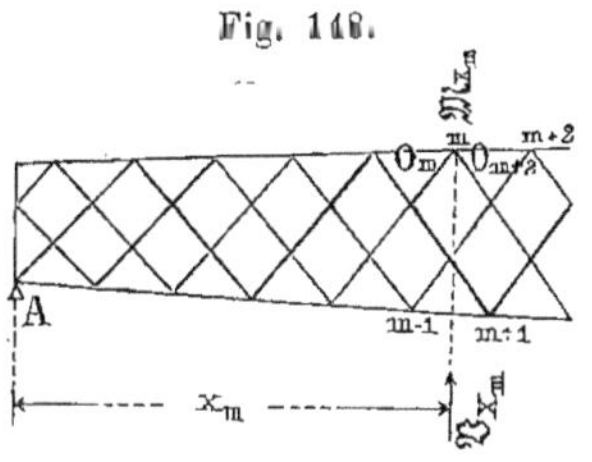

Fig. 148.

On fera une section verticale passant par les articulations supérieures ou inférieures, laquelle rencontre (exactement ou à-peu-près) le point de croisement de deux autres barres; ne tenant pas compte des barres qui se croisent, et prenant pour point de rotation l'articulation supérieure ou l'articulation inférieure rencontrée par cette section, on obtient, en faisant alternativement des coupes successives aux articulations supérieures et aux inférieures:

$$O_m \cos \beta \text{ ou bien } U_m \cos \gamma = \frac{\mathfrak{M}'_m}{\mathfrak{H}_m} \quad \ldots \quad 199)$$

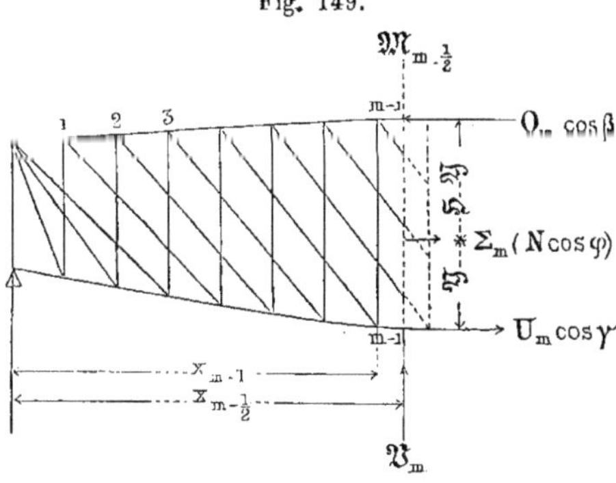

Fig. 149.

C) pour un *treillis multiple, non-symétrique:*
On fera une section au milieu du panneau (m — 1) m et puisque, d'après le N°. **139**, toutes les forces dans les barres sont

connues, on suppose qu'on ait calculé la résultante des composantes horizontales de toutes les barres rencontrées par la section, somme que nous indiquerons par $\Sigma_m (N \cos \varphi)$; $\mathfrak{Y}$ indique la distance verticale de cette résultante au centre de gravité de la nervure inférieure, ensorte que $\mathfrak{H} - \mathfrak{Y}$ sera la distance de la résultante au centre de gravité de la nervure supérieure.

On obtient donc:

$$O_m \cos \beta = \frac{\mathfrak{M}'_{m-\frac{1}{2}}}{\mathfrak{H}_{m-\frac{1}{2}}} \pm \frac{\mathfrak{Y}}{\mathfrak{H}_{m-\frac{1}{2}}} \Sigma_m (N \cos \varphi) \qquad 200)$$

et

$$U_m \cos \gamma = \frac{\mathfrak{M}'_{m-\frac{1}{2}}}{\mathfrak{H}_{m-\frac{1}{2}}} \pm \frac{\mathfrak{H}_{m-\frac{1}{2}} - \mathfrak{Y}}{\mathfrak{H}_{m-\frac{1}{2}}} \Sigma_m (N \cos \varphi) \qquad 201)$$

Il ne peut s'élever aucun doute sur le double signe du second membre des équations 200) et 201), puisque toutes les forces dans les barres sont supposées connues.

$\mathfrak{Y}$ est à-peu-près égal à $\frac{1}{2} \mathfrak{H}$, sauf pour les panneaux extrêmes, où les directions des barres sont notablement différentes; nous ne simplifierons pas les formules 200) et 201), puisqu'il nous faudrait établir des formules spéciales pour les panneaux extrêmes.

141. Dans les fig. 147 et 148, les barres des panneaux extrêmes sont parallèles à celles des autres treillis, d'où il résulte que chacun des systèmes du treillis est incomplet aux extrémités, et que, par exemple, dans la fig. 148, les armatures verticales extrêmes ont à résister à la flexion par suite des différences des composantes horizontales des forces de barres; le même cas a aussi lieu pour la fig. 150, si les forces verticales des deux côtés de l'appui intermédiaire ont des valeurs différentes; dans ce dernier cas, l'armature verticale extrême est soumise à un effort très-grand, puisqu'elle doit en outre supporter une grande partie de la réaction sur l'appui.

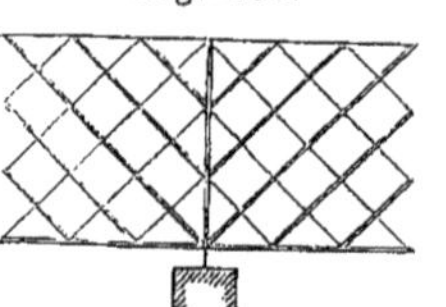

Fig. 150.

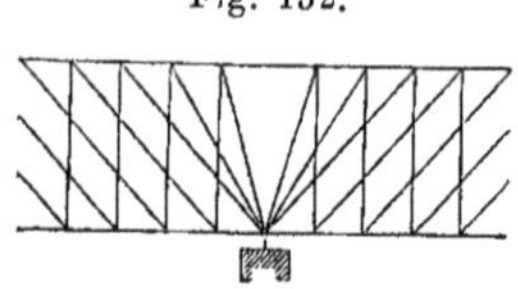

Fig. 151.   Fig. 152.

On peut décharger notablement les armatures verticales extrêmes et surtout diminuer leur tendance à fléchir, en employant la construction indiquée par la fig. 151, comme cela a eu lieu pour une poutre non-symétrique dans la fig. 149.

Tandis que dans la fig. 151, l'armature verticale extrême doit transmettre la moitié de la pression sur l'appui, la fig. 152 montre une construction où une armature verticale extrême n'est nullement nécessaire, si les articulations inférieures sont seules chargées.

142. Nous nommons *treillis combinés* ceux qui sont munis de verticales comme dans le treillis non-symétrique, mais qui ont encore, dans chacun des panneaux, des diagonales principales de *direction opposée;* on peut considérer une telle construction comme un treillis double non-symétrique, dans lequel les deux systèmes ont des diagonales de direction opposée, comme le représentent les fig. 153 et 154.

Un doute s'élève immédiatement, c'est celui de savoir quelle partie de la charge est supportée par chacun des deux systèmes, puisque toutes les articulations sont communes aux deux systèmes.

Fig. 153.

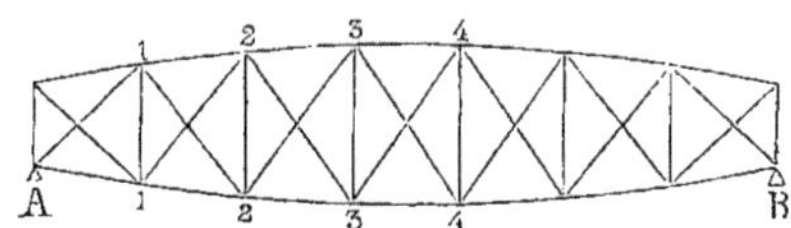

On pourra considérer ce cas comme étant résolu le plus exactement possible, si l'on suit avec attention le changement de forme de tout le treillis en ayant égard à toutes les dimensions des sections, et par là on déterminera la partie de la charge totale que chacun des deux systèmes doit supporter, ce qui, en général, sera très-difficile.

Fig. 154.

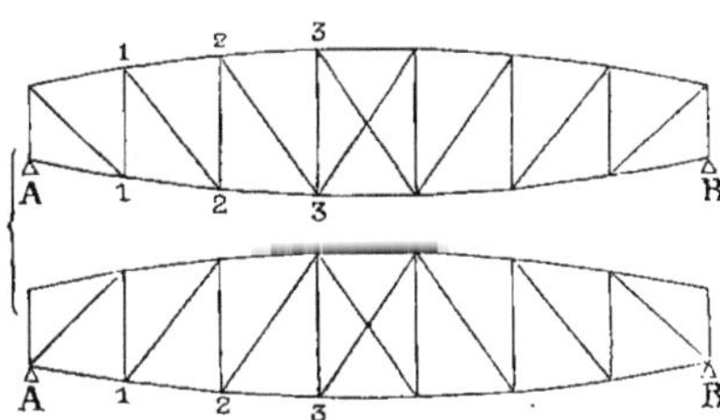

On peut néanmoins admettre, si les deux nervures sont également chargées et de même forme, et que les deux barres soient construites de manière à pouvoir surtout bien résister à la compression — que, dans le même panneau, les deux barres ont à supporter des forces égales; il résulterait de ces hypothèses, que les verticales n'auraient aucune charge à supporter et devraient recevoir une faible dimension dans la construction.

En poursuivant notre raisonnement, nous trouvons que les dimensions trop fortes des verticales agissent d'une manière fâcheuse sur l'action uniforme des deux systèmes de barres, puisqu'une partie des forces du treillis serait supportée par les verticales qui s'opposent à un changement de forme de toute la poutre. — Lorsque les deux systèmes seront de dimensions différentes, les verticales auront une action d'une importance beaucoup plus grande.

Nous avons déjà fait remarquer ci-dessus, pour les contre-fiches, que celles qui sont construites faiblement, n'agissent pas lorsqu'elles doivent transmettre une compression; la force qui ne peut être supportée par cette faible contre-fiche est immédiatement transmise dans les verticales construites pour résister à la pression, tandis que la contre-fiche ne conserve en pression que la faible quantité qu'elle peut supporter sans se ployer. — Il en est de même, lorsque les barres d'un treillis combiné ont des dimensions inégales. Les barres doivent se prêter à des allongements ou à des rétrécissements inégaux sous l'action de forces égales, et comme la construction géométrique s'y oppose, il faut que les verticales entrent en action tandis que les barres sont soumises à des efforts inégaux.

La portion des forces que les barres auront à supporter dépendra des dimensions des verticales; si pourtant l'on suppose que les verticales ne soient ni trop faibles ni décidément trop fortes, on obtiendra le mode d'action des deux sortes de barres en calculant le degré de résistance de ces dernières; si l'on nomme

N_m et T_m les forces dans les barres d'un même treillis, à gauche du point m,

ω_n la section de la barre N_m,

ω_t la section de la barre T_m,

si N_m est soumise à la *traction*, on peut prendre comme rapport des forces N et T:

$$\frac{N_m}{\omega_n} = \frac{T_m}{\omega_t}\left(1 + K\,\frac{\omega\,L^2}{\Theta}\right) \quad \ldots \quad 202)$$

et si N_m est soumise à la *compression*:

$$\frac{T_m}{\omega_t} = \frac{N_m}{\omega_u}\left(1 + K\,\frac{\omega\,L^2}{\Theta}\right) \quad \ldots \quad 203)$$

Fig. 155.

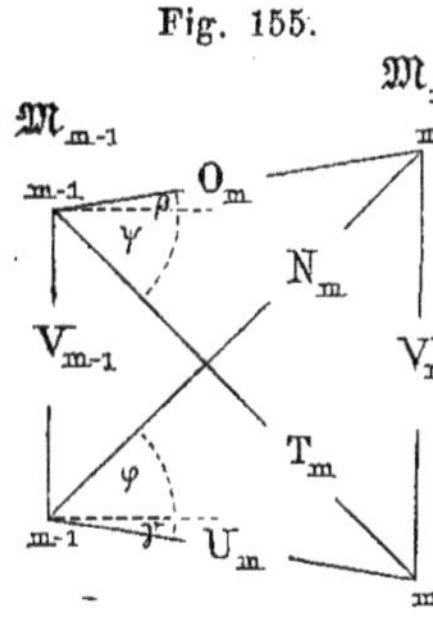

143. Dans le développement des *formules* pour les *treillis combinés*, nous nous servirons des notations employées pour des treillis non-symétriques dans le N⁰. **135**, et reproduites dans la fig. 155.

Faisons une coupe immédiatement à gauche de la verticale m et supposons une rotation autour de l'articulation inférieure et ensuite autour de l'articulation supérieure, nous obtiendrons :

$$O_m \cos \beta + N_m \cos \varphi = \frac{\mathfrak{M}'_m}{\mathfrak{H}_m} \quad \ldots \ldots \quad 204)$$

$$U_m \cos \gamma + T_m \cos \psi = \frac{\mathfrak{M}'_m}{\mathfrak{H}_m} \quad \ldots \ldots \quad 205)$$

faisant une coupe immédiatement à droite de la verticale m — 1 et admettant une rotation autour de l'articulation inférieure m — 1, nous aurons :

$$O_m \cos \gamma + T_m \cos \varphi = \frac{\mathfrak{M}'_{m-1}}{\mathfrak{H}_{m-1}} \quad \ldots \ldots \quad 206)$$

Les équations 204)—206) renferment 4 inconnues O, U, T et N, qui ne pourront être déterminées que lorsqu'on aura donné une autre condition d'équilibre sur le rapport existant entre ces valeurs, par exemple entre deux d'entre elles.

Cette quatrième équation est fournie par les équations 202) ou 203) du N⁰. **143**, lesquelles seront plus exactes lorsque les verticales ne seront ni trop fortes ni trop faibles — ou ce qui vaut mieux encore, si elles ont une section conforme aux forces auxquelles elles doivent résister.

On obtiendra ces forces dans les *verticales* en écrivant les conditions d'équilibre pour une des articulations; il faut auparavant déterminer les forces dans les nervures et dans les barres.

§ 16.

Poutres en treillis, à nervures droites et horizontales.

144. Pour le cas où les *nervures sont droites et horizontales*, les angles des nervures avec l'horizon sont nuls et les formules

II.   3

se simplifient; les termes contenant $\mathfrak{M}$ disparaissent dans les équations 183), 184), 189) à 193), ainsi que dans les équations 195)—197); *les forces qui agissent dans les barres* dépendent seulement de l'effort tranchant $\mathfrak{V}$.

Pour tout système simple, comme pour tout système multiple et symétrique, les *forces qui agissent dans les nervures* ne dépendent que de la valeur max $\mathfrak{M}$ [voir les équations 180), 181), 185), 186), 198) et 199)]; la détermination des max $\mathfrak{M}$ et des max $\mathfrak{V}$ qui fournissent les forces maxima agissant dans les nervures et dans les barres, se fera commodément à l'aide de la fig. 156, suffisante pour les systèmes ci-dessus mentionnés.

Fig. 156.

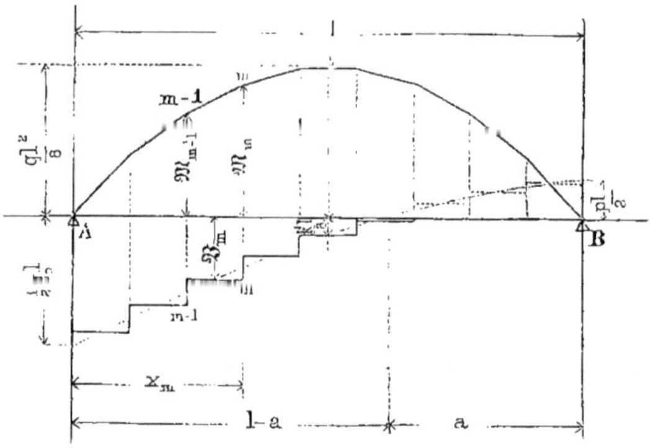

(La fig. 156 se modifie un peu pour une charge différente des articulations supérieures et inférieures, à moins qu'on ne puisse considérer la charge totale comme étant concentrée aux articulations d'une des nervures; cette modification est traitée dans le N°. **130** et représentée dans la fig. 135).

Pour un système multiple, non-symétrique, la force qui agit dans les nervures est aussi dépendante de $\mathfrak{V}$, ensorte qu'il faudra considérer les valeurs simultanées de $\mathfrak{M}$ et de $\mathfrak{V}$; toutefois, puisque les forces qui agissent dans les nervures sont données par la charge uniformément répartie sur toute la longueur du pont, les valeurs simultanées de $\mathfrak{V}$ se détermineront assez facilement (voir fig. 129).

Dans la fig. 156, la courbe des max $\mathfrak{M}$ correspond à celle de la fig. 129, et l'on obtiendra chaque $\mathfrak{M}$ d'après l'équation 174) dans laquelle on placera $x_t = \dfrac{1}{2} - x_m$. — Afin d'obtenir la courbe des max $\mathfrak{B}$, on a porté dans la fig. 156, trois valeurs de $\mathfrak{B}$, et pour la valeur $\mathfrak{B} = 0$, on trouve l'abscisse $1 - a$ d'après l'équation 99). Ces quatre valeurs de $\mathfrak{B}$ suffisent pour construire la courbe max $\mathfrak{B}$.

Nous avons démontré dans le N°. **133** pour un système symétrique, et dans le N°. **134** pour un système non-symétrique, que les forces qui agissent dans des barres inclinées dans le même sens, changent de signe au point max $\dfrac{\mathfrak{M}}{\mathfrak{H}}$; dans les poutres horizontales, ce changement aura lieu au point max $\mathfrak{M}$, ou ce qui revient au même, au point $\mathfrak{B} = 0$; ce point varie de position par suite d'un changement de charge; la limite extrême, c'est-à-dire la position extrême du point $\mathfrak{B} = 0$ se détermine d'après l'équation 99); si a indique l'abscisse positive du point $\mathfrak{B} = 0$ la plus rapprochée de l'appui A, on a:

$$a = 1 \left\{ -\frac{p}{k} \pm \sqrt{\frac{p}{k} + \left(\frac{p}{k}\right)^2} \right\} \quad . \quad . \quad 207)$$

Pour des ponts de chemins de fer, le rapport $\dfrac{p}{k}$ sera pris dans les tables XVII, qui contiennent aussi les valeurs de k^1 pour le cas d'une charge partielle; les valeurs de k dans la formule 207) seront obtenues plus exactement à l'aide de la fig. 134. — Pour des ponts de routes, le rapport $\dfrac{p}{k}$ s'obtient d'après les données des N°⁵. **66** et **67**.

Dans une poutre droite, chaque barre ne sera soumise qu'à une traction ou à une compression entre les appuis et le point limite a trouvé ci-dessus; entre ce dernier point et le milieu de la poutre, par suite du changement de position de la charge, chaque barre peut être soumise alternativement à une tension ou à une compression, pourvu qu'il n'existe pas de contre-fiches en sens contraire (voir N°. **137**).

Dans ce qui précède, nous n'avons considéré que des poutres reposant librement sur deux appuis; pour des poutres continues, il faudra faire des constructions graphiques pour les diverses charges, comme le représentent les planches IV et V, où l'on a construit la courbe des $\mathfrak{B}$ qui correspond à la courbe simultanée des $\mathfrak{M}$, et où les positions limites du point $\mathfrak{B} = 0$ sont aussi indiquées.

145. Le *système simple, symétrique,* à nervures horizontales, est connu en Angleterre sous le nom de *poutres Warren.*

Fig. 157.

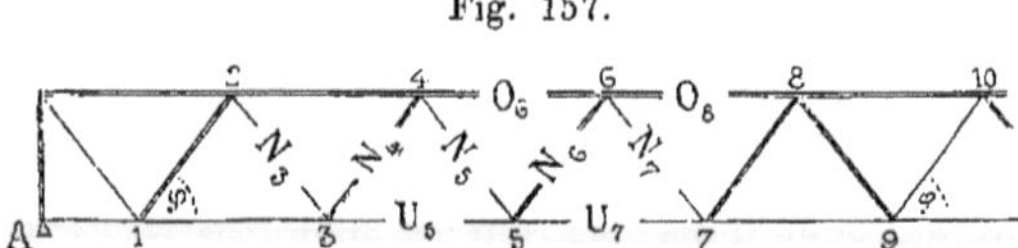

Si nous conservons les notations employées dans le N°. **133,** les équations 180) à 183) nous fournissent, pour des poutres à nervures horizontales, les formules simples suivantes:

a) pour les *nervures*:

$$O_m \text{ ou } U_m = \frac{\mathfrak{M}'_{m-1}}{\mathfrak{H}} \ . \ . \ . \ . \ . \ . \ 208)$$

et puisque Ω représente la section des nervures que nous considérons, nous aurons:

$$\text{pression moyenne } \mathfrak{B}_m = \frac{O_m}{\Omega} \ . \ . \ . \ 209)$$

$$\text{tension } \mathfrak{A} = \frac{U_m}{\Omega} \ . \ . \ . \ . \ . \ . \ 210)$$

Remarque. Dans ces formules, nous avons supposé une poutre reposant librement sur deux appuis, dont la nervure supérieure est toujours comprimée; pour des poutres continues, l'équation 209) peut indiquer une tension et l'équation 210) une compression.

b) pour les *barres*:

$$N_m \sin \varphi = \mathfrak{B}'_m \ . \ . \ . \ . \ . \ . \ . \ 211)$$

et lorsque ω indiquera la section de la barre considérée, nous aurons:

$$\left.\begin{array}{l}\text{pression moyenne } \mathfrak{B}_m \\ \text{ou tension } \qquad \mathfrak{A}_m\end{array}\right\} = \frac{N_m}{\omega} \ . \ . \ 212)$$

On trouve la pression maximum $\mathfrak{B}$ à l'aide de la pression moyenne $\mathfrak{B}_m$, en multipliant cette dernière par le coefficient $\left(1 + K\,\dfrac{\omega L^2}{\Theta}\right)$, où L indique la longueur libre de la barre comprimée, ω sa section et Θ le moment d'inertie de cette section (voir l'équation 169).

146. L'un des ponts les plus connus, construit d'après le système Warren, est le *viaduc de Crumlin;* nous extrayons de la description de ce viaduc faite par Mr. Malberg dans la „Zeitschrift für Bauwesen" de Berlin, année 1858, les données suivantes.

Le viaduc de Crumlin se trouve sur le chemin de fer de la ligne Newport-Abergavenny-Hereford, près de Newport (Galles du Sud) et a été commencé en 1853 d'après les projets de MM. les ingénieurs Lidell et Gordon.

Le viaduc se compose de 10 ouvertures, dont la distance mesurée entre les milieux des piles est de 150 pieds anglais; la portée des fermes est de $147^3/_4$ pieds soit de 45 mètres; les piles, de hauteurs très-différentes, se composent de colonnes en fonte assemblées entre elles au moyen de tirants en fer forgé et de cadres en fonte; la planche IX représente une des ouvertures; l'axe de la voie ne se trouve pas au milieu des deux poutres considérées, ensorte que la charge de la poutre extérieure n'est pas égale à celle de la poutre intérieure; dans le calcul que nous allons faire, nous avons toutefois supposé les deux poutres également chargées, (on pourrait dans le calcul tenir compte de l'inégalité de la charge, en introduisant le rapport qui existe entre les bras de levier des forces). — La nervure supérieure, soumise à la compression, présente une section de nervure creuse, comme le montre la fig. 158; la nervure inférieure et les barres soumises à la traction sont faites de fers plats, tandis que la section des barres comprimées a été construite en forme de croix, (voir fig. 159).

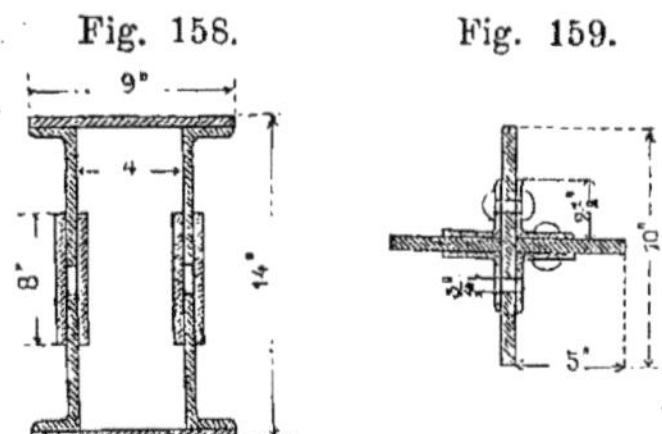

Fig. 158.   Fig. 159.

D'après les données de Mr. Malberg, nous indiquons dans la fig. 160, en centimètres carrés, les sections des nervures et des

Fig. 160.

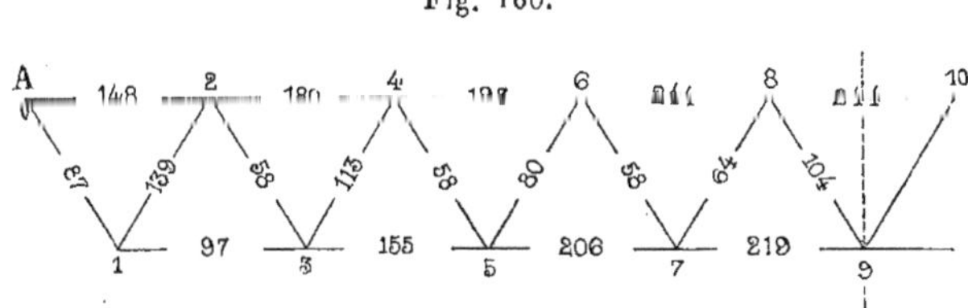

barres; nous devons faire remarquer que, pour les fers plats, il n'était pas nécessaire de faire une déduction des logements des rivets, puisque la section aux articulations était suffisamment renforcée au moyen de feuilles de recouvrement; les sections des barres situées près du milieu du pont ont été construites plus fortes, mais, dans ces dernières, il faut faire déduction des logements des rivets.

147. Dans le N°. **65,** nous avons indiqué par l'équation 113ª) comme propre poids de la construction métallique d'un pont:

$$p = Cl + F \quad \ldots \ldots \quad 213)$$

où F indique le poids du tablier (par mètre) y compris celui des rails, madriers et ballast, C un coefficient particulier qui dépend de la construction de la poutre principale; si nous voulons dans la suite indiquer le poids de la construction métallique, non compris celui du matériel de voie, nous emploierons la relation

$$p' = Cl + F' \quad \ldots \ldots \quad 214)$$

Le coefficient C reste le même pour les deux équations, puisque, pour un même pont — dont les poutres principales sont supposées construites entièrement en fer — p et p' ne diffèrent entre eux que du poids du tablier (voir la fin du N°. **65**).

Pour le viaduc de Crumlin, nous n'avons pas trouvé de données du poids métallique total p'; le poids de deux poutres principales supportant une voie est, d'après l'indication, de 50 tonnes pour chaque ouverture, celui du tablier correspondant, de 21 tonnes, d'où résulte:

$$F = \frac{21000}{45} = 466 \text{ soit en nombre rond} = 480 \text{ kilogr.}$$

de plus

$$p - F = C.l = \frac{50000}{45} = 1111 \text{ kilogr. soit en nombre rond } 1120 \text{ kilogr.}$$

donc

$$C = \frac{1120}{45} = 24{,}9$$

et

$$p = 24{,}9 \, l + 480 = 1600 \text{ kilogr.}$$

148. Dans le calcul du viaduc de Crumlin, il a été pris comme charge accidentelle 150 tonnes pour chaque voie et pour chaque ouverture, et puisque nous exprimons par k la surcharge par mètre courant de voie, il résulte de ces données:

$$k = \frac{150000}{45} = 3333 \text{ kilogr.}$$

soit une tonne anglaise par pied anglais

d'après le numéro précédent, nous avons trouvé

$$p = 1600 \text{ kilogr.}$$

donc

$$q = p + k = = 4933 \text{ kilogr.}$$

soit en nombre rond $= 5000$ kilogr.;

il résulte des tables XVII et XVII^a, pour $l = 45$ mètres:

$$k^1 = {}^5/_4\, k = \text{en nombre rond } 4200 \text{ kilogr.}$$

d'où l'on déduit

$$q^1 = p + k^4 = 5800 \text{ kilogr.}$$

$$q_0 = \frac{q + q^1}{2} = \frac{5800 + 5000}{2} = 5400 \text{ kilogr.}$$

d'où résulte enfin:

pour le moment de flexion maximum au milieu de la poutre

$$\text{I.} \quad \text{Max } \mathfrak{M} = \frac{q l^2}{8} = 5000\,\frac{45^2}{8} = 1265{,}6 \text{ tonnes-mètres,}$$

pour l'effort tranchant maximum de la poutre

$$\text{II.} \quad \text{Max } \mathfrak{V}_9 = \frac{k^1 l}{8} = \frac{4200 \cdot 45}{8} = 23{,}6 \text{ tonnes,}$$

pour l'effort tranchant maximum sur les appuis

$$\text{III.} \quad \text{Max } \mathfrak{V} = \frac{q + q^1}{2}\,\frac{l}{2} = \frac{5400 \cdot 45}{2} = 121{,}5 \text{ tonnes,}$$

pour l'effort tranchant minimum sur les appuis,

$$\text{IV.} \quad \min \mathfrak{V}_1 = \;\ldots\ldots\ldots\; \frac{pl}{2} = 36{,}0 \text{ tonnes,}$$

d'après l'équation 207), pour la position extrême du point $\mathfrak{V} = 0$:

$$\text{V.} \quad \begin{cases} a = 1 \left\{ \dfrac{1600}{4200} + \sqrt{\dfrac{1600}{4200} + \left(\dfrac{1600}{4200}\right)^2} \right\} = 15{,}5 \text{ mètres} \\ 1 - a = 29{,}5 \text{ mètres.} \end{cases}$$

M max $\mathfrak{M}$ étant connu par l'équation I. ci-dessus pour le milieu du pont, les autres valeurs maxima de $\mathfrak{M}$ sont obtenues par l'emploi répété de l'équation 174) que nous rappelons ici:

$$\max \mathfrak{M}_x = \frac{q l^2}{8} - \frac{q x_1^2}{2} \quad \ldots\ldots\; 174)$$

dans laquelle $\mathfrak{M}_x$ indique le moment de flexion à la distance x de l'appui A; x_1 la distance de ce même moment de flexion au milieu de la poutre.

Table

$$p = 1600^k, \quad k = 3400^k, \quad q = p + k = 5000^k,$$

Index $m =$	1	2	3	4	5	6
						pour les
$\max \mathfrak{M}_m = \dfrac{ql^2}{8} - \dfrac{qx_{,}^2}{2}$	mts 250	mts 500	687,5	875	1000	1125
$O_m = \dfrac{\max \mathfrak{M}'_{m-1}}{\mathfrak{H}}$		29762		81845		119048
$U_m = \dfrac{\max \mathfrak{M}'_{m-1}}{\mathfrak{H}}$			59524		104166	
Ω_m		148	97	180	155	193
$\mathfrak{B}_m = \dfrac{O_m}{\Omega}$		201		455		616
$\mathfrak{A} = \dfrac{U_m}{\Omega}$			614		672	
					pour les barres, la charge	
$\mathfrak{B}_m$ en tonnes :	112,0	109,2	90,2	87,4	68,4	65,6
$N_m = \dfrac{\mathfrak{B}'_m}{\sin \varphi} = \dfrac{\mathfrak{B}_m}{1,72}$ en kilogr.	65116	63488	52442	50814	39767	38140
ω_m	87	139	58	112	58	80
$\mathfrak{A} = \dfrac{N_m}{\omega}$	748		904		685	
$\mathfrak{B}_m = \dfrac{N_m}{\omega}$		456		540		477
					pour les barres, la charge	
$\mathfrak{B}_m$ en tonnes :	33,4	30,6	25,2	22,4	11,8	8,0
$N_m = \dfrac{\mathfrak{B}'_m}{\sin \varphi} = \dfrac{\mathfrak{B}_m}{1,72}$	19400	17790	14650	13023	6860	4651
ω_m	87	139	58	112	58	80
$\mathfrak{A} = \dfrac{N_m}{\omega}$	223		252		118	
$\mathfrak{B}_m = \dfrac{N_m}{\omega}$		128		116		58

XLV.

$k^1 = 4200^k$, $q^1 = 5800^k$, $l = 45,0^m$ $\mathfrak{H} = 4,2^m$

7	8	9	10	11	12	Remarques.
nervures:						
1187,5	1250	1250	1250	1187,5	1125	Pour la détermination des tensions et des pressions dans les barres, il suffira de considérer la charge comme s'avançant d'un seul côté, par exemple de B vers A, puisque la poutre est symétrique relativement à son milieu; si nous avons aussi considéré le mouvement de A vers B, c'est afin de mieux montrer les variations des forces qui agissent dans les barres.
	141369		148801		141369	
133020		140801		148801		
206	244	219	244	219	244	
	579		610		579	
650		680		680		
s'avançant de B vers A:						
46,6	43,8	24,8	22,0	5,0	2,2	
27693	25465	14430	12790	2907	1279	
58	64	104	104	64	58	
477		138		45		
	398		123		22*)	
s'avançant de A vers B:						
— 2,2	— 5,0	— 22,0	— 24,0	— 43,8	— 46,6	*) La barre N_{10} n'est construite que pour une traction: toutefois elle est suffisamment rigide, puisque la pression qui agit n'a qu'une valeur relativement très-faible.
— 1279	— 2907	— 12790	— 14430	— 25465	— 27693	
58	64	104	104	64	58	
	45		138		477	
22		123		398		

Les valeurs maxima de $\mathfrak{B}$ seront obtenues d'une manière graphique comme le représente la fig. 161; les valeurs indiquées par les équations II.—V. sont suffisantes pour cette construction graphique. — Il est à remarquer que les articulations supérieures sont seules chargées du poids du tablier, et, vu surtout la grande longueur des panneaux, nous emploierons la méthode indiquée dans le N°. **130.**

Fig. 161.

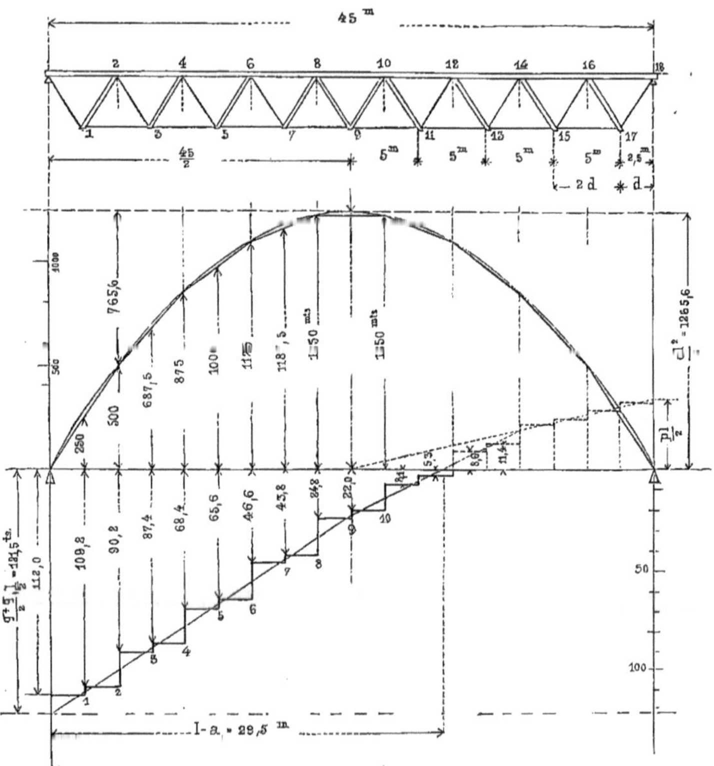

La moitié du poids des deux poutres principales réparti sur les articulations inférieures est, sur 5 mètres de longueur, égal à $= 5 \cdot \dfrac{1120}{2} = 2800$ kilogr.; aux articulations inférieures $\mathfrak{B}$ varie de cette dernière valeur dont nous avons porté à l'échelle la moitié au-dessus, l'autre moitié au-dessous des points correspondants de la courbe max $\mathfrak{B}$.

Les efforts de tension $\mathfrak{A}$ sont plus grands que les efforts de compression $\mathfrak{B}_m$; à l'aide de ces derniers et de la formule 169), ou bien aussi approximativement par la table XIV, nous obtiendrons les efforts de compression maxima $\mathfrak{B}$; pour la nervure comprimée on a: $L = 5$ mètres, $H = 0{,}23$ mètre, donc

$$\frac{L}{\mathfrak{H}} = \frac{500}{23} = 22,$$

ensorte qu'on pourra prendre $\mathfrak{B} = 1{,}25\,\mathfrak{B}_m$ (pour $\frac{L}{\mathfrak{H}} = 20$ on trouve dans la table pour des sections rectangulaires creuses $\mathfrak{B} = 1{,}2\,\mathfrak{B}_m$); pour les barres comprimées, nous avons:

$$L = \frac{3{,}3}{0{,}68} = 4{,}9 \text{ mètres}, \quad H = 0{,}25 \text{ mètre}, \quad \text{donc} \quad \frac{L}{\mathfrak{H}} = \frac{490}{25} = 17{,}6$$

et vu leur forme en croix, nous devons prendre $\mathfrak{B} = 1{,}30\,\mathfrak{B}_m$; donc, pour les nervures, les valeurs de $\mathfrak{B}_m$ doivent être multipliées par 1,25 et pour les barres par 1,30 si l'on veut obtenir l'effort de compression maximum dans la section considérée.

148. La planche IX représente aussi la construction spéciale employée au viaduc de Crumlin pour l'assemblage des diverses pièces du treillis; les extrémités de chaque pièce, renforcées par des feuilles de recouvrement, sont traversées par de gros boulons qui doivent transmettre les charges comme cela a lieu dans les ponts en chaînes; ces boulons étant soumis à un cisaillement multiple, une section de 64 cent. carrés (diamètre $3\,^{1}\!/_{2}''$ anglais) est suffisante. — Les feuilles de renfort aux extrémités de chacune des pièces du treillis ont le même but que l'*élargissement* des extrémités des pièces d'un pont en chaînes, ensorte que l'affaiblissement produit par le passage du boulon est ainsi compensé.

D'après des rapports récents, cette construction employée au viaduc de Crumlin ne s'est pas montrée favorable; les gros boulons sont devenus libres dans leurs logements et il a fallu renforcer les extrémités des barres par l'emploi de feuilles de recouvrement assemblées avec des rivets. La „Bauzeitung" du Hanovre (année 1868, page 344), d'où nous tirons cette communication, fait à cet égard la remarque que chacun des boulons principaux avait à supporter une trop grande charge locale; on y a remédié par le renfort des extrémités, comme nous venons de l'indiquer. — (Voir le N°. **52** sur le rapport qui doit exister entre le diamètre des boulons et l'épaisseur des feuilles.)

Dans la construction de ce pont, il paraît qu'il a été commis un autre faute en ce que la construction de rigidité transversale ne consistait qu'en une plate-forme en bois; aussi a-t-on dû ajouter des pièces de pont en fer, de $12''$ anglais de hauteur et de 28 pieds de longueur, ainsi que des poutrelles en long aussi en fer forgé; en outre, au lieu d'un plancher en bois, il en a été construit un en fer, composé de feuilles de recouvrement assemblées, ensorte que la rigidité dans le sens transversal a été ainsi augmentée d'une manière notable. — Ensuite des renforts apportés, le passage de lourds convois ne procure qu'une flèche du pont de $^5/_8$ de pouce, tandis qu'auparavant elle avait été mesurée de $1\,^1/_2$ pouce anglais.

149. A-peu-près en même temps que le viaduc de Crumlin, on construisait aussi le *pont sur le Trent à Newark*, lequel a été décrit en 1857 par Mr. Lohse dans la „Zeitschrift für Bauwesen" de Berlin.

Ce pont est biais, d'une seule ouverture de 240 pieds anglais (75,15 mètres), et présente pour le passage de deux voies, 4 poutres qui, deux-à-deux, forment un pont séparé; le tablier se trouve à la partie inférieure des poutres, dont la hauteur a permis d'établir à la partie supérieure un second contreventement, comme le montre l'esquisse ci-contre.

Fig. 162.   Fig. 162ᵃ.

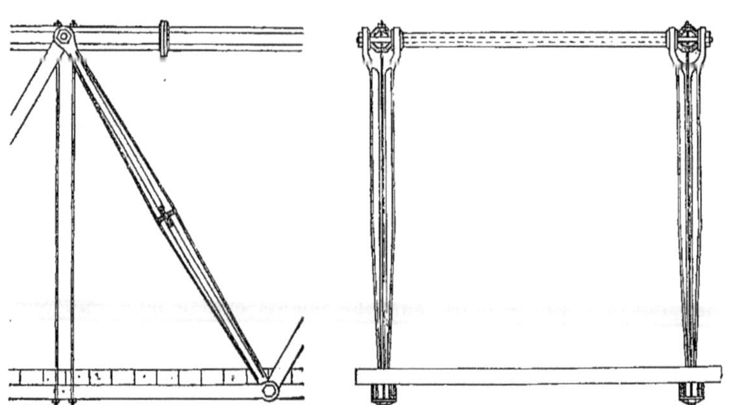

Toutes les pièces qui doivent résister à la compression sont construites en fonte, toutes celles soumises à la traction, en fer forgé; la nervure supérieure consiste en un tube en fonte de 13 pouces de diamètre et de $1\,^1/_2$ pouce d'épaisseur sur les culées, et dont le diamètre augmente jusqu'à devenir égal à 18 pouces au milieu du pont; chacune des pièces est, à ses extrémités, exactement tournée, rabotée et assemblée *à bride* avec des boulons. — La nervure inférieure se compose de fers plats forgés, de 7—8 pouces de largeur et de $^5/_8$ à $^3/_4$ pouce anglais de hauteur, leur nombre augmente vers le milieu du pont.

Le tablier ne contient pas de pièces de pont, de forts madriers en chêne sont directement placés sur la nervure inférieure; il existe toutefois un contreventement supérieur et un contreventement inférieur en ce qu'il a été construit à chaque articulation un tube en fonte transversal, placé horizontalement, qui donne passage à une tige en fer forgé, et en outre, en ce que chaque panneau est muni de diagonales horizontales en fer forgé.

Le poids propre du pont est de 295 tonnes pour une voie et de 122,5 tonnes pour chaque poutre; si l'on prend comme longueur totale de la poutre 79 mètres, et qu'on fasse déduction du poids des portails fixes en fonte, on obtient comme poids propre de la construction métallique en le mettant sous la forme de l'équation 214):

$$p' = 500 + 40 . 1$$

où l indique la portée, égale à 73,15 mètres.

150. Pour un *système simple, non-symétrique*, à nervures horizontales, puisque $\mathfrak{H}$ est constant, les formules 185) à 195) se réduisent aux expressions simples suivantes:

Fig. 163.

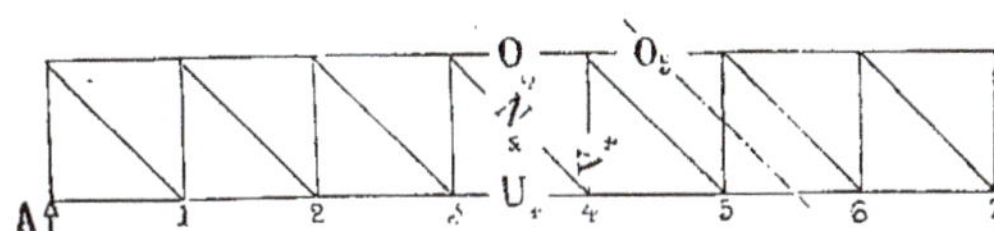

Pour les *nervures* on a:

d'après la fig. 163:

$$O_m = U_{m+1} = \frac{\mathfrak{M}'_m}{\mathfrak{H}} \quad \ldots \ldots \quad 216)$$

Fig. 164.

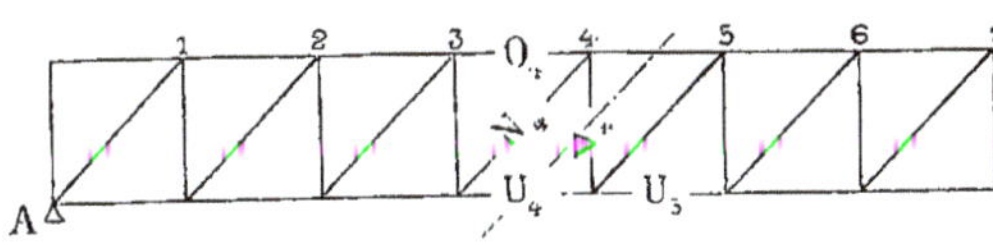

ou bien, d'après la fig. 164:

$$O_{m+1} = U_m = \frac{\mathfrak{M}'_m}{\mathfrak{H}} \quad \ldots \ldots \quad 217)$$

pour les barres inclinées, également d'après les fig. 163 et 164 :

$$N_m = \frac{1}{\sin \varphi}\, \mathfrak{B}'_m \quad \ldots \ldots \ldots \quad 218)$$

enfin, pour les barres verticales, si P'_0 représente la force appliquée à l'articulation supérieure et P'_u celle appliquée à l'articulation inférieure,

d'après la fig. 163 :

$$V_m = -\,\mathfrak{B}'_m - P'_u = -\,\mathfrak{B}'_{m+1} + P'_0 \quad \ldots \quad 219)$$

ou bien, d'après la fig. 164 :

$$V_m = \mathfrak{B}'_m + P'_0 = \mathfrak{B}'_{m+1} - P'_u \quad \ldots \ldots \quad 220)$$

Lorsque les sections respectives seront connues, on obtiendra les efforts de tension et de compression dans les nervures et dans les barres d'après les équations 166)—168) ; si les pièces soumises à une compression sont de longueur notable, il faudra consulter l'équation 169) pour la détermination du rapport $\dfrac{\mathfrak{B}_m}{\mathfrak{B}}$.

Une barre est soumise à la traction, lorsque son extrémité inférieure est plus rapprochée du point $\mathfrak{B} = o$ que son extrémité supérieure, et elle est soumise à la compression, lorsque son extrémité supérieure est plus rapprochée du point $\mathfrak{B} = o$ que son extrémité inférieure (voir N°. **135**). L'abscisse a, qui donne la position du point $\mathfrak{B} = o$ la plus éloignée du milieu de la poutre, se trouve d'après l'équation 207) ; entre les abscisses a et $1 - a$, les barres principales sont alternativement soumises à la pression et à la tension, et il faut employer, sur cette longueur, des contre-fiches (voir N°. **137**).

151. Comme nous l'avons montré dans le N°. **144**, les forces dans les nervures, pour une poutre droite, ne dépendent que de $\mathfrak{M}$; les forces dans les barres inclinées que de $\mathfrak{B}$ et la fig. 156 représente les valeurs maxima de $\mathfrak{M}$ et de $\mathfrak{B}$.

La grandeur des charges P_0 et P_u est surtout importante pour la détermination des forces dans les verticales. Toutefois, dans le cas indiqué par la fig. 163, il n'existe aucun doute que, pour des poutres chargées à leur partie supérieure (où tous les P_u sont de faible valeur), les barres verticales V_m n'aient à supporter la pression maximum lorsque les forces $\mathfrak{B}_m$ atteignent leur valeur négative maximum, comme le montre clairement l'équation 219). —

Quand une de ces poutres sera chargée à sa partie inférieure, il faudra rechercher si V_m n'est pas plus grand lorsque la charge s'est avancée de B jusqu'au point $m + \frac{1}{2}$; dans ce dernier cas, si nous posons $P_0 = $ zéro, $k_{m+1} = k_{m-1} = k$ et la longueur du panneau $= d$, nous obtiendrons :

$$V_m = - \max \mathfrak{B}'_{m+1} + P_0$$

$$V_m = \frac{kl}{8} + \left(\frac{1}{2} - x_{m+\frac{1}{2}} \right) \left(p + \tfrac{3}{4} k \right) \quad . \ . \ . \quad I.$$

tandis que lorsque la charge s'est avancée de B jusqu'à m — $^1/_2$, on a:

$$V_m = - \max \mathfrak{B}'_m - P_u$$

$$V_m = \frac{kl}{8} + \left(\frac{1}{2} - x_{m+\frac{1}{2}} + d \right) \left(p + \tfrac{3}{4} k \right) - \left(p + k \right) d \quad II.$$

La valeur de V_m, tirée de l'équation II., est inférieure à celle tirée de l'équation I. de la quantité

$$(p + k) d - (p + \tfrac{3}{4} k) d = \tfrac{1}{4} k d \quad . \ . \ . \ . \ . \quad III.$$

La différence donnée par l'équation III. serait restée exactement la même lorsqu'une partie du propre poids de la construction aurait été supposée agissant aux articulations supérieures, puisque la somme $P_u + P_0$ aurait conservé sa même valeur $(k + p) d$.

Dans le cas indiqué par la fig. 164, les différences ont lieu en sens inverse, c'est-à-dire V_m est, dans le cas où les articulations inférieures sont chargées, évidemment plus grand lorsque la charge s'est avancée de B jusqu'à $x_{m+\frac{1}{2}}$ (voir l'équation 220); pour le cas de chargement des articulations supérieures, on aura la différence indiquée par l'équation III. ci-dessus, lorsque la charge ne s'est avancée que jusqu'au point m + $^1/_2$.

Les dimensions des verticales eussent subi peu de modification si l'on eût pris la charge s'avançant de B jusqu'à m — $^1/_2$, au lieu de la supposer avancée jusqu'à m + $^1/_2$, vu la faible valeur de la différence indiquée par l'équation III.; il en est autrement pour des poutres à nervures *cintrées*, où l'augmentation de $\mathfrak{B}$ est en partie supportée par les nervures, et où P_u et P_0 procurent une augmentation de charge d'autant plus grande; la règle, qui est aussi valable pour des poutres *à nervures horizontales* d'après nos développements ci-dessus, et qui acquiert surtout une grande importance pour des poutres à *nervures cintrées*, peut s'exprimer ainsi dans tous les treillis non-symétriques, la *force maximum se trouve dans les barres verticales,*

a) Lorsqu'on emploie des barres inclinées soumises à la traction et des verticales soumises à la compression:

lorsque le tablier est situé à la partie supérieure et lorsque la charge est arrivée de B jusqu'à m — $^1/_2$;

lorsque le tablier est situé à la partie inférieure et lorsque la charge est arrivée de B jusqu'à m + $^1/_2$.

b) Lorsqu'on emploie des barres soumises à la compression et des verticales soumises à la traction:

lorsque le tablier est situé à la partie supérieure et lorsque la charge est arrivée de B jusqu'à m + $^1/_2$;

lorsque le tablier est situé à la partie inférieure et lorsque la charge est arrivée de B jusqu'à m — $^1/_2$.

Si la charge s'avance de A vers B, tous les cas indiqués ci-dessus se produisent en sens inverse, c'est-à-dire qu'il faudra remplacer m + ½ par m — ½ et m — ½ par m + ½.

152. La direction des chemins de fer de l'État bavarois a fait construire dernièrement sur l'*Isar*, à *Munich*, un pont en treillis du système que nous venons de décrire.

Le pont a deux piles et 3 ouvertures, chacune de 50,2 mètres de portée, et chacune d'elles est franchie au moyen de poutres reposant librement sur les appuis.

Le pont a été construit dans les ateliers de MM. Klett et Comp. de Nuremberg, c'est Mr Gerber, Ingénieur de cet établissement, qui a bien voulu nous communiquer les notices suivantes.

Les poutres principales de ce pont, dont deux supportent une voie ont, entre les nervures, une distance géométrique (hauteur) de 7,02 mètres et une longueur de panneaux de 6,275 mètres; la longueur totale de la poutre est divisée en 8 panneaux, le tablier est situé immédiatement au-dessus de la nervure inférieure de manière à permettre un second contreventement supérieur.

Fig. 165.

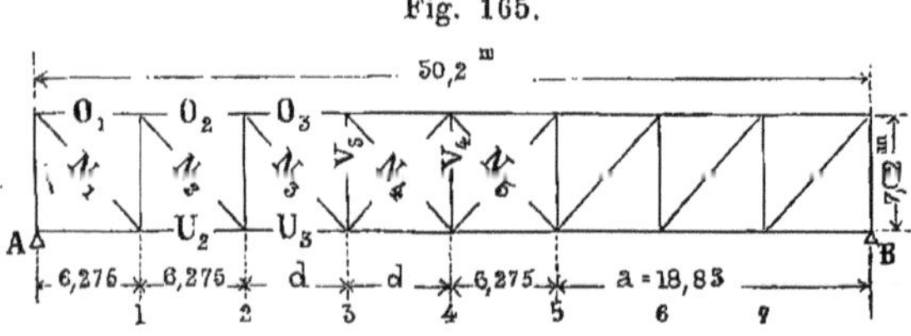

Les nervures se composent de deux parties, séparées par un intervalle de 28 millimètres; la fig. 166 représente, à gauche, la

Fig. 166. Fig. 167.

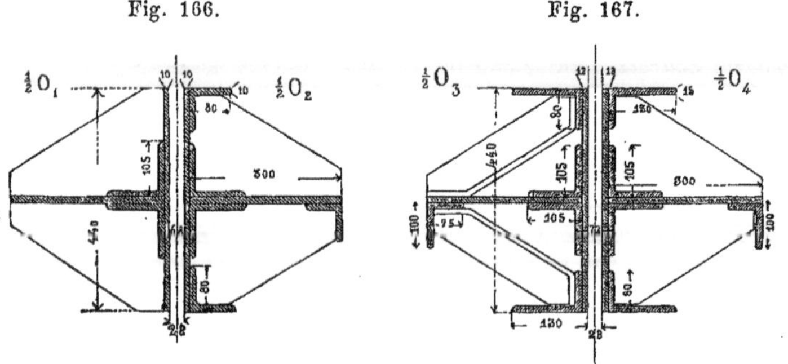

moitié de la nervure supérieure du premier panneau, et à droite, celle du second panneau; de même, la fig. 167 représente les nervures du troisième et du quatrième panneau; on voit clairement par ces figures que les nervures ont été renforcées vers le milieu par l'addition de nouvelles cornières ou de feuilles dont la plupart sont assemblées sur l'articulation elle-même; à cet effet il a été employé un fort couvre-joint de forme polygonale de 28 millimètres d'épaisseur qui remplit l'intervalle entre les deux moitiés

Fig. 168.

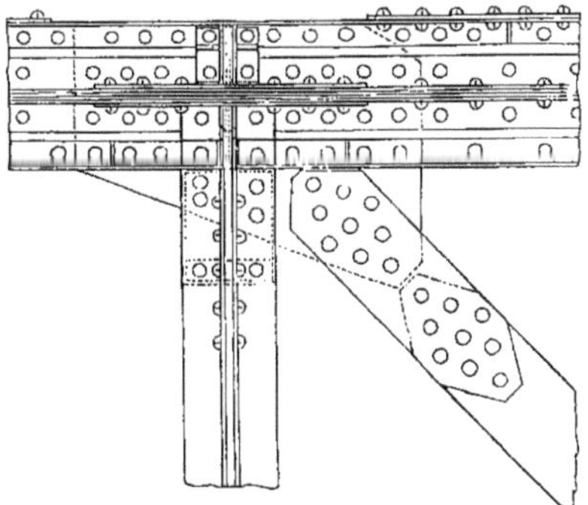

des nervures tout en servant à l'assemblage des pièces des nervures et à celui des diagonales et des barres verticales, comme le représente la fig. 168. Lorsque la section interrompue n'est pas remplacée en entier par ce couvre-joint de forme polygonale, on a ajouté de nouveaux couvre-joints.

Fig. 169.   Fig. 170.

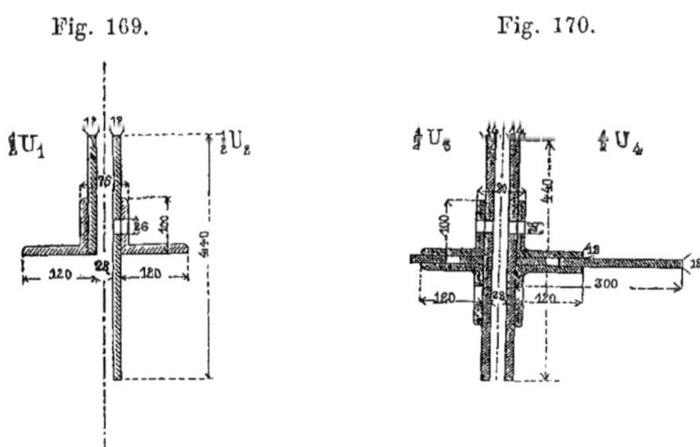

La *nervure inférieure* est construite d'une manière analogue à la nervure supérieure; la seule différence est que, pour cette ner-

II.   4

vure soumise uniquement à la traction, il a été employé des fers plats relativement un peu plus forts et moins de cornières; les figures 169 et 170 représentent les sections des nervures inférieures des panneaux 1 à 4, et chaque moitié de figure indique celles d'une des nervures. En général la nervure inférieure (comme la nervure supérieure), a 44 centimètres de hauteur; dans le premier panneau, cette hauteur est réduite de moitié, ensorte que l'élévation longitudinale du pont indique déjà par sa forme que la nervure inférieure du premier panneau n'a aucune des forces du treillis à transmettre, mais qu'elle ne sert qu'à fixer réciproquement la première articulation à l'armature verticale extrême et à consolider le tablier.

Les *barres obliques* ou *diagonales* sont formées de fers plats de 26—50 centimètres de largeur, de 28—30 millimètres d'épaisseur, et sont renforcées aux deux panneaux extrêmes par l'addition d'autres feuilles assemblées avec des rivets; la fig. 168 montre la liaison des diagonales avec les nervures et les verticales.

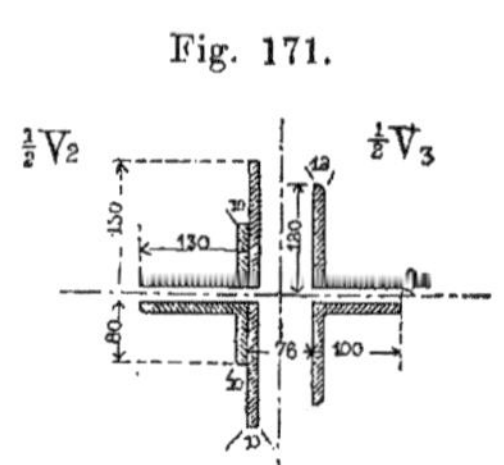

Fig. 171.

Les *verticales* consistent en 4 cornières dont les dimensions augmentent du côté des piles et qui sont encore renforcées aux articulations 1 et 2 par des fers plats, comme le représente la fig. 171.

Les *armatures verticales extrêmes* sont formées de 12 cornières et de 2 fers plats; leurs dimensions sont telles, que non seulement elles peuvent transmettre sur les piles la composante verticale de la force dans la barre voisine, mais aussi qu'elles peuvent résister à toutes les autres forces agissant de côté, par exemple à celles des coups de vent.

Le *tablier* consiste en longrines-sous-rails de 6,275 mètres de longueur, construites en paroi pleine et reposant sur des entretoises formées d'un treillis simple et assemblées sur les verticales des poutres principales. On voit ainsi que le poids du tablier, donc aussi celui de la surcharge, ne produisent aucun effort transversal dans les pièces du treillis, mais au contraire, que toutes les charges agissent aux articulations.

152. Les données suivantes serviront de base au *calcul des poutres principales*.

Le propre poids du pont, pour *une* voie, par mètre courant, est formé de:

deux poutres principales, ensemble . .	1786 kilogr.
contreventement	114 „
	1900 kilogr.

Transport 1900 kilogr.

Plate-forme :

Entretoises	200
Longrines-sous-rails . .	434
Divers	34
	668 „
Garde-corps	66 „

Total du poids métallique $p' =$ . . . 2634 kilogr.

en outre, pour

Traverses	272 kilogr.
Longrines	40 „
Madriers	160 „
Rails	74 „

Total pour matériel de voie $p'' =$ . . . 546 „

Somme totale $p = p' + p'' =$ . . . 3180 kilogr.

Fig. 172.

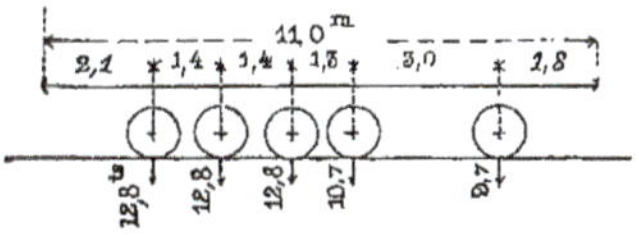

de flexion maximum au milieu de la poutre produit par la surcharge, est :

Comme *surcharge*, on a pris 3 locomotives-tenders, dont les poids et les dimensions sont indiquées dans la fig. 172, et qui sont suivies de waggons de 5,2 mètres de longueur et d'un poids de 16 tonnes ; le moment

$$\max \mathfrak{M}_k = 1711,2 \text{ mètres-tonnes},$$

Ce moment serait obtenu par une surcharge uniformément répartie k égale à 5440 kilogr. par mètre et par voie.

Il résulte donc qu'on pourra prendre comme charge totale par mètre, pour une voie :

$$q = p + k = 3180 + 5440 = 8620 \text{ kilogr.}$$

Dans le mode de charge indiqué, celui de 3 locomotives-tenders accouplées, on peut aussi prendre pour charge parielle le poids q de la charge uniformément répartie par mètre tourant, d'où résulte :

$$k^1 = k = 5440 \text{ kilogr.}$$
$$q_0 = q = 8620 \quad „$$

et enfin

$$\frac{p}{k^1} = \frac{p}{k} = \frac{3180}{5440} = 0,585$$

D'après les charges et les poids ci-dessus indiqués, il résulte *pour chaque poutre principale* :

Moment de flexion maximum au milieu de la poutre:

$$\text{I.}\quad \max \mathfrak{M}' = \tfrac{1}{2} \cdot \frac{ql^2}{8} = \frac{8620 \cdot 50{,}2^2}{2 \cdot 8} = 1357{,}85 \text{ tonnes-mètres.}$$

Effort tranchant maximum sur les culées:

$$\text{II.}\quad \max \mathfrak{V}' = \tfrac{1}{2} \frac{ql}{2} = \frac{8620 \times 50{,}2}{2 \times 2} = 108{,}18 \text{ tonnes.}$$

Effort tranchant maximum au milieu de la poutre:

$$\text{III.}\quad \max \mathfrak{V}'_{1/2\,l} = \frac{1}{2}\frac{kl}{8} = \frac{5440 \times 50{,}2}{2 \times 2} = 17{,}0 \text{ tonnes.}$$

Effort tranchant sur les culées, résultant du poids propre de la construction:

$$\text{IV.}\quad \min \mathfrak{V}'_1 = \tfrac{1}{2}\,\frac{ql}{2} = \frac{3180 \cdot 50{,}2}{4} = 30{,}9 \text{ tonnes.}$$

La limite du point $\mathfrak{V} = 0$ la plus rapprochée de la culée A est, d'après l'équation 207)·

$$\text{V.}\quad \begin{cases} a = \{ -0{,}585 \pm \sqrt{0{,}585 + (0{,}585)^2}\,\}\,50{,}2^m = 18{,}925^m \\ l - a = 31{,}275^m \end{cases}$$

Dans le cas qui nous occupe, nous avons fait dans la fig. 173 une construction analogue à celle de la fig. 156, et, nous fondant

Fig. 173.

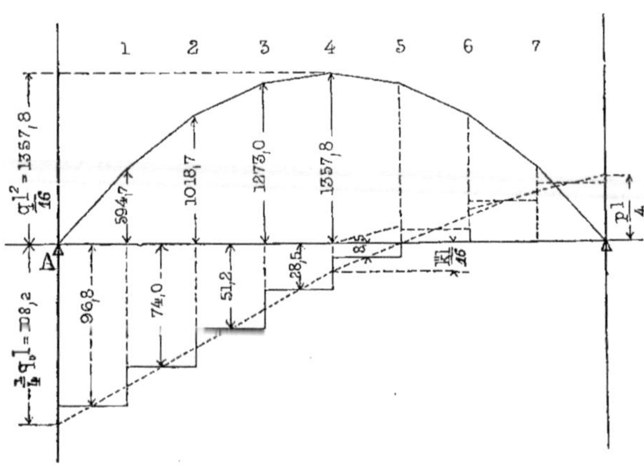

sur les propriétés bien connues de la ligne droite et de la parabole [cette dernière étant calculée d'après l'équation 174)], nous avons fait la table suivante qui contient tous les moments de flexion $\mathfrak{M}$ et tous les efforts tranchants $\mathfrak{B}'$ nécessaires au calcul des pièces du treillis:

Table XLVI.

$$\mathfrak{M}'_1 = \quad 594,7 \text{ mètres-tonnes}, \qquad \mathfrak{B}'_1 = 96,80 \text{ tonnes},$$
$$\mathfrak{M}'_2 = 1018,7 \qquad \text{\textquotedbl} \qquad\qquad \mathfrak{B}'_2 = 74,0 \qquad \text{\textquotedbl}$$
$$\mathfrak{M}'_3 = 1273,0 \qquad \text{\textquotedbl} \qquad\qquad \mathfrak{B}'_3 = 51,4 \qquad \text{\textquotedbl}$$
$$\mathfrak{M}'_4 = 2357,8 \qquad \text{\textquotedbl} \qquad\qquad \mathfrak{B}'_4 = 20,5 \qquad \text{\textquotedbl}$$
$$\mathfrak{B}'_5 = \quad 8,5 \qquad \text{\textquotedbl}$$

Il nous faut encore déterminer les charges aux articulations. — Les articulations supérieures ne sont chargées, sur la longueur d'un panneau, que de la moitié du poids des poutres principales, représenté par $1900 . 6{,}275 = 11922$ kilogr., ensorte que $P_0 = 5961$; $P'_0 = 2980$ kilogr; les articulations inférieures ont en outre à supporter le poids du tablier qui est de $1280 . 6{,}275 = 8032$ kilogr. sur la longueur d'un panneau, ensorte qu'on a min $P_u = 14000$ kilogr., min $P'_u = 7000$ kilogr.; à ces charges vient s'ajouter celle de la surcharge, qui, pour l'articulation m et une charge de B jusqu'à $(m - {}^1/_2)$, est donnée par la valeur k d; pour le cas présent, nous avons:

$$P'_u = 7000 + 17068 = 24068 \text{ kilogr.}$$

Fig. 174.

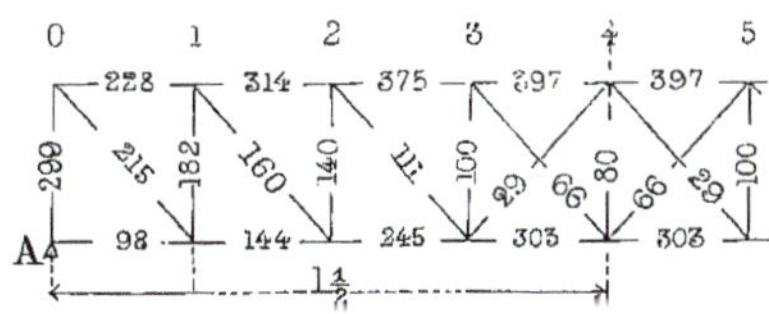

Les sections des diverses parties du treillis sont indiquées dans la fig. 174; il a été fait déduction des logements des rivets pour les pièces soumises à la traction, ce qui n'a pas eu lieu pour celles soumises à la compression, surtout parce que la pression moyenne est notablement plus faible que la pression dans les fibres extérieures vu la longueur relativement grande des pièces comprimées.

Le rapport $\dfrac{\mathfrak{B}}{\mathfrak{B}_m}$ a été calculé d'après la formule 169)

$$\mathfrak{B} = \mathfrak{B}_m \left(1 + \mathrm{K}\, \frac{\omega \mathrm{L}^2}{\Theta} \right) \quad . \quad . \quad . \quad . \quad 169)$$

et on a pris $K = 0,0001$, tandis que nous avons indiqué dans la table XI, pour le fer forgé, $K = 0,00008$; d'après la formule ci-dessus (en prenant $K = 0,0001$), on obtient les valeurs indiquées dans la table XLVII.

Table XLVII.

Partie des nervures	O_1	O_2	O_4	O_4
$\dfrac{\mathfrak{B}}{\mathfrak{B}_m}$	1,54	1,34	1,26	1,24
Verticales	V_1	V_2	V_3	V_4
$\dfrac{\mathfrak{B}}{\mathfrak{B}_m}$	1,56	1,80	2,0	2,6

Les données nécessaires pour le calcul étant connues, on calculera, d'après les équations 215)—220), les forces O, U, N et V qui agissent dans le treillis, en employant les valeurs de $\mathfrak{M}'$ et de $\mathfrak{B}'$ indiquées dans la table XLVI, et l'on obtient ainsi, d'après les équations 166)—168), pour chaque partie, la tension maximum $\mathfrak{A}$ ou la compression maximum $\mathfrak{B}$ en employant les rapports $\dfrac{\mathfrak{B}}{\mathfrak{B}_m}$ tirés de la table XLVII.

Le table XLVIII renferme tous les résultats du calcul.

D'après cette table nous voyons que les tensions et que les pressions maxima dans les nervures, ainsi que dans les diagonales (barres obliques), se rapprochent d'un effort de tension de 600 kilogr. par cent. carré.

153. Les *entretoises* sont composées d'un treillis, dont les panneaux extrêmes sont formés de parois pleines renforcées par des cornières rivées diagonalement; la nervure inférieure de ces entretoises est composée de quatre cornières qui servent en même temps à rendre le contreventement plus rigide; après déduction des logements des rivets, la section est de 70 cent. carrés; la nervure supérieure se compose de deux cornières et d'un fer plat, ensemble de 74 cent. carrés sans déduction de rivets.

Table XLVIII.

$$p = 3180^k, \quad k = 5440, \quad l = 50,2, \quad \mathfrak{H} = 7,02_m, \quad \sin \varphi = 0,745$$

Index $m =$	1	2	3	4	5
$\max \mathfrak{M}'_m$	$594,7^{mts}$	1018,7	1273,0	1357,8	1273,0
$O_m = \dfrac{\mathfrak{M}'_m}{\mathfrak{H}}$	$84,86^{ts}$	145,52	181,86	193,98	181,86
Ω en cent. carrés	228	314	375	397	375
$\dfrac{\mathfrak{B}}{\mathfrak{B}_m}$	1,54	1,50	1,20	1,24	1,26
$\mathfrak{B} = \dfrac{O_m}{\Omega} \cdot \dfrac{\mathfrak{B}}{\mathfrak{B}_m}$	573^k	602	611	606	611
$U_m = \dfrac{\mathfrak{M}'_{m-1}}{\mathfrak{H}}$		$84,86^{ts}$	145,32	181,86	145,52
Ω en cent. carrés		144	245	303	245
$\mathfrak{A} = \dfrac{U_m}{\Omega}$		589	594	600	594
$\mathfrak{B}'_m$	$96,8^{ts}$	74,0	51,2	28,5	8,0
$N_m = \mathfrak{B}'_m \dfrac{1}{\sin \varphi}$	$130,0^{ts}$	99,36	68,64	38,2	10,74
ω_m en cent. carrés	215	160	111	66	29
$\mathfrak{A} = \dfrac{N_m}{\omega}$	605^k	620	616	579	570
$\max V_m = \max \mathfrak{B}'_{m+1} + P'_0$	74,0 $+$ 3,0 —— $77,0^{ts}$	51,2 $+$ 3,0 —— 54,2	28,5 $+$ 3,0 —— 31,5	8,0 $+$ 3,0 —— 11,0	
ω_m en cent. carrés	182	140	100	80	
$\dfrac{\mathfrak{B}}{\mathfrak{B}_m}$	1,56	1,80	2,00	2,60	
$\mathfrak{B} = \max V_m \cdot \dfrac{1}{\omega} \cdot \dfrac{\mathfrak{B}}{\mathfrak{B}_m}$	660^k	697	630	378	

Fig. 175.

Dans le calcul des entretoises, il faut déterminer d'abord le poids P qu'on peut supposer agissant sur chacun des points chargés (soutiens verticaux); ce poids P se compose du poids propre de la construction P, et de celui de la surcharge $P_{,,}$.

Le propre poids, par mètre courant, est:

Entretoises	200
Longrines-sous-rails	434
Tablier	546

total 1180 kilogr.

donc pour une distance d'entretoise de 6,275 mètres:

$$2 \cdot P_{,} = 1180 \cdot 6{,}275 = 7404 \text{ kilogr. et } P_{,} = 3702 \text{ kilogr.}$$

La position la plus défavorable de la surcharge est repré-

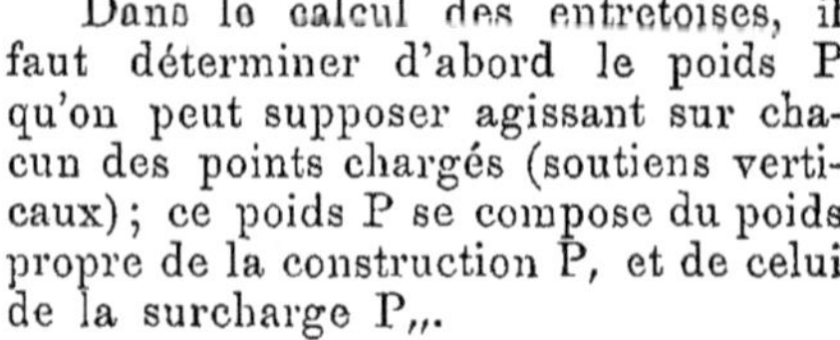

Fig. 176.

sentée par la fig. 176; d'après la loi du levier, la pression sur l'entretoise du milieu B est:

$$B = 12{,}8 \frac{3{,}475 + 4{,}875}{6{,}275} + 12{,}8 + 10{,}7 \frac{4{,}975}{6{,}275} + 9{,}7 \frac{1{,}975}{6{,}275} = 41{,}4 \text{ ts.}$$

d'où résulte $P_{,,} = \dfrac{B}{2} = 20{,}7$ tonnes, et enfin

$$P = P_{,} + P_{,,} = 3{,}7 + 20{,}7 = 24{,}4 \text{ tonnes.}$$

Par l'emploi de la loi du levier, et spécialement par les équations 170)—173), on obtient:

$$\mathfrak{M}_1 = \mathfrak{M}_2 = P \cdot x = 24{,}4 \times 1{,}55 = 37.82 \text{ tonnes}$$

et d'après l'équation 216):

$$U_2 = O_1 = O_2 = \frac{\mathfrak{M}_1}{\mathfrak{H}} = \frac{37820}{1{,}37} = 27600 \text{ kilogr.}$$

et enfin pour la nervure supérieure:

$$\mathfrak{B}_m = \frac{27600}{74} = 373 \text{ kilogr. } . \quad . \quad . \quad . \quad . \quad \text{I.}$$

et pour la nervure inférieure:

$$\mathfrak{A} = \frac{27600}{70} = 394 \text{ kilogr. } \quad . \quad . \quad . \quad . \quad \text{II.}$$

Les *longrines-sous-rails* sont formées de parois pleines sur toute leur longueur, et se calculent d'après l'équation 158) lorsqu'on a obtenu max $\mathfrak{M}$ pour la surcharge maximum; le mode du calcul a déjà été indiqué en détail dans le N°. **110.**

154. Les ingénieurs des chemins de fer de l'État bavarois ont pris comme base, dans leur calcul, une tension fictive de 1200 kilogr. par cent. carré, qui serait produite par un poids de **1,2** fois plus grand que celui de la construction et par un poids de 2 ½ à 3 ½ fois plus grand que celui de la surcharge; dans le cas qui nous occupe, la surcharge a été prise 2 ½ fois pour les poutres principales et 3 ½ fois pour le tablier.

D'après les poids ci-dessus indiqués, nous aurons pour les poutres principales:

$$\frac{p}{q} = 0{,}37 \qquad \frac{k}{q} = 0{,}63,$$

ensorte que si $\mathfrak{A}$ indique la tension totale qui agit en réalité dans le cas d'une surcharge maximum uniformément répartie, nous aurons:

pour la tension résultant du propre poids $\mathfrak{A}_p = 0{,}37\,\mathfrak{A}$,
„ „ „ „ de la surcharge $\mathfrak{A}_k = 0{,}63\,\mathfrak{A}$.

Comme somme idéale pour les tensions dans les nervures, $\mathfrak{A}_p + \mathfrak{A}_k$, augmentées ainsi que nous venons de le dire, nous avons:

$$1{,}2 \cdot (0{,}37\,\mathfrak{A}) + 2{,}5\,(0{,}63\,\mathfrak{A}) = 1200 \text{ kilogr.}$$

d'où résulte comme tension réelle:

$$\mathfrak{A} = \frac{1200}{2{,}0} = 600 \text{ kilogr.}$$

tension qui a donc été adoptée dans les nervures pour une charge maximum uniformément répartie.

Notre mode de calcul nous a fourni (voir la table XLVIII) une tension voisine des 600 kilogr. qu'on a voulu obtenir, tandis que pour les barres verticales, les différences sont plus grandes; en général nous avons obtenu des tensions plus fortes, ce qui prouve bien que notre méthode est suffisante pour le cas de la charge partielle la plus défavorable.

155. Dans le *système double, symétrique,* à nervures horizontales, les articulations de même numéro, (situées sur la même verticale) sont généralement reliées entre elles au moyen de faibles barres verticales qui ne servent qu'à répartir uniformément la charge sur les deux nervures; d'après le N⁰. **142,** cela aura lieu pour des verticales bien construites, lorsque, dans un même panneau, les barres soumises à la pression et à la tension seront à-peu-près d'égale résistance, (les sections comprimées doivent

être augmentées dans le rapport $\dfrac{\mathfrak{B}}{\mathfrak{B}_m}$).

Remarque. Lorsque les barres comprimées sont trop fortes ou qu'elles se ploient vu leur rigidité trop faible, cette construction doit être considérée comme un système combiné, et cela avec d'autant plus de raison, que les barres verticales, par suite de dimensions beaucoup trop fortes, influent sur la répartition des forces dans les diagonales.

Fig. 177.

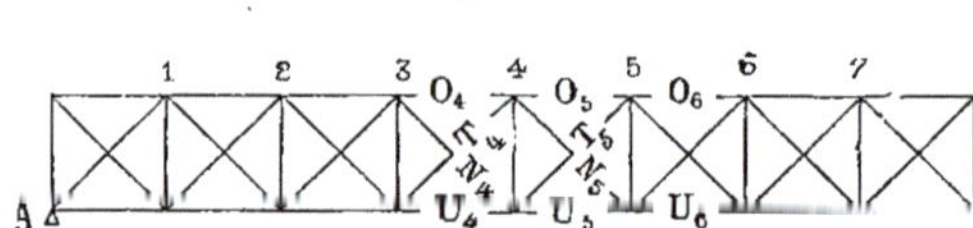

Si nous conservons les notations employées dans le N⁰. **135,** les formules du N⁰. **140** se simplifient et nous aurons:

a) pour les nervures:

$$O_m = U_m = \frac{\mathfrak{M}'_{m-\frac{1}{2}}}{\mathfrak{H}} \quad \ldots \ldots \quad 221)$$

$$\left.\begin{aligned}\mathfrak{B}_m \ (\text{ou } \mathfrak{A}) &= \frac{O_m}{\Omega}\\[4pt]\mathfrak{A} \ (\text{ou } \mathfrak{B}_m) &= \frac{U_m}{\Omega}\end{aligned}\right\} \quad \ldots \ldots \quad 222)$$

Pour une poutre reposant librement sur les appuis, la nervure inférieure est toujours soumise à la traction, la supérieure à la compression.

b) Pour les barres, d'après l'équation 195):

$$\left.\begin{aligned}N_m &= \mathfrak{B}'_m \, \frac{1}{\sin \varphi}\\[4pt]T_m &= \mathfrak{B}'_m \, \frac{1}{\sin \psi}\end{aligned}\right\} \quad \ldots \ldots \quad 223)$$

les valeurs de N_m et T_m sont identiques puisque les angles φ et ψ sont égaux. — En nommant N les barres dont les extrémités supérieures sont dirigées du côté de l'appui de gauche A, et en ne considérant que la partie de poutre comprise entre A et le point $\mathfrak{B} = 0$, on a:

$$\mathfrak{A} = \frac{N_m}{\omega} = \frac{1}{\omega}\,\frac{\mathfrak{B}'_m}{\sin\varphi} \quad . \quad . \quad . \quad . \quad . \quad 224)$$

$$\mathfrak{B}_m = \frac{T_m}{\omega} = \frac{1}{\omega}\,\frac{\mathfrak{B}'_m}{\sin\psi} \quad . \quad . \quad . \quad . \quad . \quad 225)$$

Afin de déterminer la position extrême du point $\mathfrak{B} = 0$, voisin de l'appui A, nous devons supposer la charge s'avançant de B vers A· jusqu'au point considéré donné par l'équation 99) ou par l'équation 207). — Pour que le panneau dans lequel se trouve le point $\mathfrak{B} = 0$ possède réellement des N soumises à la traction et des T soumis à la compression, il faut que l'articulation de droite (du côté de B) fournisse une $\mathfrak{M}$ plus grande que celle située à gauche (voir les règles du N°. **134**).

156. Comme exemple d'un treillis double, symétrique, nous prendrons le *pont sur la Brenz à Königsbronn*, construit en 1864 sur la ligne de Aalen à Heidenheim. La portée est de $19{,}25^{\mathrm{m}}$ et les dimensions des autres parties de la construction sont indiquées dans la planche XI.

Les deux nervures sont formées de deux cornières et de fers plats de 24,3 cent. de largeur et de 11,4 cent. d'épaisseur; dans les panneaux où les fers plats sont assemblés, il faut faire déduction d'un des fers plats servant de couvre-joint, (voir les N°ˢ. **54** et **55**); à leurs points de jonction, les cornières sont munies de couvre-joints spéciaux.

Les cornières des nervures sont munies de doublures polygonales, qui servent à l'assemblage des barres et des verticales.

Toutes les *barres diagonales* ont une section en forme de ⊤, vu que même environ la moitié des barres ascendantes sont soumises à la compression pour une charge partielle; dans les panneaux extrêmes, les fers en ⊤ sont renforcés par des fers plats assemblés à rivets; on a muni ces derniers de doublures afin d'obtenir un cisaillement double pour les rivets, — ce qui, pour les autres diagonales, a été obtenu par l'addition de feuilles accessoires plus courtes.

Les *barres verticales* sont composées de faibles cornières doubles destinées à assembler le tablier et à répartir le poids de ce dernier sur les deux nervures.

Le *tablier proprement* dit a pu être construit légèrement, la distance transversale des poutres principales n'étant que de 2,57 mètres et la distance des entretoises que de 1,74 mètre.

Fig. 178.

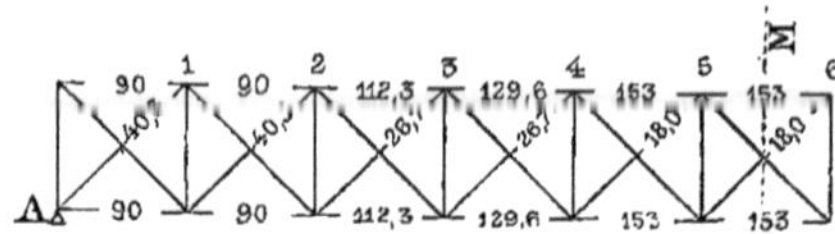

La fig. 178 indique, en centimètres carrés, les sections des diverses parties du treillis.

157. La surcharge peut être prise directement dans la table XVII^a, puisque cette table est fondée sur le poids des locomotives des chemins de fer wurttembergeois.

Pour une portée de 19,25 mètres, nous trouvons dans la table XVII^a

$$p = 1450 \text{ kilogr.} \qquad\qquad k = 4660 \text{ kilogr.}$$
$$q = 6110 \quad_n \qquad\qquad k^1 = 6600 \quad_n$$
$$\frac{k + k^1}{2} = 5630 \text{ kilogr.}$$
$$q_0 = p + \frac{k + k^1}{2} = 7080 \text{ kilogr.}$$

et les valeurs principales s'obtiennent comme suit:

Moment de flexion maximum au milieu de la poutre:

$$M \max \mathfrak{M} = \frac{q\,l^2}{8} = 282,6 \text{ mètres-tonnes} \qquad \text{I.}$$

Effort tranchant maximum sur la culée:

$$M \max \mathfrak{B} = \frac{q_0\,l}{2}\; 68,14 \text{ tonnes} \;\;.\;\;.\;\;.\;\;.\; \text{II.}$$

Effort tranchant maximum au milieu de la poutre:

$$\max \mathfrak{B}_{1/2\,l} = \frac{k^1\,l}{8} = 16,156 \text{ tonnes} \;\;.\;\;.\; \text{III.}$$

Effort tranchant minimum sur la culée:

$$\min \mathfrak{B}_1 = \frac{p\,l}{2} = 13,95 \text{ tonnes} \;\;.\;\;.\;\;.\;\;.\; \text{IV.}$$

Position extrême du point $\mathfrak{B} = 0$, d'après l'équation 207)

$$a = 1 \left\{ 0{,}22 \pm \sqrt{0{,}22 + 0{,}22^2} \right\} = 5{,}93^{\mathrm{m}} \left\{ \; V. \right.$$
$$1 - 1 = 13{,}32^{\mathrm{m}}$$

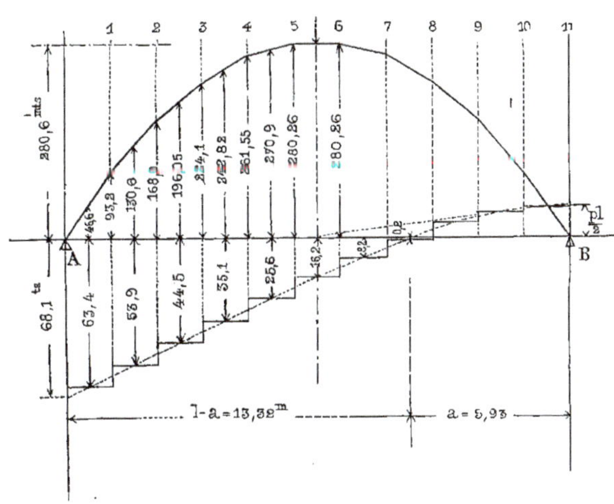

Fig. 179.

La fig. 179 a été construite d'après la méthode indiquée dans
le Nᵒ. **144**, au moyen des valeurs données ci-dessus, et nous obtenons, à l'aide de cette fig. 179, les valeurs suivantes:

a) pour le moment de flexion maximum, par l'équation 215):

$\mathfrak{M}_1$	$\mathfrak{M}_2$	$\mathfrak{M}_3$	$\mathfrak{M}_4$	$\mathfrak{M}_5$	$\mathfrak{M}_6$
93,2 mts	168,0	224,1	261,55	280,3	280,3

$\mathfrak{M}_{1/2}$	$\mathfrak{M}_{3/2}$	$\mathfrak{M}_{5/2}$	$\mathfrak{M}_{7/2}$	$\mathfrak{M}_{9/2}$	$\mathfrak{M}_{11/2}$
46,6 ts	130,6	196,05	242,8	270,9	280,3

b) pour l'effort tranchant maximum:

$\mathfrak{B}_1$	$\mathfrak{B}_2$	$\mathfrak{B}_3$	$\mathfrak{B}_4$	$\mathfrak{B}_5$	$\mathfrak{B}_6$
63,4 ts	53,9	44,5	35,1	25,6	16,2

Les valeurs ci-dessus, combinées avec les équations 221)—225)
et avec la fig. 178 qui contient les dimensions des sections de
chacune des parties du treillis, nous fournissent les tensions

ou les compressions maxima dans les nervures et dans les barres, ainsi qu'elles sont contenues dans la table XLIX

Table XLIX.

$$l = 19,25^m \qquad \mathfrak{H} = 1,8^m \qquad \sin \varphi = 0,745$$

Index m —	1	2	3	4	5	6
Moment de flexion $\mathfrak{M}'_{m-\frac{1}{2}}$	23,3 mts	65,2	98,02	121,40	135,45	140,15
$O_m = V_m = \dfrac{\mathfrak{M}'_{m-\frac{1}{2}}}{\mathfrak{H}}$	12,94 ts	36,28	54,46	67,45	75,25	77,85
Section des nervures Ω en centimètres carrés.	90,0	90.0	112,3	129,6	153.0	153,0
$\mathfrak{A}$ ou $\mathfrak{B}_m = \dfrac{\mathfrak{O}_m}{\Omega}$ ou $\dfrac{U_m}{\Omega}$	144	403	482	523	492	509
Effort tranchant $\mathfrak{B}'_m$	31.7 ts	26,95	22.25	17,55	12,80	8,05
$N_m = T_m = \frac{1}{2}\dfrac{\mathfrak{B}'_m}{\sin \varphi}$	22,42 ts	19,06	15,73	12,41	9,05	5,69
Section des barres ω en centimètres carrés.	40,3	40,3	26,7	26,7	18,0	18,0
$\mathfrak{A}$ ou $\mathfrak{B}_m = \dfrac{N_m}{\omega}$	556	472	589	465	503	316

Les *entretoises* sont reliées à leur milieu par une armature rigide qui supporte les $^4/_{10}$ de la surcharge; le moment de flexion maximum, au point d'attache des entretoises, est donné par l'équation:

$$\max \mathfrak{M} = P \lambda \times 0,6$$

où P indique le poids de chacun des points chargés, λ la distance de ce point à l'appui.

La surcharge P_1, pour chacun des points chargés, est d'après l'esquisse ci-jointe (fig. 180)

$$\left(^3/_4 + ^1/_2\right) 6000 = 7500 \text{ kilogr.}$$

Fig. 180.

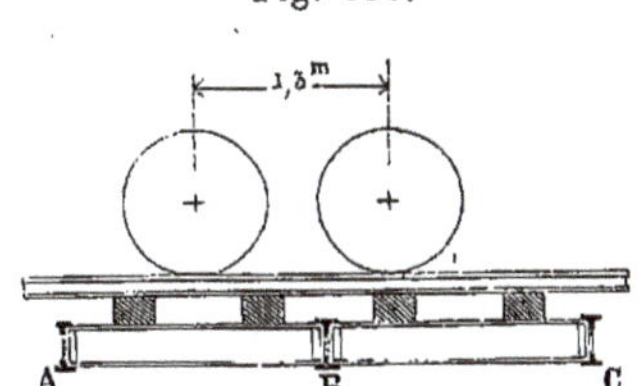

ensorte qu'on peut placer P = 7800 kilogr. en ayant égard au poids propre de la construction, — d'après la planche X, λ est égal à 0,5 mètre et l'on obtient:

$$\text{max } \mathfrak{M} = P\lambda \cdot 0,6 = 0,5 \times 7800 \times 0,6 = 2280 \text{ kilogrammètres}$$

D'après l'équation 158), la tension maximum dans les nervures est:

$$\mathfrak{A} = \frac{\text{max } \mathfrak{M}}{\dfrac{\mathfrak{H}_0^2}{H}\left(\Omega + \tfrac{1}{6}\,\delta\,\mathfrak{H}_0\right)}$$

mais nous avons:

$$\mathfrak{H}_0 = 26 \text{ cent.} \quad \frac{\mathfrak{H}_0}{H} = \frac{26}{29} \quad \Omega = 26,0 \text{ cent. carrés,} \quad \delta = 1 \text{ cent.,}$$

d'où résulte enfin:

$$\mathfrak{A} = \frac{2280}{0,91 \times 0,26 \times (26 + 4,33)} = 321 \text{ kilogr.}$$

La fig. 181 représente la charge la plus défavorable d'une *longrine-sous-rail*, et l'on a, d'après la loi du levier:

$$A = \left(\tfrac{3}{4} + \tfrac{1}{8}\right) 6000 = 5250 \text{ kilogr.,}$$

ensorte qu'on obtient comme moment de flexion $\mathfrak{M}'$, pour l'entretoise voisine de A, — 5250 × 0,43 = 2257,3 kilogrammètres — Si la tension ne doit pas dépasser 500 kilogr., nous devons chercher dans la table XXIX, calculée pour une tension de 600 kilogr., une section correspondant au moins aux $\tfrac{6}{5} \cdot 2257 = 2708$ kilogrammètres de moment de résistance, en prenant 26 cent. pour hauteur de la longrine-sous-rail. — La fig. 104 fournit la section la plus rapprochée et présente un moment de résistance de 3088 kilogrammètres pour une poutre d'un poids de 50,7 kilogr. par mètre et de 25,7 cent. de hauteur. — La section employée en réalité correspond au poids indiqué par ce calcul.

158.   L'exécution a fourni les poids suivants:

Poutre principale . . . .   15270 kilogr.
    Contreventement et construction
      de rigidité aux extrémités
      obliques . . . .   565 »   15835 kilogr.

Tablier:
    Entretoises . . . .   3162 kilogr.
    Longrines-sous-rails en fer en I   1010 »
    Poutres à parois pleines aux
      extrémités . . . . . .   600 »
    Boulons destinés à l'assemblage
      du tablier . . . . . .   253 »   5925 kilogr.

                         Total   21760 kilogr.

Pour 19,25 mètres de portée, le poids de la construction métallique par mètre courant est:

$$p_1 = 42{,}7\, l + 308 = 1130 \text{ kilogr.} \quad . \quad . \quad \text{I.}$$

Il faut ajouter pour le matériel de voie, d'après la table XXXVI, 262 kilogr. par mètre, d'où résulte

$$p = 42{,}7\, l + 570 = 1392 \text{ kilogr.} \quad . \quad . \quad \text{II.}$$

Fig. 181.

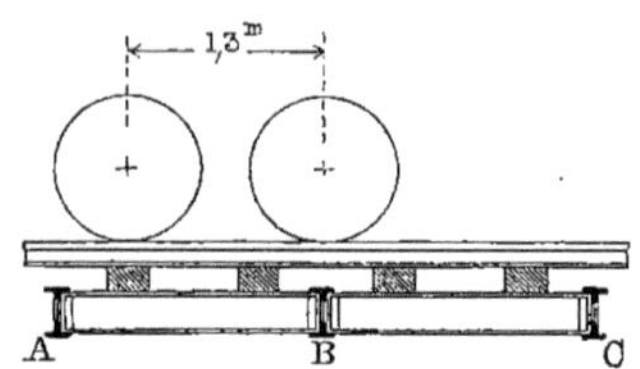

ce poids correspond bien avec les données ci-dessus, lors même que les poutres principales sont un peu fortes.

158.   Le *système multiple, non-symétrique*, à nervures horizontales, est ordinairement employé dans les *constructions en fer* de façon que les diagonales ne soient soumises qu'à la traction, donc avec leurs extrémités supérieures dirigées du côté de l'appui voisin, comme le représente la fig. 182; les verticales seront surtout soumises à des efforts de compression.

En conservant les notations employées dans le N⁰. **135**, nous obtenons pour un système n fois multiple, d'après les développements des N⁰ˢ. **139** et **140**.

a) pour une barre inclinée, dont les extrémités sont désignées par m et m′, d'après l'équation 196):

Fig. 182.

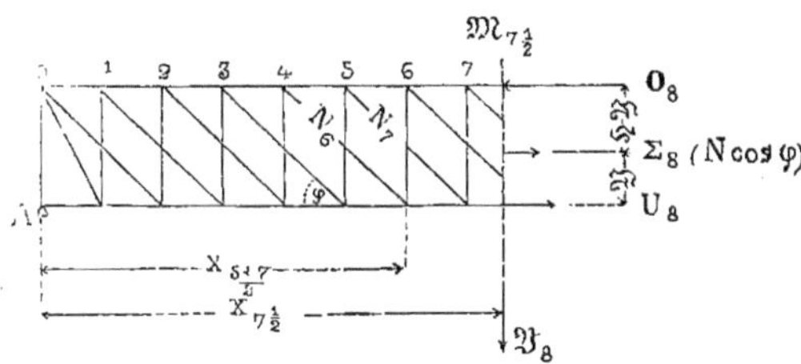

$$N_m = \frac{1}{n} \cdot \frac{1}{\sin \varphi} \cdot \mathfrak{B}'_{\frac{1}{2}(m+m')} \quad \cdots \cdots \quad 226)$$

b) pour les verticales, d'après l'équation 197[a]):

$$V_m = \frac{1}{n} \cdot \mathfrak{B}'_{\frac{1}{2}(m+m')} - P'_{u_m} \quad \cdots \cdots \quad 227)$$

D'après le N°. **152**, pour le cas où la surcharge arrive de B jusqu'au milieu de $(m+m')$, ce ne sera pas V_m, mais $V_{m'}$ qui devra supporter le plus grand effort; pour cette dernière verticale on aura:

$$V_{m'} = \frac{1}{n} \cdot \mathfrak{B}'_{\frac{1}{2}(m+m')} + P'_{o_{m'}} \quad \cdots \cdots \quad 227\,^{a})$$

pour une même verticale, les valeurs de $V_{m'}$ sont plus grandes que celles fournies par l'équation 227) pour V_{m-2} d'une quantité égale à ¼ k d (voir N°. **151**).

Les forces N dans les barres étant déterminées par les équations précédentes, nous obtenons:

c) pour les nervures:

$$O_m = \frac{\mathfrak{M}'_{m-\frac{1}{2}}}{\mathfrak{H}} + \frac{\mathfrak{Y}}{\mathfrak{H}} \cdot \Sigma_m \,(N \cos \varphi) \quad \cdot \cdot \quad 228)$$

$$U_m = \frac{\mathfrak{M}'_{m-\frac{1}{2}}}{\mathfrak{H}} - \frac{\mathfrak{H}-\mathfrak{Y}}{\mathfrak{H}} \, \Sigma_m \,(N \cos \varphi) \quad \cdot \quad 229)$$

Les équations 226)—229) sont applicables au cas indiqué par la fig. 182 qui représente l'extrémité de gauche d'une poutre reposant librement sur deux appuis, ou celle d'une poutre continue; pour d'autres cas, il faudra faire attention aux signes.

Les efforts maxima dans les *nervures* se produisent lorsque $\mathfrak{M}$ atteint sa plus grande valeur; mais, d'après les équations 228) et 229), il faut connaître les forces simultanées dans les barres afin

II.   5

de pouvoir calculer celles dans les nervures, c'est-à-dire qu'il faut calculer la force dans les barres pour le cas d'une surcharge maximum uniformément répartie.

Pour chaque *diagonale*, $\max \mathfrak{B}$ a lieu lorsque la charge du côté de B est arrivée jusqu'au milieu de la diagonale considérée; m et m′ étant les points extrêmes de cette barre, l'effort tranchant est représenté par $\max \mathfrak{B}'_{1/2\,(m+m')}$; lorsque, par exemple, une diagonale relie les articulations (7) et (10), l'effort tranchant vertical est représenté par $\max \mathfrak{B}_{1/2\,(7+10)}$.

Le même effort tranchant sert encore à déterminer la force maximum qui agit dans les *verticales* m et m′, si l'on introduit $\mathfrak{B}$ dans l'équation 227) ou 227ᵃ).

En exprimant le poids propre de la construction par p = Cl + F (voir l'équation 213) et par d la longueur constante des panneaux, on aura pour la valeur de P_u:

$$P_u = \left\{ k_m + \frac{Cl}{2} + F \right\} d \quad . \quad . \quad . \quad . \quad 230)$$

et l'on obtiendra P'_u en faisant la réduction pour une des poutres principales; lorsque les panneaux ne sont pas de longueur constante, d représente la valeur moyenne des distances des panneaux situés à gauche et à droite du point qu'on considère.

159. Comme exemple d'un système non-symétrique, multiple, à poutres horizontales, nous choisirons le *pont de chemin de fer sur le Danube à Ingolstadt*, décrit dans l'organe de la société des architectes et des ingénieurs bavarois en 1869.

Ce pont a 3 ouvertures de 52,54 mètres de portée dans-œuvre, franchies au moyen de poutres reposant librement sur les appuis; la planche XII représente une de ces ouvertures; nous y voyons que la hauteur théorique de la poutre, c'est-à-dire la distance entre les centres de gravité des nervures, est de 6,78 mètres, hauteur qui a permis l'emploi d'un contreventement supérieur; le tablier a dû être placé à la partie inférieure, à cause des hautes eaux.

Les pièces du treillis sont construites d'une manière analogue à celles du pont sur l'Isar à Munich, décrit précédemment, et nous renvoyons aux fig. 166, 167 et 169 à 171 pour les détails des nervures et des barres verticales, lorsque la planche XII ne montre pas de changements. Ces deux ponts sont intéressants à comparer parce qu'ils ont à-peu-près la même ouverture et qu'ils ont été construits avec soin dans le même atelier de MM. Klett et Comp. à Nuremberg, et exécutés sous la direction de Mr. H. Gerber.

La différence principale de ces deux ponts est, que pour celui sur le Danube, on a fait emploi d'un système double (voir fig. 183), qui réduit de moitié la distance entre les articulations; cette réduction est favorable à la résistance à la flexion de la

nervure supérieure, mais défavorable à la résistance des barres
verticales dont le poids ne peut être réduit de moitié pour un

Fig. 183.

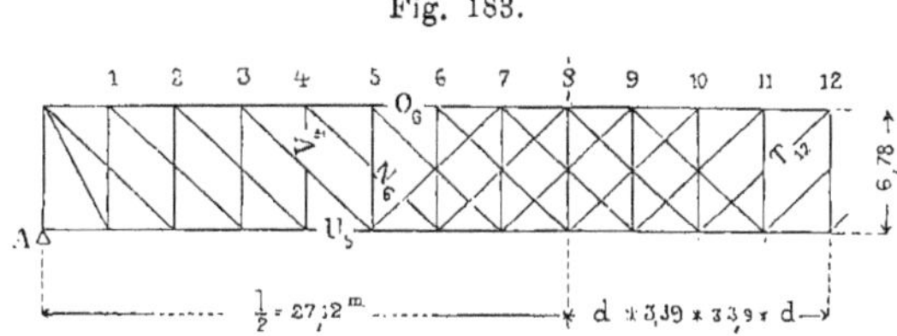

système double, comparativement à celui d'un système simple,
sans que la résistance à la flexion soit compromise.

Un effet analogue a lieu pour le poids du tablier; tandis que
dans le système double du pont sur le Danube, le poids des
longrines-sous-rails est assurément plus faible que celui des longrines-sous-rails de 6,275 de longueur du pont sur l'Isar, d'un
autre côté, pour le pont sur le Danube, le poids des entretoises,
en nombre double, ne peut pas être réduit de moitié, comparativement à celui du système simple du pont sur l'Isar.

Nous devons encore faire une remarque sur la différence
principale entre les systèmes symétriques et les systèmes non-
symétriques.

Si nous comparons le système double, symétrique, fig. 177 et
les équations 221)—225), avec le système double, non-symétrique,
fig. 125 et les équations 226)—229), nous trouvons que pour
une même portée, une même hauteur de poutre et une même inclinaison de barres, le *nombre* et la *longueur* de toutes les *barres
inclinées* sont les *mêmes* dans les deux cas; les formules 223) et
226) [cette dernière pour n — 2] réclament également la même
résistance pour les barres N. En donnant une rigidité suffisante
aux barres soumises à la compression, dans un système symétrique, on fait épargne de la majeure partie du poids des barres
verticales qui peuvent aussi être remplacées dans ce système par
un renfort des barres inclinées, puisque ces verticales n'auraient
à supporter que la moitié du poids du tablier.

Les conditions spéciales décideront si cet avantage du système
symétrique peut être conservé, contrebalancé ou même détruit par
d'autres circonstances; mais on ne peut nullement attribuer à-priori
un avantage théorique au système non-symétrique.

160. Passons au calcul du pont sur le Danube à Ingolstadt;
les sections de chaque pièce du treillis sont indiquées dans la

fig. 184, telles qu'elles sont contenues dans le mémoire de la société des architectes et des ingénieurs bavarois.

Fig. 184.

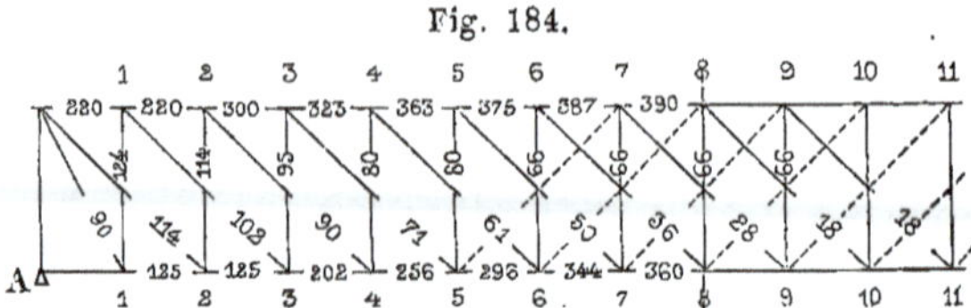

Le poids propre du pont est, d'après ce mémoire, de 3440 kilogr.; celui de la surcharge, de 4840 kilogr. par mètre et pour une voie, donc q = p + k = 8280 kilogr.; nous prendrons $k_1 = k$ et $q_1 = q$ en supposant des locomotives-tenders comme dans le N°. **152**. Les données précédentes nous fournissent:

Moment de flexion maximum au milieu de la poutre:

$$\text{M max } \mathfrak{M} = \frac{ql^2}{8} = \frac{8280}{8} \, 54{,}24^2 = 3040{,}5 \text{ mètres-tonnes} \quad . \quad \text{I.}$$

Effort tranchant maximum sur la culée:

$$\max \mathfrak{V}_1 = \frac{ql}{2} = 8280 \cdot \frac{54{,}24}{2} = 224{,}4 \text{ tonnes} \quad . \quad . \quad . \quad . \quad \text{II.}$$

Effort tranchant maximum au milieu de la poutre:

$$\max \mathfrak{V}_{1/_2 \, 1} = \frac{kl}{8} = 4840 \cdot \frac{54{,}24}{8} = 32{,}8 \text{ tonnes} \quad . \quad . \quad . \quad \text{III.}$$

Effort tranchant minimum sur la culée:

$$\min \mathfrak{V}_1 = \frac{pl}{2} = \frac{3440 \cdot 54{,}24}{2} = 9{,}32 \text{ tonnes} \quad . \quad . \quad . \quad . \quad \text{IV.}$$

Position extrême du point $\mathfrak{V} = 0$:

$$a = 54{,}24 \left\{ \frac{3440}{7850} \pm \sqrt{0{,}711 + 0{,}711^2} \right\} = 21{,}31^{\text{m}} \left. \right\} \quad . \quad . \quad \text{V.}$$
$$l - a = 54{,}24 - 21{,}31 = 32{,}93^{\text{m}}$$

Nous déterminerons les *forces maxima dans les nervures*, pour le milieu de chaque panneau, à l'aide des $\mathfrak{M}$ calculés pour la charge maximum également répartie, ce qui se fera assez facilement par l'équation 174). Les équations 228) et 229) fournissent la valeur des forces simultanées dans les barres, produites par les efforts tranchants pour une surcharge maximum également répartie. Chaque $\mathfrak{M}$ maximum, pour le milieu de tous les panneaux, et chaque $\mathfrak{B}$ simultané, pour les milieux des barres, sont indiqués dans la fig. 185.

Fig. 185.

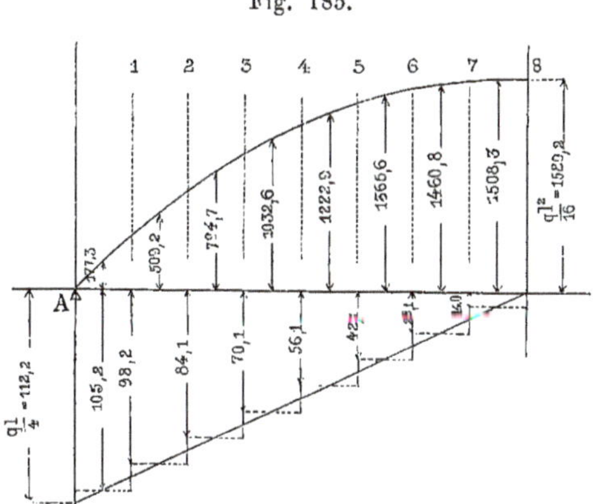

Le calcul entier est contenu dans la table L ; les valeurs de $\mathfrak{M}$ et de $\mathfrak{B}$ ont été prises dans la fig. 185, les forces dans les nervures ont été obtenues par les équations 228) et 229), et enfin, en employant les formules 166) et 167), on trouve les efforts de tension et de compression maxima en introduisant l'aire des sections indiquées dans la fig. 184.

Afin d'obtenir les *forces qui agissent dans les barres*, il est nécessaire de connaître les efforts tranchants maxima $\mathfrak{B}$ qui sont indiqués dans la fig. 186, lorsque la charge s'avance de B vers A. —

Fig. 186.

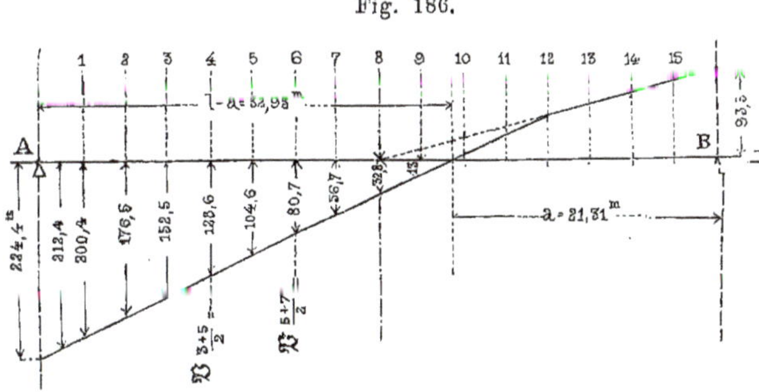

On admet que max $\mathfrak{B}$ diminue progressivement depuis la culée A jusqu'au milieu de la poutre, et d'ici jusqu'à l'abscisse l — a

Table

$$q = 8280^{k} \qquad l = 54,24^{m}$$

Index m $=$	1	2	3
$\mathfrak{B}'_{\frac{1}{2}(m+m')}$	$105,2^{ts}$	$98,2$	$84,1$
$\sin \varphi$	$0,899$	$0,707$	$0,707$
$N_m = \frac{1}{2} \mathfrak{B}'_{\frac{1}{2}(m+m')} \frac{1}{\sin \varphi}$	$58,5^{ts}$	$69,4$	$59,5$
$\cos \varphi$	$0,448$	$0,707$	$0,707$
$N_m \cos \varphi$	$26,3^{ts}$	$49,1$	$42,05$
$\Sigma_m (N \cos \varphi)$	$\begin{array}{r} 26,3 \\ 49,1 \\ \hline 75,4 \end{array}$	$\begin{array}{r} 49,1 \\ 42,05 \\ \hline 91,15 \end{array}$	$\begin{array}{r} 42,05 \\ 35,05 \\ \hline 77,10 \end{array}$
$\mathfrak{D}$	$1,50^{m}$	$3,27$	$3,25$
$\mathfrak{H} - \mathfrak{D}$	$2,28^{m}$	$3,51$	$3,53$
$\mathfrak{M}'_{m-\frac{1}{2}}$	$177,3^{mts}$	$509,2$	$794,7$
$O_m = \dfrac{\mathfrak{M}'_{m-\frac{1}{2}}}{\mathfrak{H}} + \dfrac{\mathfrak{D}}{\mathfrak{H}} \Sigma_m (N \cos \varphi)$	$76,1^{ts}$	$119,0$	$154,2$
Ω	220	220	300
$\mathfrak{B}_m = O_m \dfrac{1}{\Omega}$	336^{k}	541	514
$U_m = \dfrac{\mathfrak{M}'_{m-\frac{1}{2}}}{\mathfrak{H}} - \dfrac{\mathfrak{H} - \mathfrak{D}}{\mathfrak{H}} \Sigma_m (N \cos \varphi)$		$27,9^{ts}$	$27,1$
Ω		125	125
$\mathfrak{A} = U_m \dfrac{1}{\Omega}$		223^{k}	616

L.

$$\mathfrak{H} = 6{,}78^m.$$

4	5	6	7	8
70,1	56,1	42,1	28,1	14,0
0,707	0,707	0,707	0,707	0,707
49,6	39,7	29,8	10,0	3,9
0,707	0,707,	0,707	0,707	0,707
35,05	28,05	21,05	14,05	7,00
35,05 28,05 —— 63,1	28,05 21,05 —— 49,1	21,05 14,05 —— 35,1	14,05 7, 0 —— 21,05	7,0
3,21	3,15	3,06	2,83	1,7
3,57	3,63	3,72	3,95	5, 1
1032,6	1222,9	1365,6	1460,8	1508,3
182,2	203,1	217,2	224,2	224,2
323	363	375	387	390
564	560	579	579	574
110,0	151,0	182,1	203,2	220,7
202	256	296	364	360
589	602	612	591	613

Table

$$l = 54{,}24^{m} \qquad p = C\,l + F = 41\,.\,1 + 1216 = 3440^{k}$$

	1	2	3	4
Index m (ou m')	1	2	3	4
max $\mathfrak{B}_{\frac{1}{2}(m+m')}$ d'après fig. 185.	212,4 ts	200,4	176,5	152,5
sin φ_m	0,899	0,707	0,707	0,707
$N_m = \dfrac{1}{2} \cdot \dfrac{1}{\sin \varphi_m}\, \mathfrak{B}'_{\frac{1}{2}(m+m')}$ d'après l'équation 226).	59,50 ts	70,85	62,40	53,93
ω_m en cent. carrés.	90	114	102	90
$\mathfrak{A} = N_m\,\dfrac{1}{\omega}$	656	622	611	599
$Pu_m = \left(k = \dfrac{C\,l}{2} + F\right) d$ d'après l'équation 230).	18105 k	24300	24300	24300
$V_m = \dfrac{1}{2}\, \mathfrak{B}'_{\frac{1}{2}(m+m')} - P'u_m$ d'après l'équation 227).	53100 − 9050 44050	50200 − 12150 38050	83125 − 12150 31975	88125 − 12150 25975
$Po_{m'} = \dfrac{C\,l}{2}\, d$	2827	3770	3770	3770
$V_{m'} = \dfrac{1}{2}\, \mathfrak{B}'_{\frac{1}{2}(m+m')} + P'o_{m'}$	44125 1413 45532	38125 1885 40010	32100 1885 33985	26150 1885 28035
ω_m	124	114	95	80
$\mathfrak{B}_m = V_{m'}\,\dfrac{1}{\omega}$	367	351	358	350

LI.

$$k = 4840^{k} \qquad q = p + k = 8280^{k} \qquad d = 3,39^{m}$$

5	6	7	8	9	10	Remarques.
128,4	104,6	80,7	56,7	32,8	13,0	Les valeurs de $V_{m'}$ sont toujours plus grandes que celles de V_{m} calculées dans cette table pour une même charge, c'est-à-dire pour celle d'une surcharge qui s'étend de B jusqu'à ½ (m + m').
0,707	0,707	0,707	0,707	0,707	0,707	Les valeurs $V_{m'}$ diffèrent en plus de celles de V_{m} de la quantité ½ (¼ k d), comme l'explique le N°. 151.
45,40	37,0	28,5	20,05	16,60	4,60	
71	61	50	36	28	18	
639	606	571	557	414	255	
24300	24300	24300	24300	24300	24300	
32100 — 17150 19950	26150 — 12150 14000	20125 — 12175 8025	14175 — 12150 2025	8200 — 12150 —3940	3250 — 12150 —8890	
3770	3770	3770	3770	3770	3770	
20175 1885 22060	14175 1885 16060	8200 1885 10085	3250 1885 5135	1400 1885 3285	6110 1885 8995	
80	66	66	66	66	66	
276	242	152	76	—	—	

(position extréme du point $\mathfrak{B} = 0$), de manière à obtenir les points intermédiaires par une simple proportion arithmétique. — D'après le N°. **139**, c'est le max $\mathfrak{B}_x$, correspondant au milieu de la barre, qu'il est important de connaître pour chacune des *barres*; si nous nommons m et m' les deux extrémités de la barre N_m, l'effort tranchant maximum, pour cette barre, sera représenté par l'expression max $\mathfrak{B}_{\frac{1}{2}(m+m')}$, (puisque l'abscisse du milieu est donnée par la moyenne arithmétique des abscisses des extrémités m et m'); l'équation 226) sert à déterminer la force dans la barre elle-même.

Cet effort tranchant sert aussi, à l'aide de l'équation 227), à déterminer les forces dans les verticales V_m et $V_{m'}$; pour plus de détails, on consultera les équations 227) et 227ᵃ). — Dans la détermination des forces P_o et P_u, nous remarquerons que le poids propre du pont, pour les poutres principales y compris les constructions de rigidité, a été pris de 2224 kilogr. par mètre courant, celui du tablier de 685 kilogr., d'où résulte que celui du matériel de voie est de 531 kilogr. par mètre, puisque le poids total est de 3440 kilogr.

La table LI contient les forces dans les barres obliques et dans les verticales; les sections ont été prises dans la fig. 184; par une simple division, on obtiendra les tensions $\mathfrak{A}$ et les pressions moyennes $\mathfrak{B}_m$. — Les verticales (9) et (10) sont soumises à la traction lorsqu'une charge s'est avancée jusqu'à (8) ou (9), puisque $P'_{u\,m}$ est plus grand que l'effort tranchant $\mathfrak{B}'_m$; plus loin, c'est-à-dire dans les verticales (11)—(15), agit une compression, car au delà de l'abscisse l — a, la direction des barres est inverse et V négatif y équivaut à une compression.

Les tables L et LI montrent que la tension maximum dans les barres obliques et dans les nervures inférieures est en moyenne de 600 kilogr., tandis que la nervure supérieure est soumise à un effort de 570 kilogr.; les barres verticales sont soumises à un effort de 350 kilogr. par cent. carré.

Ces notices coïncident avec la remarque que nous avons faite dans le N°. **159**, où il est indiqué que de faibles distances des articulations sont avantageuses pour la nervure supérieure (parce que le rapport $\dfrac{\mathfrak{B}_m}{\mathfrak{B}}$ ne diffère que peu de l'unité), tandis que les barres verticales se montrent désavantageuses quant à leur résistance à la compression et que leur grand nombre réclame d'autant plus de matière.

Dans le calcul du pont sur le Danube à Ingolstadt on a employé la méthode indiquée dans le N°. **154**, en adoptant une tension maximum fictive de 1200 kilogr. (en prenant 1,2 fois le poids des poutres principales et 2,5 fois celui de la surcharge); d'après la description contenue dans le mémoire de la société des architectes et des ingénieurs bavarois, la tension maximum, pour une surcharge de 4840 kilogr. par mètre courant, doit être de 613 kilogr. par cent. carré, résultat qui coïncide parfaitement avec celui de la table L.

§ 17.

Poutres paraboliques.

161. Lorsque la forme des nervures doit être telle que, pour une surcharge maximum uniformément répartie, les forces dans les barres obliques soient nulles, ensorte que les composantes verticales des forces dans les nervures aient à supporter tout l'effort tranchant, il résulte des équations 182) ou 188):

$$\frac{\mathfrak{M}_{m+1}}{\mathfrak{H}_{m+1}} = \frac{\mathfrak{M}_m}{\mathfrak{H}_m} = \frac{\mathfrak{M}_{m-1}}{\mathfrak{H}_{m-1}} \dots \frac{\mathfrak{M}_x}{\mathfrak{H}_x} = R \quad . \quad . \quad 231)$$

où $\mathfrak{M}_x$ indique le moment de flexion et $\mathfrak{H}_x$ la distance des centres de gravité pour une abscisse x, tandis que R est une constante, c'est-à-dire qu'il existe une même composante horizontale de la force dans les nervures sur toute la longueur de la poutre.

Il résulte évidemment de cette considération, que des poutres paraboliques reposent toujours librement sur des appuis, et par conséquent, que les $\mathfrak{M}$ et les $\mathfrak{B}$ doivent être calculés d'après les N^{os}. **59—63**. Si dans l'équation 231), nous remplaçons $\mathfrak{M}_x$ par sa valeur tirée de l'équation 93ª) ou 91), on obtient:

$$R = \frac{1}{\mathfrak{H}_x} \cdot \frac{q\,x}{2}(1 - x) \quad . \quad . \quad . \quad . \quad 232)$$

où q représente la charge totale par unité de longueur et 1 la portée.

Si, en outre, nous indiquons par f la distance des centres de gravité au milieu de la poutre, il résulte de l'équation 232), pour $x = \frac{1}{2}\,1$:

$$R = \frac{q\,l^2}{8\,f} \quad . \quad . \quad . \quad . \quad . \quad . \quad . \quad 232^a)$$

et pour une abscisse quelconque x:

$$\mathfrak{H}_x = 4\,f\,\frac{x\,(1 - x)}{1^2} \quad . \quad . \quad . \quad . \quad . \quad 233)$$

Remarque. Pour des treillis, les nervures sont rectilignes entre les articulations; lorsque le nombre des panneaux est impair, f n'est pas donné immédiatement; si nous nommons f_1 la hauteur des nervures à la distance $\frac{d}{2}$ du milieu de la poutre, on a:

$$\frac{ql^2}{4f} = q\,\frac{l^2 - d^2}{4f_1}$$

cette dernière valeur doit être introduite dans les équations 232ª) et 233).

Si l'on porte les $\mathfrak{H}_x$ comme ordonnées des abscisses x, on obtient une parabole comme courbe des $\mathfrak{H}_x$, et c'est pour cette raison que des poutres dont les distances successives des nervures sont données par l'équation 233, sont nommées *poutres paraboliques*.

La position des nervures n'est pas fixée d'une manière absolue par les équations 231)—233); on peut toujours choisir à volonté une des deux nervures, mais l'autre doit satisfaire à l'équation 233); lorsqu'une des nervures est rectiligne, ou courbée selon une parabole à axe vertical, l'autre devra nécessairement être une parabole (ou suivant le cas, être rectiligne).

Les poutres paraboliques ont généralement l'une, quelquefois aussi les deux nervures de forme parabolique.

Les forces dans les nervures atteignent un maximum lorsque les charges maxima sont uniformément réparties; dans ce cas, pour des poutres paraboliques, la composante horizontale de toutes les forces dans les nervures est constante, de valeur R donnée par l'équation 232, d'où résulte, si l'on nomme R' et $\mathfrak{M}'$ les R et $\mathfrak{M}$ réduits pour une poutre principale:

Force maximum dans la nervure supérieure:

$$\max O_m = \frac{R^1}{\cos \beta_m} = \frac{\mathfrak{M}'_x}{\mathfrak{H}_x} \cdot \frac{1}{\cos \beta_m} \quad \cdot \; \cdot \quad 234)$$

Pression maximum dans la nervure supérieure:

$$\mathfrak{B}_m = \frac{1}{\Omega} \cdot \frac{\mathfrak{M}'_x}{\mathfrak{H}_x} \frac{1}{\cos \beta_m} \; \cdot \; \cdot \; \cdot \; \cdot \; \cdot \; \cdot \quad 235)$$

De plus, pour la force maximum dans la nervure inférieure:

$$\max U_m = \frac{R^1}{\cos \gamma_m} = \frac{1}{\cos \gamma_m} \cdot \frac{\mathfrak{M}'_x}{\mathfrak{H}_x} \quad \cdot \; \cdot \quad 236)$$

Tension maximum dans la nervure inférieure:

$$\mathfrak{A} = \frac{1}{\Omega} \cdot \frac{\mathfrak{M}'_x}{\mathfrak{H}_x} \frac{1}{\cos \gamma_m} \; \cdot \; \cdot \; \cdot \; \cdot \; \cdot \; \cdot \quad 237)$$

Les angles β et γ des nervures, pour le cas où elles ont cintrées, augmentent vers la culée, et les forces maxima dans les nervures se produisent sur les culées; lorsque dans une poutre parabolique l'une des nervures est rectiligne, la force dans cette nervure reste constante sur toute la longueur de la poutre si la charge est uni-formément répartie.

162. La recherche précédente des forces dans les nervures est complétement indépendante du choix du système des barres; les *forces dans les barres*, pour une charge particelle, se détermine-ront d'après l'équation 182) pour un système simple symétrique, d'après l'équation 188) pour un système simple non-symétrique, d'après l'équation 194) pour un système multiple; les barres verti-cales d'un système non-symétrique se détermineront d'après les équations 192)—194ª) ou 197) et 197ª).

Nous pourrons donc toujours calculer les forces dans les barres par l'emploi de nos formules générales et cela pour chaque posi-tion de la surcharge.

Afin de ne pas devoir prendre dans le calcul une multitude de positions de charge, il faut chercher d'une manière aussi gé-nérale que possible, quelle position la surcharge doit avoir pour obtenir les *valeurs maxima* des forces dans les barres.

On a déjà souvent démontré que les *barres inclinées* (diago-nales) de *poutres paraboliques* sont soumises à des efforts maxima lorsque la charge s'étend de la culée jusqu'au point qu'on consi-dère, les autres articulations, au-delà du point considéré, n'ayant à supporter que le propre poids de la construction; ce cas fournit aussi l'effort tranchant maximum du panneau qu'on considère.

Le mode de charge qui produit le plus grand effort dans les *barres verticales* est indiqué par les règles du N°. **151**.

La fig. 187 représente la charge sous laquelle la barre diago-nale N_m, ainsi que les verticales situées à gauche où à droite, sont soumises à des efforts maxima; une charge uniformément répartie

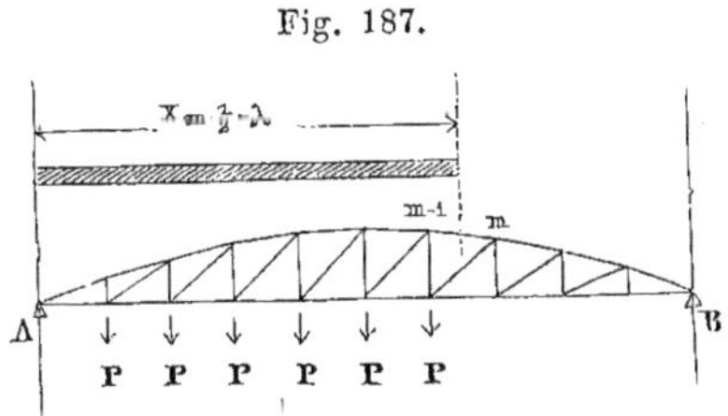

Fig. 187.

atteint ce but d'une manière exacte, lorsqu'elle est arrivée jusqu'au milieu du panneau considéré, tandis qu'on suppose la charge va-riable de ce panneau demi-chargé concentrée sur la dernière arti-culation chargée.

Puisque, pour des poutres paraboliques, la détermination des forces dans les barres nécessite la recherche de plusieurs valeurs simultanées de $\mathfrak{M}$ et de $\mathfrak{B}$, il est très-important de pouvoir obtenir rapidement les valeurs de la surcharge qui produisent la force maximum dans les barres. — Comme dans le N°. **128**, cette recherche se fait au moyen des équations 175) et 176ᵃ)—179ᵃ), et afin d'être plus clairs et pour nos explications ultérieures, nous représentons, dans la fig. 188, les courbes des $\mathfrak{M}$ et des $\mathfrak{B}$ qui correspondent à la charge considérée.

Si nous posons $x_{m-1/2} = \lambda$ et que nous nommions d la distance des panneaux, les équations 175) et 176ᵃ)—179ᵃ) se transforment et deviennent:

Pour le cas où une charge s'étend de A jusqu'au milieu du panneau (m — 1) m:

Fig. 188.

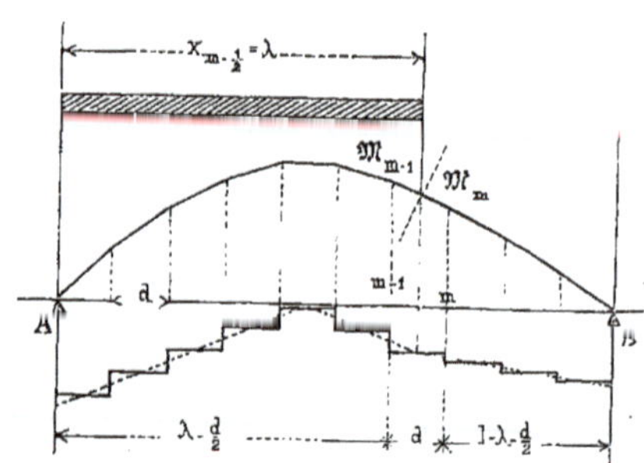

$$A = \frac{pl}{2} + \lambda k \; \frac{2\,l - \lambda}{2\,l} \left.\right\} \quad \cdots \cdots \; 238)$$
$$B = \frac{pl}{2} + \lambda k \; \frac{\lambda}{2\,l}$$

Effort tranchant maximum, d'après l'équation 176):

$$\max \mathfrak{B}_m = A - q\,\lambda \quad \cdots \cdots \cdots \; 239)$$

Remarque. Comme nous l'avons indiqué dans le N°. **127**, l'équation 239) ne donne exactement l'effort tranchant maximum que lorsqu'on suppose la charge dans le panneau demi-chargé concentrée sur la dernière articulation chargée, ce qui modifie un peu la pression sur les appuis, et les équations 238) deviennent:

$$A = \frac{pl}{2} + \lambda k \frac{2\,l - \lambda}{2\,l} + \frac{d^2 k}{8\,l} \left.\right\} \quad \cdots \cdots \; 238ᵃ)$$
$$B = \frac{pl}{2} + \lambda k \; \frac{\lambda}{2\,l} + \frac{d^2 k}{8\,l}$$

Comparée avec l'équation 238), on voit que la différence est peu grande pour les efforts tranchants, mais qu'elle se reporte sur toute la longueur du pont, ensorte qu'au milieu du pont, max $\mathfrak{B}_m$ n'est plus $\dfrac{k\,l}{8}$, mais bien $\dfrac{k\,l}{8} \times \left(1 - \dfrac{d^2}{l^2} \right)$; les moments $\mathfrak{M}$ seront sensiblement modifiés par cette correction lorsque la charge s'avance dans les premiers panneaux, ce qui n'a plus lieu d'une manière aussi notable lorsque la longueur de la surcharge augmente.

Les moments de flexion simultanés, ainsi que max $\mathfrak{B}_m$, se déterminent d'après les équations 176ª) et 179ª):

$$\mathfrak{M}_m = A \left(\lambda - {}^1\!/_2\, d \right) - \frac{q}{2} \left(\lambda - {}^1\!/_2\, d \right)^2 \quad . \quad . \quad . \quad . \quad 240)$$

$$\mathfrak{M}_{m-1} = B \left(1 - \lambda - {}^1\!/_2\, d \right) - \frac{p}{2} \left(1 - \lambda - {}^1\!/_2\, d \right)^2 \quad 241)$$

On peut de même déterminer pour d'autres panneaux, les valeurs simultanées de $\mathfrak{M}$ et de $\mathfrak{B}$; si, par exemple, nous avons des panneaux de même longueur:

$$\mathfrak{B}_{m-1} = A - q \left(\lambda - d \right) \quad . \quad . \quad . \quad . \quad . \quad . \quad 242)$$

$$\mathfrak{M}_{m-2} = A \left(\lambda - {}^3\!/_2\, d \right) - \frac{q}{2} \left(\lambda - {}^3\!/_2\, d \right)^2 \quad . \quad . \quad . \quad 243)$$

$$\mathfrak{M}_{m+1} = B \left(1 - \lambda - {}^3\!/_2\, d \right) - \frac{p}{2} \left(1 - \lambda - {}^3\!/_2\, d \right)^2 \quad 244)$$

Remarque. Pour une autre longueur d′ du panneau contigu, il faudrait, dans les équations ci-dessus, remplacer ${}^3\!/_2\, d$ par $d' + {}^1\!/_2\, d$.

Les équations 238)—241) restent les mêmes lorsque la charge se meut de B vers A, seulement au lieu de A il faut placer B et vice-versà, il en est de même pour $\mathfrak{M}_m$ et $\mathfrak{M}_{m-1}$ et pour $\mathfrak{B}_m$ et $\mathfrak{B}_{m-1}$.

163. Dans la plupart des cas, on emploie, pour les poutres *paraboliques,* un *système simple non-symétrique,* de façon que les barres inclinées ne soient soumises qu'à la traction et les barres verticales surtout à la compression; dans tous les panneaux, à part les panneaux triangulaires des extrémités, les diagonales sont doubles, de manière que l'une ou l'autre entre en fonction suivant la direction dans laquelle la charge se meut.

Pour ce système, les *forces dans les nervures* se déterminent d'après l'équation 186) ou 187), et puisque l'extrémité inférieure des diagonales soumises à la traction doit toujours être inclinée du côté de la verticale max $\dfrac{\mathfrak{M}}{\mathfrak{H}}$, on trouvera facilement celle des deux équations qui doit être employée.

Dans les poutres rigoureusement paraboliques, $\dfrac{\mathfrak{M}}{\mathfrak{H}}$ est *constant* pour toutes les verticales dans le cas d'une charge maximum également répartie, ensorte que les équations 186) et 187) sont identiques, d'où résulte, ce qui du reste est une propriété commune à toutes les poutres paraboliques et si nous remplaçons les valeurs des équations 231) et 232):

$$O_m \cos \beta = U_m \cos \gamma = K' \ \ . \ \ . \ \ . \ \ . \ \ 245)$$

Les forces dans les *barres inclinées* (*diagonales*) qui ne sont produites que par une charge partielle, sont toujours exprimées dans un système simple, par l'équation 246):

$$N_m \cos \varphi = \frac{\mathfrak{M}'_m}{\mathfrak{H}_m} - \frac{\mathfrak{M}'_{m-1}}{\mathfrak{H}_{m-1}} \ \ . \ \ . \ \ . \ \ . \ \ 246)$$

On recherchera laquelle des deux barres du panneau $(m-1)$ m vient à agir pour une charge quelconque, en se fondant sur la règle: que l'extrémité inférieure de chaque barre soumise à la tension doit être inclinée du côté de la plus grande valeur de $\dfrac{\mathfrak{M}}{\mathfrak{H}}$.

Dans les poutres paraboliques (comme un simple calcul peut le démontrer), lorsque la charge uniformément répartie s'avance d'une manière continue, max $\dfrac{\mathfrak{M}}{\mathfrak{H}}$ a toujours lieu dans la partie chargée et — ce qui est surtout important dans la détermination des forces dans les verticales — non pas au dernier des points chargés, mais toujours plus près de l'appui qu'on considère.

L'extrémité inférieure de la barre N_m, jusqu'où la charge s'est avancée, se trouve donc toujours (les barres diagonales étant toujours soumises à la traction) du côté de la charge, comme le représente la fig. 189).

Fig. 189.

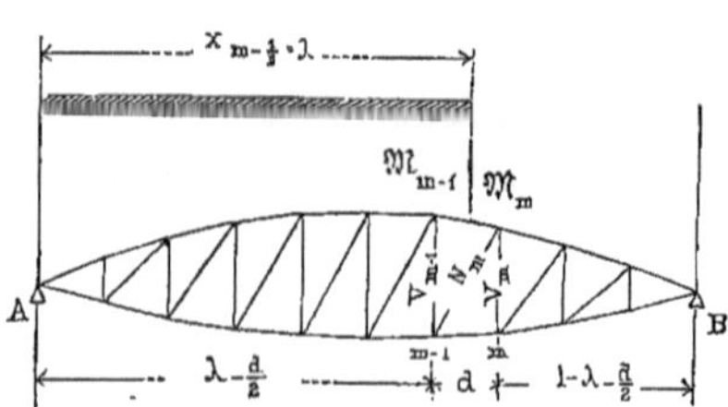

Pour pouvoir déterminer les forces dans les *verticales*, il faut connaître la direction des barres dans deux panneaux adjacents; d'après nos considérations précédentes, le point max $\dfrac{\mathfrak{M}}{\mathfrak{H}}$ se trouve toujours dans la partie chargée du pont et assez éloigné de l'extrémité de la surcharge pour que, non-seulement dans le panneau (m — 1) m jusqu'où la charge s'est avancée, mais aussi dans le panneau précédent, les points inférieurs des barres (soumises à la traction) soient situées du côté de la partie chargée, ce qui a aussi lieu pour tous les panneaux de la partie non-chargée; pour les verticales, on aura donc toujours à employer l'équation 192) ou l'équation 193), la première lorsque la charge s'avance de A vers B, la seconde dans le cas contraire.

Si nous considérons le panneau (m — 1) m jusqu'au milieu duquel la charge s'est avancée, et les deux verticales V_{m-1} et V_m qui limitent ce panneau, d'après les explications du N°. **151**, lorsque le tablier est situé à la partie supérieure des poutres, ce sera toujours la dernière des verticales chargées, et lorsque le tablier est situé à la partie inférieure, toujours la première des verticales non-chargées qui seront soumises à des efforts maxima; on peut donc, pour des systèmes non-symétriques, à diagonales soumises à la traction, poser les *règles suivantes,* qui servent au calcul des forces dans les verticales:

1) Pour un tablier situé *à la partie supérieure* des poutres,

    a) la charge s'étant avancée de A jusqu'à m — $\tfrac{1}{2}$:

$$\max V_{m-1} = \mathfrak{B}'_m - P'_{u_{m-1}} + \frac{\mathfrak{M}'_{m-1}}{\mathfrak{H}_{m-1}} (\operatorname{tg}\beta_m + \operatorname{tg}\gamma_{m-1}) \quad . \quad . \quad 247)$$

    b) lorsque la charge est arrivée de B jusqu'à m — $\tfrac{1}{2}$:

$$\max V_m = - \mathfrak{B}'_m - P'_{u_m} - \frac{\mathfrak{M}'_m}{\mathfrak{H}_m} (\operatorname{tg}\beta_m + \operatorname{tg}\gamma_{m+1}) \quad . \quad . \quad . \quad 248)$$

2) Pour des charges appliquées *à la partie inférieure* des poutres,

    a) la charge s'étant avancée de A jusqu'à m — $\tfrac{1}{2}$:

$$\max V_m = \mathfrak{B}'_m + P'_{o_m} + \frac{\mathfrak{M}'_m}{\mathfrak{H}_m} (\operatorname{tg}\beta_{m+1} + \operatorname{tg}\gamma_m) \quad . \quad . \quad . \quad . \quad 249)$$

    b) la charge s'étant avancée de B jusqu'à m — $\tfrac{1}{2}$:

$$\max V_{m-1} = - \mathfrak{B}'_m + P'_{o_{m-1}} - \frac{\mathfrak{M}'_{m-1}}{\mathfrak{H}_{m-1}} (\operatorname{tg}\beta_{m-1} + \operatorname{tg}\gamma_m) \quad 250)$$

Dans les équations 247) à 250), l'origine des coordonnées est en A, la direction de la pesanteur est positive; lorsque les signes ont été bien appliqués, V positif indique une pression et V négatif une tension.

II.   6

Ces formules se simplifient lorsque la nervure inférieure est rectiligne et horizontale, ce qui arrive ordinairement, car alors les termes contenant γ disparaissent. On peut du reste, lorsque la nervure inférieure est horizontale, déterminer V d'après l'équation :

$$V_m \text{ ou } V_{m-1} = N_m \sin \varphi - P'_u \quad . \quad . \quad 251)$$

où l'on entend toujours la verticale située au pied de la barre N_m.

164. En Allemagne, un des premiers emplois de poutres paraboliques a eu lieu au pont sur la Brahe près de Czersk, pour le

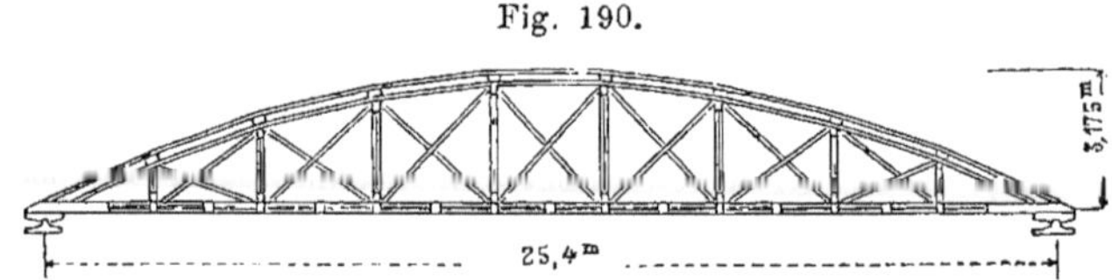

Fig. 190.

chemin de fer de Thorn à Bromberg; la construction métallique a été projetée par Mr. J. W. Schwedler et a été publiée dans la „Zeitschrift für Bauwesen" de Berlin, année 1861.

Le pont est construit pour une seule voie, de 25,4 mètres de portée (entre les points d'appui) divisée en 9 panneaux de 2,82 mètres de longueur. Le poids propre est de 1490 kilogr. par mètre et nous avons $p = F + 26,3\, l$, où $F = 750$ kilogr. représente le poids du tablier par mètre; la surcharge maximum, de 4470 kilogr. par mètre, a aussi été prise pour la surcharge partielle. On a adopté comme tension maximum 684 kilogr. par cent. carré.

Le calcul des *nervures* a été effectué d'après les formules 234) et 236); dans cette dernière, il faut prendre $\cos \gamma = 1$; la section de la nervure supérieure est de 118 cent. carrés sur toute sa longueur (déduction faite des logements des rivets).

Mr. Schwedler a développé une formule très-simple pour le calcul des *diagonales*, qui, si nous conservons nos notations, s'écrit :

$$\max N_m = \frac{1}{\cos \varphi} \cdot \frac{kdl}{8f} \quad . \quad . \quad . \quad . \quad 252)$$

cette équation doit rester exacte lorsqu'on prend k variant avec la longueur de la surcharge; dans le cas qui nous occupe, f est égal à ⅛ l, ensorte que la formule se simplifie encore et devient :

$$\max N_m = \frac{1}{\cos \varphi} \quad . \quad . \quad . \quad . \quad . \quad . \quad 252^a)$$

D'après les équations 252) et 252ª), k étant pris constant, la force dans les diagonales augmente uniformément depuis les extrémités jusqu'au milieu du pont, où $\frac{1}{\cos \varphi}$ atteint sa valeur maximum ; pour l'exemple qui nous occupe, N augmente dans le rapport de 1,09 jusqu'à 1,5. — Toutefois, si l'on prend k_m variable pour une surcharge partielle, comme nous l'avons fait dans la fig. 134, les diagonales situées entre A et le milieu du pont, lorsque la charge se meut de A vers B, sont à peu-près également chargées ; au commencement du mouvement de la surcharge, les barres en A sont soumises à des efforts même plus grands que celles du milieu ; dans l'autre moitié du pont, l'effort dans les diagonales décroît d'une manière continue jusqu'à la culée A.

Dans l'exécution, toutes les diagonales ont été construites de même coupe, ce qui correspond sensiblement, d'après ce que nous venons de voir, aux propriétés des poutres paraboliques.

Pour le calcul des *verticales*, on a employé la formule 251). Il n'a pas été fait déduction de P_u, ce qui est permis, puisque l'assemblage des entretoises ne se trouve pas aux articulations elles-mêmes, mais un peu au-dessus ; comme cela arrive toujours lorsque la charge agit entre les articulations, nous avons ici un chargement différent des verticales, c'est-à-dire que la partie de ces dernières située au-dessous de l'assemblage du tablier, est plus chargée que la partie supérieure. Pour la portion fortement pressée qui est ici de faible longueur, on peut prendre $\mathfrak{B} = \mathfrak{B}_m$, tandis que pour la partie supérieure plus longue, il faut prendre $\mathfrak{B} = \left(1 + K \frac{\omega L^2}{\Theta} \right) \mathfrak{B}_m$; il faut encore remarquer que, d'après le N⁰. **151**, la force dans la partie supérieure des verticales atteint son maximum lorsque la surcharge s'est avancée jusqu'au milieu du panneau précédent ; c'est alors que la première des verticales non-chargées est soumise à un effort maximum, (voir les équations 249) et 250).

165. Mr. Schwedler fait sur *l'assemblage des barres inclinées* la remarque suivante :

„La tension des diagonales, pour le passage d'un train, varie jusqu'à devenir nulle, ensorte que toujours, alternativement, l'une ou l'autre des diagonales ne supporte aucun effort. Par suite de cette variation de tension, vu la section réelle, l'allongement élastique des diagonales est de $\frac{1}{6000}$ de leur longueur, soit 0,7ᵐᵐ : le déplacement du rectangle résultant de cet allongement produit une élévation ou un abaissement relatif du boulon d'assemblage principal d'environ 2^{mm}, où l'on a supposé que la tension dans les diagonales est au moins nulle lorsque le pont est complétement ou qu'il n'est pas du tout chargé. Ce mouvement ne peut être amoindri par une tension préalable des diagonales qui produirait un surcroît de tension maximum. Lorsque les diagonales ne sont pas assemblées assez exactement pour être soumises à une tension par le moindre changement de forme du système, le mouvement relatif sera augmenté justement de la quantité nécessaire pour que la tension commence.

„Une grande tension maximum n'est pas autant à craindre qu'une mobilité trop grande du système, aussi a-t-on mieux aimé forer les logements des rivets sous une traction des tirants de 100 à 200 kilogr. par cent. carré et y ajouter en suite les rivets.“

Il faut encore remarquer, que l'assemblage des nervures avec les diagonales et les verticales a été exécuté au moyen d'un boulon de 52^{mm} de diamètre; une liaison géométrique exacte y était très-importante. Du reste l'effort maximum des diagonales, dans le cas où les barres ne sont pas du tout chargées, est exprimée par la valeur $\left(\dfrac{\mathfrak{M}_m}{\mathfrak{H}_m} - \dfrac{\mathfrak{M}_{m-1}}{\mathfrak{H}_{m-1}} \right) \dfrac{1}{\cos \varphi}$; un surcroît de tension maximum des diagonales principales ne pourrait avoir lieu que lorsqu'il existerait encore une force dans les contre-fiches, c'est-à-dire, lorsque la tension primitive du système serait assez forte pour que toutes les diagonales fussent toujours soumises à une tension (voir N⁰. **137**).

166. Mr. Schwedler a publié dans la „Zeitschrift für Bau-wesen“ de Berlin, année 1868, un projet de pont parabolique destiné aux travées de petite ouverture du pont sur l'Elbe près de Meissen, mais qui fut exécuté ailleurs; la portée, de 21,6 mètres, est divisée en 6 panneaux de 2,82 mètres non-compris les deux panneaux extrêmes de 2,35 mètres.

Fig. 192.

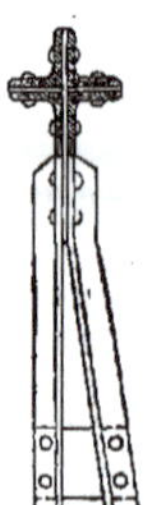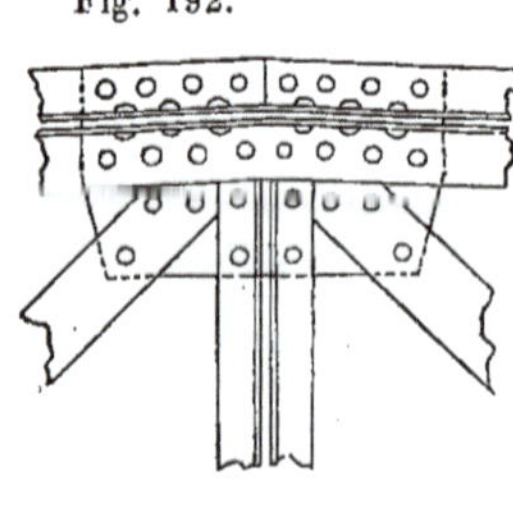

Les nervures représentées par la fig. 192 sont formées de 4 cornières, chacune de 104^{mm} de longueur d'aile, de 13^{mm} d'épaisseur et courbées en polygone; cette figure représente aussi le mode d'assemblage des nervures avec les diagonales et les verticales. Aux articulations viennent se joindre, deux-à-deux, en diagonale, des cornières situées vis-à-vis l'une de l'autre, tandis que les deux autres n'y sont pas interrompues; la section totale des cornières a pu être ainsi remplacée par des doublures, soumises autant que possible à une tension uniforme.

Le poids propre du pont est d'environ 19500 kilogr., dont 7000 kilogr. proviennent du poids du tablier; pour une portée de 21,6 mètres, le poids propre de la construction métallique, par mètre courant, est de

$$p' = 325 + 27 \; l = 900 \text{ kilogr.}$$

La tension maximum doit être moindre que 10000 livres par pouce carré, soit à-peu-près 700 kilogr. par cent. carré. La surcharge a été prise de 5440 kilogr. par mètre courant.

167. Le pont Royal-Albert, près de Saltash, a deux grandes ouvertures franchies au moyen de poutres paraboliques de 455 pieds anglais soit de 138,68 mètres de portée; ce pont a été projeté et construit de 1856 à 1858 par Mr. Isambard Kingdom Brunel (fils du constructeur du tunnel sous la Tamise); la fig. 193 représente la vue longitudinale d'une poutre principale. La nervure supérieure, soumise à la pression, consiste en un tube en tôle de 5,1 mètres de largeur et de 3,66 mètres de hauteur. La section du tube, représentée par la fig. 194, consiste en 24 feuilles se recouvrant mutuellement et qui sont renforcées par 6 nervures longitudi-

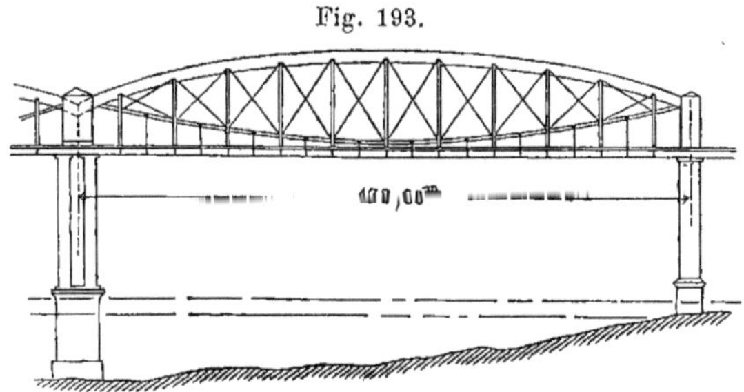

Fig. 193.

nales de 356ᵐᵐ de hauteur et de 13ᵐᵐ d'épaisseur; ces dernières sont surtout destinées à rendre le tube rigide et elles sont encore renforcées par des diaphragmes particuliers d'environ 50 cent. de hauteur, distants entre eux de 6,1 mètres. Aux extrémités, le tube a reçu une section rectangulaire afin de présenter un appui meilleur.

Les *tiges ou nervures inférieures* consistent, pour chaque voie, en 4 chaînes, placées deux à deux, l'une au-dessus de l'autre et reliées par des armatures verticales. Chacune de ces chaînes est

Fig. 194.

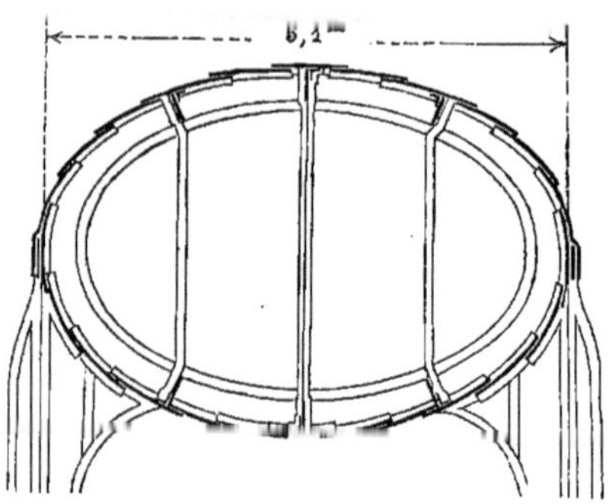

formée de 14 lamelles (ou chaînons) de $17,8^{mm}$ de largeur et de $25,4^{mm}$ d'épaisseur, alternant avec 15 lamelles de même largeur et de $24,8^{mm}$ d'épaisseur; chaque chaînon a 6,096 mètres de longueur, ce qui est aussi la distance entre les articulations de la chaîne. Les *barres verticales* du treillis sont placées à la distance double de 12,192 mètres et consistent chacune en 2 fers plats et en 10 cornières formant ensemble 173 cent. carrés de section; ces barres verticales se trouvent des deux côtés de la voie, donc sur chaque côté du tube supérieur.

Les *barres diagonales*, en forme de croix, se trouvent deux à deux sur chacun des côtés de la voie, deux de ces diagonales ont donc à supporter la force dans les barres d'un panneau complet; leur section est variable; pour une largeur de 178^{mm} elle est, sur les culées, de 45 et au milieu du pont de 55 cent. carrés. L'augmentation de la section de ces diagonales, vers le milieu du pont, correspond à l'équation 252) développée pour le pont sur la Brahe, pour une charge constante k.

Le *tablier* se compose de poutres en tôle à parois pleines de 2,54 mètres de hauteur et de 12,2 mètres de portée, attachées en partie sur les barres verticales ou suspendues aux articulations intermédiaires de la chaîne. Entre ces poutres sont placées des entretoises de 356^{mm} de hauteur, qui supportent des madriers recouverts d'une couche de balast.

Le *poids métallique* du pont est de 912 tonnes, dont 156 appartiennent au tablier et 756 tonnes aux poutres principales, le poids métallique par mètre courant est donc

$$p' = 39,3 \; l + 1125 = 6575 \text{ kilogr.}$$

Pour une charge de 1 tonne par pied courant anglais (3333 kilogr. par mètre), la pression dans le tube a été calculée de 660 kilogr. par cent. carré.

<h2 style="text-align:center">§ 18.</h2>

<h3 style="text-align:center">Poutres cintrées, non-paraboliques.</h3>

168. Dans les N^{os}. **131—143**, nous avons développé d'une manière générale les formules applicables à des poutres qui ne sont ni rectilignes ni paraboliques; il faudra se servir d'une des équations des numéros ci-dessus mentionnés, selon que le système sera simple ou multiple, symétrique ou non-symétrique.

Les lois spéciales qui ont été développées pour des poutres rectilignes et paraboliques sont toutefois applicables à d'autres poutres comprises *entre* ces deux formes, pourvu que ces lois soient *communes* aux poutres rectilignes et aux poutres paraboliques.

Comme loi commune, nous avons trouvé pour des poutres reposant librement sur deux appuis, que les *barres* inclinées dans chacun des panneaux travaillent au maximum lorsque la *charge s'est avancée jusqu'au milieu du panneau considéré;* dans ce cas, l'effort tranchant atteint sa valeur maximum positive ou sa valeur minimum négative (la direction de la pesanteur étant positive). — Nous renvoyons au N°. **144** pour des poutres rectilignes et au N°. **126** pour des poutres paraboliques.

La recherche des forces qui agissent dans les barres de *poutres cintrées quelconques* peut se faire à l'aide des $\mathfrak{M}$ et des $\mathfrak{R}$ trouvés dans le N°. **162** par les équations 238)—244) pour des poutres paraboliques.

D'après ces équations, principalement 242)—244), on pourra déterminer toutes les forces simultanées qui agissent dans les barres pour une surcharge quelconque s'étendant jusqu'au milieu d'un panneau quelconque, ce qui peut avoir quelque importance pour des systèmes multiples non-symétriques; en général on n'aura à employer que les équations 238)—241), puisqu'on ne considère, dans la plupart des cas, que la charge avancée jusqu'au panneau considéré.

Le N°. **151** contient les règles suivant lesquelles les *barres verticales sont soumises à un effort maximum* pour des systèmes non-symétriques; d'après les développements contenus dans ce numéro, ces règles s'appliquent aussi *d'une manière générale* à des poutres droites et à des poutres cintrées quelconques.

Dans le cas où les nervures ne sont que peu cintrées, la détermination des forces dans les barres peut se faire souvent par l'emploi des formules plus simples 184), 191) ou 195); la fig. 130[b] fournit alors tous les $\mathfrak{M}$ et tous les $\mathfrak{B}$ nécessaires.

169. Le système de Mr. *Pauli* se rapproche beaucoup des poutres paraboliques. La forme que doit avoir la poutre de ce système est donnée par la condition que les deux nervures, sur toute leur longueur, doivent supporter la même tension ou la même pression pour une surcharge uniformément répartie.

Le système de Mr. Pauli est employé comme système non-symétrique à diagonales en fers plats; en conservant les nota-

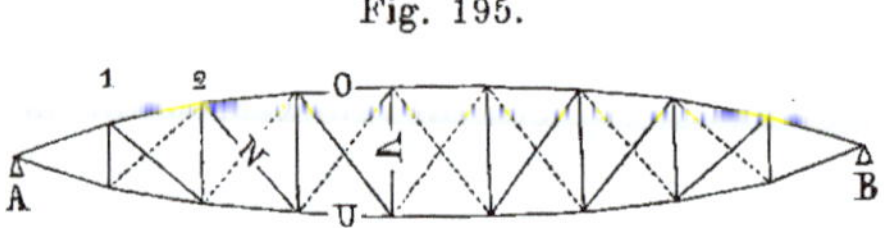

Fig. 195.

tions du N°. **104**, nous obtenons d'après la définition ci-dessus, pour la moitié du pont située du côté A (si l'on suppose que les diagonales agissent comme le représente la fig. 195):

$$O_m = \frac{1}{\cos \beta_m} \frac{\mathfrak{M}'_m}{\mathfrak{H}_m} = O_{m-1} = \frac{1}{\cos \beta_{m-1}} \frac{\mathfrak{M}'_{m-1}}{\mathfrak{H}_{m-1}} = \text{une constante} \quad 253)$$

$$U_m = \frac{1}{\cos \gamma_m} \frac{\mathfrak{M}'_{m-1}}{\mathfrak{H}_{m-1}} = U_{m+1} = \frac{1}{\cos \gamma_{m+1}} \frac{\mathfrak{M}'_m}{\mathfrak{H}_m} = \text{une constante} \quad 254)$$

Puisque tous les O doivent être égaux, il s'en suit aussi que tous les U doivent avoir la même valeur, condition qui n'est possible que lorsque $\cos \beta = \cos \gamma_{m+1}$, $\cos \beta_{m-1} = \cos \gamma_m$; on cherche à remplir cette condition en prenant pour O_m et U_m une valeur moyenne:

$$\left. \begin{aligned} O_m &= \frac{1}{\cos \beta_m} \frac{\mathfrak{M}'_{m-1/2}}{\mathfrak{H}_{m-1/2}} = \text{une constante} \\ U_m &= \frac{1}{\cos \gamma_m} \frac{\mathfrak{M}'_{m-1/2}}{\mathfrak{H}_{m-1/2}} = \text{une constante} \end{aligned} \right\} \quad . \ . \ 255)$$

Les mêmes équations auraient été obtenues si les barres ponctuées de la fig. 195 avaient dû entrer en action et qu'on eût changé les indices de O et de U. — Il résulte de l'équation 255) que les angles β_m et γ_m sont égaux, donc que toutes les nervures des poutres du système de Mr. Pauli sont *cintrées symétriquement*. On construit la ligne des nervures en adoptant dans l'équation 255), une valeur fixe pour la hauteur $\mathfrak{H}$ du milieu de la poutre et en calculant ensuite les angles à partir de l'appui. Généralement, dans le système de Mr. Pauli, on prend comme hauteur de la poutre le $^1/_7$ de la portée.

Ces poutres se calculent d'après le N⁰. **163**, exactement de la même manière que des poutres ordinaires paraboliques, car les différences assez petites dans la forme des nervures n'influent que très-peu sur les règles déjà développées. — Les règles du N⁰. **162** servent à déterminer chaque $\mathfrak{M}$ et chaque $\mathfrak{B}$ et nous emploierons la méthode indiquée dans les N ᵒˢ. **162** et **163** pour le calcul qui va suivre du pont sur le Main à Kitzingen.

171. Dans une brochure publiée en 1859 par MM. Klett et Cie. à Nuremberg, Mr. Gerber s'exprime en ces termes sur le *mode de construction* des poutres de Mr. Pauli:

Fig. 196.

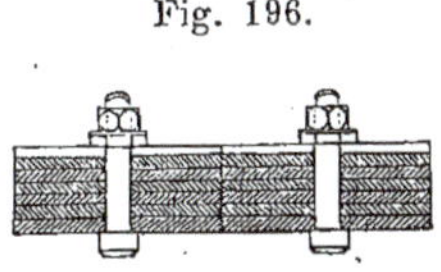

„La *nervure soumise à la tension* (fig. 196) consiste en une série de fers plats réunis par des boulons côniques et dont les joints alternatifs, suivant la grandeur de la section, sont remplacés par un fer plat continu ou par un couvre-joint spécial. — Lorsque de fortes sections sont réclamées, on place deux fers plats à côté l'un de l'autre afin de n'employer à la traction que du fer qui a été chauffé en entier, bien martelé et laminé, et pour éviter l'emploi de boulons d'une longueur trop considérable.

Fig. 197.

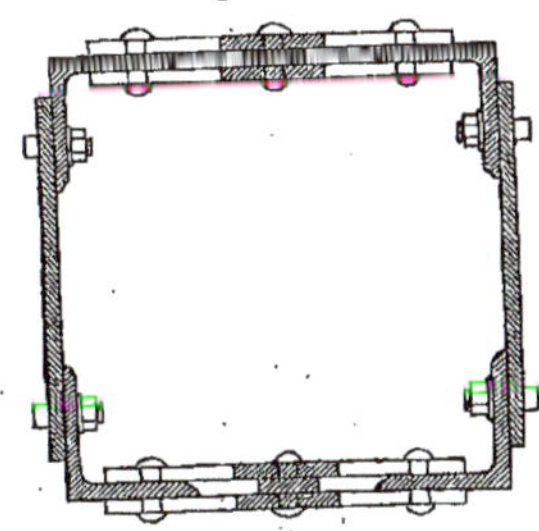

„Dans les constructions de dimension un peu grande, la *nervure soumise à la compression* reçoit une section de forme rectangulaire, dont les dimensions sont en rapport avec la distance des panneaux, et dans laquelle les masses sont, autant que possible, concentrées aux angles du rectangle.

Remarque. On forme actuellement les sections de manière que leur construction soit plus commode, par exemple en forme de **I**, comme cela a eu lieu pour le pont sur le Rhin à Mayence.

„Aux extrémités, la liaison des deux nervures a lieu au moyen d'un *sabot* (fig. 198 et 199) en fonte ou en fer forgé, qui pré-

Fig. 198.

Fig. 199.

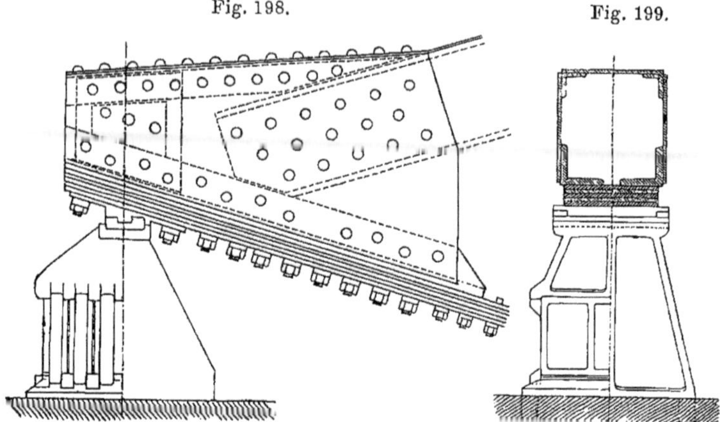

sente une surface suffisante pour la jonction des deux nervures, et une section capable de résister au cisaillement sur l'appui.

Fig. 200.

Fig. 201.

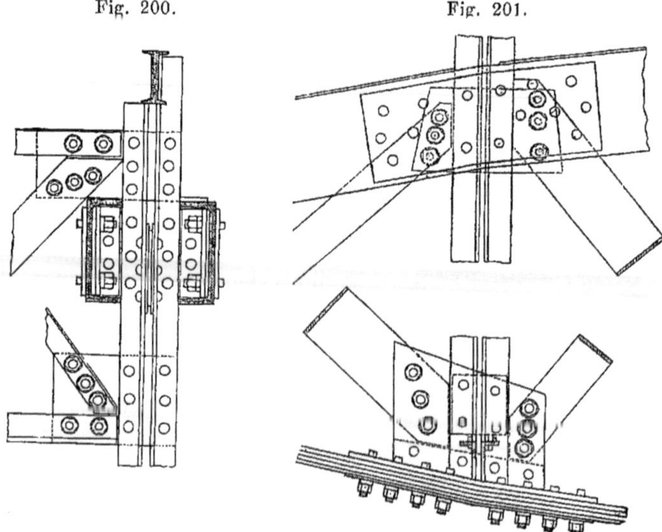

„Les *barres verticales* sont formées de cornières en forme de croix ou de **I** et assemblées à la nervure inférieure à l'aide de boulons de section suffisante; ces barres sont reliés à la nervure supérieure de façon qu'aucun mouvement latéral ne puisse avoir lieu (fig. 200 et 201). Les poutres qui supportent le tablier sont assujetties aux barres verticales qui, suivant la position du tablier, réclament des sections plus ou moins grandes (voir la fin du N°. **169**).

„Les *diagonales* sont formées de fer plats boulonnés à leurs extrémités à des feuilles de tôle réunies convenablement aux nervures et aux barres verticales (fig. 200).

„La construction entière repose à ses extrémités sur une *surface cylindrique* de grand rayon, *en acier*, (fig. 198) laquelle rend possible la flexion élastique de la poutre sans produire une forte pression partielle sur les soutiens. Un mouvement transversal ou longitudinal de cette surface ne peut avoir lieu, vû les saillies apportées des deux côtés du soutien et qui agissent comme des adents. — Les plaques inférieures reposent sur des *sabots* en fonte (fig. 198), dont l'un est fixé à la maçonnerie de la culée, tandis que l'autre repose sur des glissières à côtés munis d'adents, qu'on fait emboiter dans d'autres dents du rouleau et de la plaque de soutien, afin d'obtenir un parallélisme convenable. — Les surfaces cylindriques des glissières sont tournées et se meuvent sur des surfaces planes rabotées. — La hauteur des glissières est choisie de manière que leur inclinaison maximum, pour des températures extrêmes, soit déterminée et à-peu-près égale pour les diverses ouvertures."

Remarque. Actuellement, la plaque en acier située entre le soutien et le sabot, est fixée à une seconde plaque en acier au moyen d'un poinçon; cette seconde plaque est elle-même fixée au sabot, ensorte que les saillies en adents ne sont plus nécessaires. — Les glissières sont remplacées par des rouleaux. — Ces dernières dispositions sont aussi représentées dans les planches X et XII.

Mr. Gerber dit ensuite:

„Tous les assemblages principaux ont lieu au moyen de boulons côniques à têtes faibles et tournés selon un cône de $\dfrac{1}{100}$ de fruit, avec écrous et rondelles; les trous, percés en cylindre, sont évasés au moyen de limes côniques jusqu'à ce que le boulon coïncide jusqu'à un certain point, déterminé par l'expérience, pour être ensuite chassé par quelques coups de marteau et seulement alors l'écrou est fortement tiré afin de presser le fer. — Par ce moyen, le fer autour du logement du boulon est un peu comprimé et le boulon remplit complétement le trou. — Les rondelles sont assez fortes pour qu'aucun pas de vis ne se trouve dans le fer, mais que le trou soit complétement rempli par la partie tournée du boulon. — Après avoir vissé les écrous le plus fortement possible, on les refoule afin qu'ils ne viennent pas à battre à faux par suite des ébranlements, ce qui du reste serait peu à craindre puisque, par la construction ci-dessus indiquée, il ne peut se produire de choc du boulon contre l'écrou. L'emploi de ces boulons côniques a premièrement eu lieu pour la construction du pont sur l'Isar à Heselohe.

Remarque. Dans les ateliers (Eisenbauanstalt) de MM. Klett et Cⁱᵉ. à Mayence, on emploie maintenant principalement la rivure à chaud, c'est seulement lorsque cette dernière ne peut pas être employée convenablement, que l'emploi de boulons côniques est préféré.

„La recherche de l'élasticité à la tension des divers fers employés a lieu au moyen d'une machine spéciale et tous les fers plats employés sont étirés par cette machine jusqu'à la tension de 1200 kilogr. par cent. carré, et ils sont en même temps martelés. — Les endroits mal soudés deviennent ainsi visibles et jusqu'à cette tension le fer devient plus élastique, c'est-à-dire son allongement permanent devient nul.

„La préservation du fer contre les influences atmosphériques se fait au moyen d'un lavage corrosif préalable, suivi de coups de marteau, qui ont pour but d'enlever la rouille attachée au fer; ce dernier est ensuite plongé dans une huile bouillante qui fait disparaître toute trace d'humidité et il se forme à la surface du fer une forte couche de vernis. Cette opération est préférable à celle ordinairement employée, parce que la rouille qui pourrait se trouver au-dessous du vernis se propagerait rapidement, ensorte qu'on aurait toujours des réparations à faire.

„Par un arrangement spécial, toutes les diagonales, avant leur placement, sont étirées de $\dfrac{1}{6000}$ de leur longueur afin que les faibles voilements qui pourraient encore exister disparaissent et que les diagonales entrent en action aussitôt que la poutre se ploie.

„Un échafaudage est nécessaire pour le montage de poutres du système de Mr. Pauli; on le place ordinairement immédiatement au-dessous de la poutre à monter, dans la travée elle-même. Lorsque cela est impossible, on peut monter la poutre en entier dans un endroit convenable, l'amener entre les piles et l'élever ensuite par la méthode employée pour les grands ponts en Angleterre."

172. Plusieurs ponts du système de Mr. Pauli, ayant la même portée, ont été construits en 1864 sur la ligne de Nuremberg à Wurzbourg; le plus important de ces ponts est celui du Main à Kitzingen.

La planche XIII représente une des poutres de ce pont à 5 travées, chacune de 37 mètres de portée; c'est d'un cahier

autographié qui nous a été communiqué par Mr. l'ingénieur Gerber,
que nous tirons le dessin et les renseignements suivants.

La planche XIII montre que le *tablier* est situé à la partie
supérieure du pont; des entretoises en treillis simple sont assemblées aux barres verticales, distantes de 4,0 mètres; ces entretoises supportent des longrines-sous-rails, sur lesquelles la voie est
assujettie.

Les dimensions générales des poutres principales sont contenues
dans la fig. 203. — Les *nervures supérieures* sont formées de fers
en ⌐⌐ de 62,25 cent. carrés de section (voir fig. 200 et 201) et

Fig. 203.

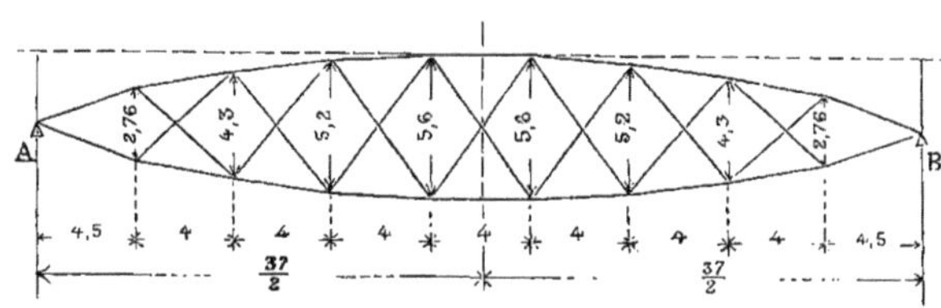

d'un fer plat de 340^{mm} de largeur et de 8^{mm} d'épaisseur; les nervures ont donc ensemble une section de 151,7 cent. carrés, sans
déduction pour les logements des rivets. — Toutes les parties des
nervures sont assemblées aux articulations; les feuilles des nervures
y sont interrompues (ce qui permet le passage des verticales),
et la réunion de toutes ces pièces a lieu au moyen de couvre-
joints.

Les *nervures inférieures* consistent en 4 couches de fers plats
de 280^{mm} de largeur et de 13^{mm} d'épaisseur, qui, après déduction
d'un logement de rivet de 20^{mm} de largeur et de 52^{mm} de hauteur,
forment une section totale de 125,2 cent. carrés.

Les *diagonales* consistent aussi en fers plats, chacun de 12^{mm}
d'épaisseur et dont la largeur varie entre 120 et 180^{mm}; si l'on
considère les barres dont l'extrémité inférieure est dirigée du côté
de A et l'extrémité supérieure du côté de B, on voit qu'elles augmentent en largeur de A vers B; ces largeurs sont, pour les panneaux
de 2 à 8, successivement de 12, 12, 14, 16, 18, 18, 18 centimètres.

Chaque *verticale* est composée de 4 cornières et chaque cor-
nière a 80^{mm} de longueur d'aile et 9^{mm} d'épaisseur, formant 13,5
et ensemble 54 cent. carrés de section. — Ces cornières sont
réunies aux nervures supérieures à l'aide d'assemblages intermédiaires composés de fers plats et de cornières, tandis qu'elles
reposent sur la nervure inférieure au moyen d'une courte feuille
verticale, comprise entre deux autres feuilles polygonales, qui
servent à l'attache des diagonales.

173. Le *poids propre* p′ de la construction, pour chaque ouverture, se compose de:

Table LII.

Pièces du pont.	Fer laminé.	Boulons, rivets et vis.	Total, fer forgé.
1. Poutres proprement dites. . .	28,60 ᵗˢ	1,46 ᵗˢ	30,06 ᵗˢ
2. Contreventement	2,00	0,10	2,10
3. Tablier	9,02	0,54	9,56
4. Trottoirs avec garde-corps . .	1,96	0,09	2,05
Total	41,58	2,19	43,77

Si l'on considère les poids (1) et (2) comme appartenant aux poutres principales et les poids (3) et (4) comme appartenant au tablier, on obtient comme poids métallique d'un pont de 37 mètres de portée, par mètre courant de voie:

$$p' = 23,5 \times 1 + 314 = 1180 \text{ kilogr. } \quad . \quad . \quad . \quad \text{I.}$$

d'où résulte:

$$C = 23,5 \text{ et } F' = 314.$$

Dans le calcul, il faut encore tenir compte du tablier proprement dit, à savoir:

$$
\begin{array}{lr}
\text{Pour bois et rails} \quad . \quad . \quad . \quad . & 520 \text{ kilogr.} \\
\text{Ballast} \quad . \quad . \quad . \quad . \quad . \quad . \quad . & 1000 \quad \text{„} \\
\hline
\text{total } p'' = & 1520 \text{ kilogr.}
\end{array}
$$

ensorte qu'on obtient comme poids total:

$$p = p' + p'' = 23,5 \, 1 + 1834 = 2700 \text{ kilogr.} \quad . \quad . \quad \text{II.}$$

La surcharge a été supposée fournie par 3 locomotives dont les poids et les distances d'axe à axe sont indiqués dans la fig. 204, d'où résulte un moment de flexion de 649,6 mètres-tonnes, ce qui représente une charge variable uniformément répartie de:

$$k = \frac{649,6 \times 8^{ts}}{37^2} \text{ 3800 kilogr. par mètre} \quad . \quad . \quad . \quad \text{III.}$$

Fig. 204.

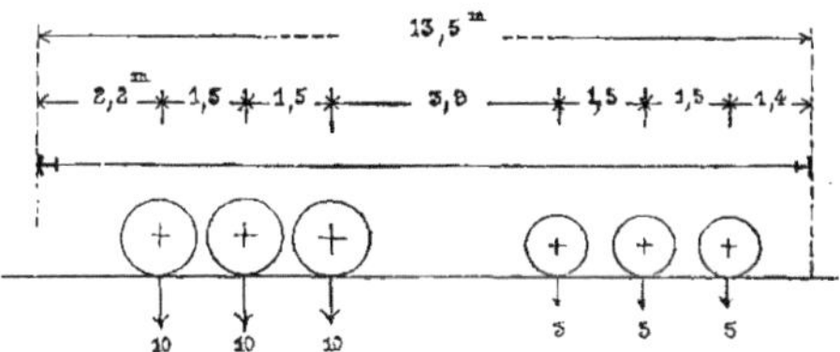

Il résulte des équations II. et III.:

$$q = p + k = 6500 \text{ kilogr. } . \quad . \quad . \quad . \quad . \quad . \quad . \quad . \quad \text{IV.}$$

D'après l'analogie que fournit la table XVII[a], nous obtenons pour la charge d'une moitié du pont:

$$k' = {}^5\!/_4\, k = 4760 \text{ kilogr. } . \quad . \quad . \quad . \quad . \quad . \quad . \quad \text{V.}$$

La tension maximum ou la pression maximum *dans les nervures* a lieu pour une charge maximum uniformément répartie; d'après la définition du système de Mr. Pauli, cette tension reste la même dans tous les panneaux, c'est pour celui du milieu que la détermination se fera le plus simplement; cette charge est égale à

$$\max \mathfrak{M}_{4\frac{1}{2}} = \frac{q\,l^2}{8} = 6500 \cdot \frac{37^2}{8} = 1112,3 \text{ mètres-tonnes}$$
$$\mathfrak{H}_{4\frac{1}{2}} = 5,6 \text{ mètres}$$

donc, d'après l'équation 255), puisque le moment se répartit également sur les deux poutres:

$$U_{4\frac{1}{2}} = O_{4\frac{1}{2}} = \frac{1}{2}\, \frac{1112300}{5,6} = 98296 \text{ kilogr.}$$

pour la *pression moyenne maximum* dans la nervure supérieure:

$$\mathfrak{B}_m = \frac{99286}{151,7} = 654 \text{ kilogr.}$$

pour la *tension maximum* dans la nervure inférieure:

$$\mathfrak{A} = \frac{99286}{132,2} = 734 \text{ kilogr.}$$

Les plus grandes forces dans les *barres inclinées* et dans les *barres verticales* auront lieu pour une charge partielle, lorsque la surcharge se sera avancée jusqu'au milieu du panneau qu'on considère; la valeur k varie avec la longueur de la surcharge comme le représente la fig. 134; pour le cas spécial qui nous occupe, nous avons construit la fig. 205, dans laquelle on peut prendre à l'échelle (ou par une proportion arithmétique) la valeur de k, qui correspond à une longueur quelconque de la surcharge.

Fig. 205.

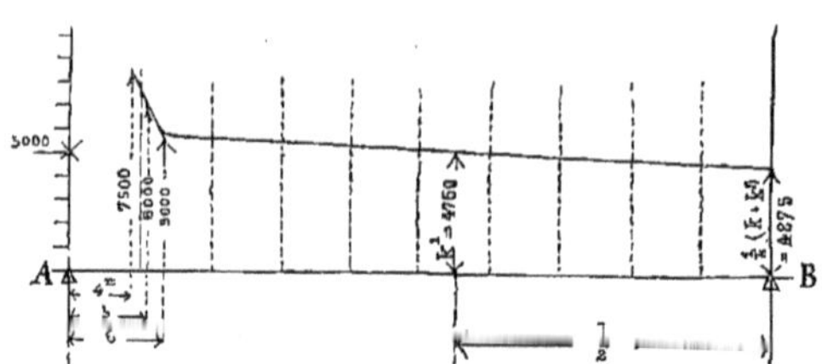

Le mode du calcul indiqué dans les Nᵒˢ. **162** et **163** est représenté dans la table LIII.

Après avoir trouvé k pour chaque panneau d'après la fig. 205, on détermine $\mathfrak{M}_{m-1}$ et $\mathfrak{M}_m$ pour chacun des panneaux d'après les équations 240) et 241); la force qui agit dans les barres s'obtient par l'équation 244) et la tension $\mathfrak{A}$ par l'équation 245.

Pour déterminer la force dans les barres verticales, on écrira la valeur max $\mathfrak{B}_m$ d'après l'équation 239); $\mathfrak{M}_{m-1}$ correspondant est déjà connu, ensorte qu'on pourra calculer chaque V_{m-1} d'après l'équation 247). Dans cette équation, P'_u est pris dans la table LII; le poids total d'une poutre est de 32,16 tonnes soit de 869 kilogr. par mètre courant, ensorte que la charge que doit supporter la verticale (m — 1) à son extrémité inférieure est,

pour les deux articulations extérieures:

$$P'_u = \tfrac{1}{4}\ 4,25 \ . \ 869 \text{ kilgr.} = 923 \text{ kilogr.}$$

et pour les articulations intermédiaires:

$$P'_u = \tfrac{1}{4}\ 4,0 \ 869 = 869 \text{ kilogr.}$$

Les fonctions trigonométriques des angles que forment les nervures et les barres avec l'horizon, ainsi que les valeurs $\mathfrak{H}_m$ et $\mathfrak{H}_{m+1}$, s'obtiennent directement à l'aide de la fig. 203.

D'après la table LIII, nous voyons que chaque N augmente graduellement de A vers B, mais que les sections augmentent aussi de 12,0 cent. jusqu'à 19,2 cent. carrés; puisque les constructeurs, pour le calcul des dimensions de chaque barre, ont cherché la position la plus défavorable des locomotives et que les forces dans les nervures ont été déterminées d'après ces charges réelles concentrées, les résultats que montre notre table LIII prouvent que la méthode générale que nous employons est suffisante et renferme aussi les résultats d'un calcul fait avec des charges concentrées.

Nous prouverons encore ce que nous venons d'avancer par un calcul direct pour la barre N_2 la plus rapprochée de la culée A. Cette barre fatigue au maximum lorsque la locomotive se trouve avec son axe du milieu immédiatement au-dessus des verticales (1), comme le représente la fig. 206; pour ce mode de charge on a:

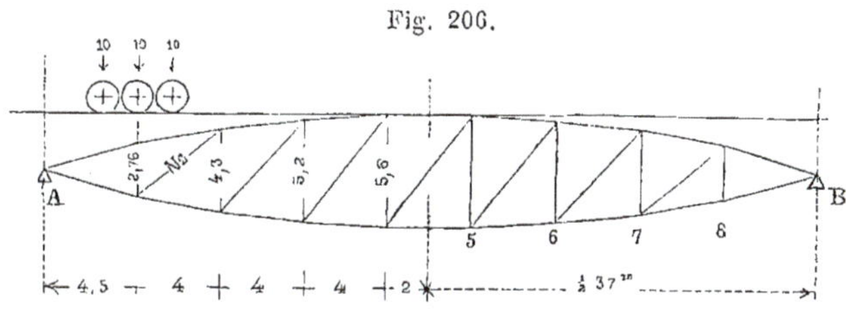

$$\Lambda = \frac{pl}{2} + \frac{32,5}{37,0}\,30000 = 76351 \text{ kilogr.}$$

$$\mathfrak{M}_1 = \Lambda\,4,5 - \frac{p}{2}\,.\,4,5^2 - 1,5\,.\,10000 = 301242 \text{ kilogrammètres,}$$

$$\mathfrak{M}_2 = \Lambda\,8,5 - \frac{p}{2}\,8,5^2 - 4,0\,.\,30000 = 431446 \text{ kilogrammètres,}$$

d'où résulte:

$$\frac{\mathfrak{M}_1}{\mathfrak{H}_1} - \frac{\mathfrak{M}_2}{\mathfrak{H}_2} = \frac{30124}{2,76} - \frac{431446}{4,3} = 8809 \text{ kilogr.}$$

tandis que dans la colonne (1) de la table LIII, nous trouvons 8817 kilogr.; cette coïncidence tient un peu du hasard, toutefois un résultat approximatif est donné par la détermination des réactions sur les appuis d'après l'équation 238ª).

174. Le pont le plus important qui ait été construit jusqu'ici d'après le système de Mr. Pauli, est le *pont sur le Rhin à Mayence,* décrit dans une brochure spéciale publiée en 1861 par MM. Klett et Cⁱᵉ. à Nuremberg, qui étaient chargés du projet et de l'exécution de la construction métallique.

II. 7

§ 18. Poutres cintrées, non-paraboliques.

Table

$p = 2700$ kilogr. $\tfrac{1}{2}\, p\, l = 50{,}0^{\text{ts}}.$ Distance des

Index $m =$	2	3	4
Charge de A jusqu'à $m - \tfrac{1}{2}$ donc $\lambda =$	$6{,}5^{\text{m}}$	10,5	14,5
Surcharge par mètre $k_\lambda =$	5100^{k}	5000	4860
$A + B = \lambda\, k_\lambda + p\, l$	$133{,}15^{\text{ts}}.$	152,50	170,47
$B = \dfrac{p\,l}{2} + \lambda\, k \cdot \dfrac{\lambda}{2\,l}$	52,63 *)	57,17 *)	63,80
$A = k\,\lambda + p\,l - B$	80,52 *)	95,33 *)	106,67
$\mathfrak{M}_{m-1} = A\left(\lambda - \dfrac{d}{2}\right) - \left(\dfrac{p+k}{2}\right)\left(\lambda - \dfrac{d}{2}\right)^2$	$283{,}35^{\text{mts}}.$	532,76	742,75
$\mathfrak{H}_{m-1}$	$2{,}76^{\text{m}}$	4,3	5,2
$\dfrac{\mathfrak{M}_{m-1}}{\mathfrak{H}_{m-1}}$	102662^{k}	123753	142836
$\mathfrak{M}_m = B\left(1 - \lambda - \dfrac{d}{2}\right) - \dfrac{p}{2}\left(1 - \lambda - \dfrac{d}{2}\right)^2$	$403{,}53^{\text{mts}}.$	590,33	734,56
$\mathfrak{H}_m$	$4{,}3^{\text{m}}$	5,2	5,6
$\dfrac{\mathfrak{M}_m}{\mathfrak{H}_m}$	93845^{k}	113520	131171
$\dfrac{\mathfrak{M}_{m-1}}{\mathfrak{H}_{m-1}} - \dfrac{\mathfrak{M}_m}{\mathfrak{H}_m}$	8817^{k}	10233	11665
$\cos \varphi$	0,750	0,646	0,594
$N_m = \left(\dfrac{\mathfrak{M}'_{m-1}}{\mathfrak{H}_{m-1}} - \dfrac{\mathfrak{M}'_m}{\mathfrak{H}_m}\right)\dfrac{1}{\cos\varphi}$	5878^{k}	7920	9802
ω en cent. carrés	12,0	12,0	14,4
$\mathfrak{A} = \dfrac{N_m}{\omega}$	490^{k}	660	680
$\mathfrak{B}_m = A - \lambda\,(k + p)$	$-29{,}82^{\text{ts}}.$	$-14{,}40$	$+2{,}95$
$\operatorname{tg}\beta_m$	0,1925	0,1125	0,0500
$\operatorname{tg}\gamma_{m-1}$	0,3900	0,1095	0,1125
$P_{u_{m-1}}$	$0{,}925^{\text{ts}}.$	0,87	0,87
$V_{m-1} = \mathfrak{B}'_m + \left(\operatorname{tg}\beta + \operatorname{tg}\gamma_{m-1}\right)\dfrac{\mathfrak{M}'_{m-1}}{\mathfrak{H}_{m-1}} - P'u_{m-1}$	18400	10818	12210
ω en cent. carrés	54,0	54,0	54,0
$\mathfrak{B}_m$	266	200	226

LIII.   Pont sur le Main à Kitzingen.

panneaux $= 4^m$,   distance des panneaux extérieurs $= 4,5^m$.

5	6	7	8	9	Remarques.
18,5	22,5	26,5	30,5	34,75	$\mathfrak{M}$ et $\mathfrak{B}$ sont calculés pour une voie et doivent être réduits de moitié dans le calcul d'une seule poutre; ces demi-valeurs sont représentées par $\mathfrak{M}'$ et $\mathfrak{B}'$.
4750	4640	4530	4420	4300	
187,87	204,40	220,04	234,81	249,42	
71,97	81,74	93,00	105,57	120,17	
115,90	122,66	127,04	120,24	129,25	*) Les pressions sur les appuis pour $\lambda = 6,5^m$ et $10,5^m$ sont calculées d'après l'équation 238 a.
893,27	972,22	942,08	791,70	503,75	
5,6	5,6	5,2	4,3	2,76	
159512	173632	181165	184120	182500	
819,97	812,92	692,97	447,73		
5,6	5,2	4,3	2,76		
146423	156331	161155	162221		
13087	17300	20010	21900		
0,580	0,595	0,646	0,750		
11292	14537	15480	14540		
16,8	19,2	19,2	19,2		
670	757	806	757		
+ 21,92	+ 42,49	+ 64,55	+ 87,92	+ 114,1	La force dans les verticales atteint son maximum, pour le mouvement de la charge de A vers B, dans la verticale V_{m-1}, et pour une charge venant de B vers A, dans la verticale V_m.
0,00	— 0,050	— 0,1125	— 0,1925	— 0,3066	
0,050	0,00	— 0,050	— 0,1125	— 0,1925	
0,87	0,87	0,87	0,87	0,925	
14077	16034	16685	15010	10532	
54,0	54,0	54,0	54,0	54,0	
261	297	309	278	195	

Le pont est biais, les 4 grandes ouvertures ont une portée de 90 mètres mesurée perpendiculairement au Rhin, et de 101,29 mètres dans-œuvre, mesurée selon l'axe de la voie; à ces 4 grandes ouvertures viennent s'ajouter 28 ouvertures d'inondation, ensemble de 551 mètres dans-œuvre.

Pour les 4 grandes ouvertures, il fallait que la partie inférieure de la construction métallique fût à 14 mètres au-dessus du zéro du limnimètre, afin que les bateaux pussent encore circuler lors des plus hautes eaux navigables, aussi le tablier a-t-il été placé aussi bas que possible; sa hauteur a été fixée à 1 mètre, comme le représente l'esquisse (fig. 207).

Fig. 207.

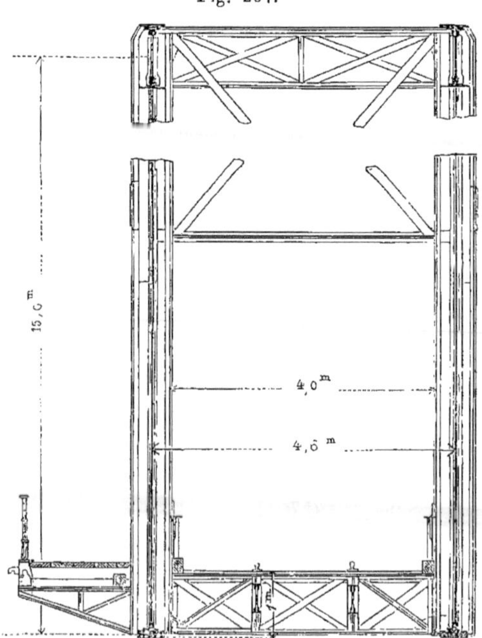

La longueur des panneaux du pont sur le Rhin à Mayence est de 8 mètres, franchie à l'aide de poutres spéciales de $1^3/_4$ mètre de hauteur; ces longrines servent en même temps à l'attache du contreventement horizontal et reçoivent en outre une entretoise au milieu de chaque panneau, tandis que l'autre entretoise est fixée directement aux verticales principales.

La distance des entretoises est ainsi de 4 mètres; entre elles se trouvent deux longrines-sous-rails à parois pleines. — Par cet arrangement, la hauteur totale de la construction (1,0 mètre) est restée presque entièrement disponible pour les entretoises, qui ont été construites en treillis.

La disposition employée pour les nervures et pour les barres verticales est contenue dans la fig. 207; tous les détails ont été exécutés d'après les données contenues dans le N°. **170.**

La construction dans les ateliers commença au mois de mai 1860 et les pièces métalliques étant à-peu-près entièrement apprêtées, on commença en mars 1862 le montage des 4 grandes ouvertures. — Des palées à 25 mètres de distance furent pilotées et au-dessus on employa des poutres spéciales en fer forgé sur lesquelles fut posé un solide échafaudage; le 7 juin de la même année, on commença le placement de la construction métallique définitive de l'ouverture du côté de Gustavsbourg; cette ouverture, (la quatrième) était déjà franchie au milieu de septembre et le montage complet du pont était achevé au commencement de décembre, ensorte que le premier essai du pont put avoir lieu le 4 décembre 1862.

Le poids de la construction métallique du pont sur le Rhin à Mayence est, pour une des grandes ouvertures de 105,2 mètres de portée et de 15,0 mètres de hauteur géométrique de poutre:

Poutres principales, y compris les colonnes sur les appuis	268,26	tonnes,
Tablier	63,55	„
Consoles et garde-corps (d'un seul côté)	7,48	„
total	339,29	tonnes,

donc comme poids métallique par mètre courant:

$$p' = 24{,}33 \; l + 676 = 3230 \text{ kilogr.}$$

Les sections des nervures des poutres principales sont calculées d'après les règles du N°. **39,** où l'on suppose qu'une surcharge triple fournisse une tension limite de 1600 kilogr. par cent. carré. Les poutres principales des grandes ouvertures ont à supporter une tension maximum de 820 kilogr., ce qui, dans la table XIII, correspond au rapport $\dfrac{p}{k} = \dfrac{3340}{2930} = 1{,}14$.

175. Tandis que les poutres paraboliques (et les poutres de forme semblable du système de Mr. Pauli) réclament dans chaque panneau l'emploi de barres montantes et descendantes, ces barres doubles, dans les poutres rectilignes, ne sont nécessaires qu'au milieu, entre les abscisses a et l — a (voir l'équation 207).

Le *système de Mr. Schwedler*, à nervures cintrées, représenté en vue longitudinale dans la fig. 208, conserve les avantages indiqués des poutres rectilignes; dans ce système, la forme des nervures est déterminée de façon que, dans tous les panneaux (à l'exception de ceux du milieu), la force dans les barres pour min $\mathfrak{B}$ est nulle, et qu'alors aucune des barres ne travaille; pour une autre charge, la force qui agit dans les barres est positive, ensorte que les barres en sens opposé peuvent être supprimées (excepté dans les panneaux du milieu).

Fig. 208.

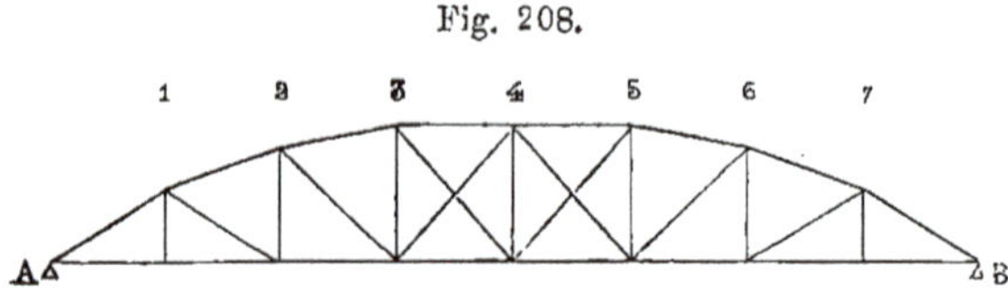

L'avantage que donne cet arrangement est ainsi décrit par Mr. Schwedler, en 1867, dans la „Bauzeitung" de Berlin:

„Comparées aux poutres droites, les diagonales peuvent être construites bien plus faibles; les verticales diminuent de hauteur du côté des culées, sont donc plus légères et plus stables; les barres sur les appuis disparaissent complétement, ensorte que la construction est rendue plus légère.

„Comparées aux poutres paraboliques, les nervures, au lieu d'augmenter, diminuent en section du côté des culées, toutefois pas aussi rapidement que dans la poutre droite, ensorte que la variation de section peut être facilement obtenue même par l'emploi de fers assez longs. — L'angle que forment les nervures à la culée est plus grand que dans les poutres paraboliques et la réunion des nervures comprimées et tendues, est ainsi facilitée."

176. Les systèmes doubles ou multiples peuvent être décomposés en systèmes simples dont les $\mathfrak{M}$ et les $\mathfrak{B}$ auront été déterminés d'une manière quelconque et serviront à fixer la forme de la poutre principale. Puisque le système de Mr. Schwedler est un système non-symétrique, à nervure inférieure rectiligne, à barres diagonales tirées, enfin puisque ces dernières ne sont inclinées que dans un sens et qu'elles agissent comme dans une poutre droite, il en résulte que, pour la moitié de gauche de la poutre, les forces dans les diagonales se trouveront à l'aide de la fig. 140 et de l'équation 190), et l'on obtient:

$$N \sin \varphi = \mathfrak{B}' - \frac{\mathfrak{M}'_m}{\mathfrak{H}_m} \operatorname{t} g \beta_m \quad \ldots \quad 256)$$

Si cette force dans la barre doit être nulle pour min $\mathfrak{V}_m$, il faut que

$$\min \mathfrak{V}_m = \frac{\mathfrak{M}_m}{\mathfrak{H}_m}\, \mathrm{t\,g}\,\beta_m \quad \ldots \ldots \quad 257)$$

où min $\mathfrak{V}_m$ et $\mathfrak{M}_m$ sont des valeurs simultanées. — En prenant une certaine hauteur $\mathfrak{H}_m$ pour une articulation quelconque, on pourra déterminer la position respective des autres articulations d'après l'équation 257), et l'on obtient ainsi directement la forme de la nervure supérieure pour le côté où la surcharge s'est avancée. Mr. Schwedler donne à cet effet l'équation suivante:

$$\mathfrak{H}_x = \frac{4\,f}{l^2}\,(l - x)\,\frac{p + \dfrac{k}{2}}{p + k\,\dfrac{x}{l}} \quad \ldots \quad 258)$$

où f est une hauteur fictive au milieu de la poutre, x l'abscisse de l'articulation qu'on considère. (Les valeurs de $\mathfrak{H}_x$, l, p et k ont leurs significations précédentes.)

L'origine des coordonnées étant en A, l'équation 258) n'est applicable que pour la partie comprise entre A et le milieu du pont; l'autre moitié de la poutre se construira symétriquement par rapport au milieu, comme le représente la fig. 209. —

Fig. 209.

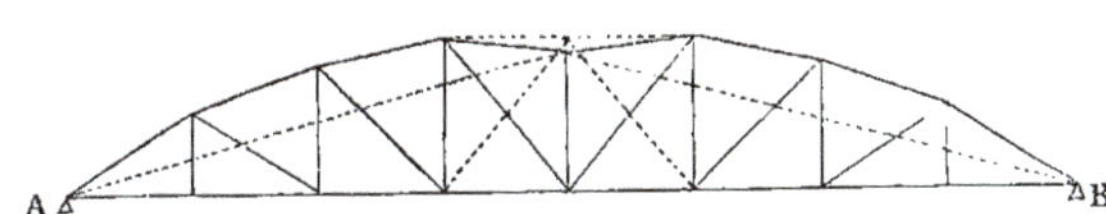

La nervure supérieure des panneaux du milieu formerait un angle rentrant, qu'on remplace dans l'éxécution, par une ligne horizontale; c'est à cause de cette modification qu'il est nécessaire d'employer, dans ces panneaux, des barres dans les deux sens, comme le montre en pointillé la fig. 209.

Dans le N°. 47 de la „Bauzeitung" de Berlin, année 1868, Mr. E. Grütefien fait remarquer que la forme obtenue pour la nervure d'après l'équation 258), qui fournit la limite inférieure des articulations supérieures, est basée sur une charge constante, uniformément répartie, qui n'existe pas en réalité; si l'on fait un calcul exact des moments qui résultent d'une charge donnée de locomotives, on trouve que la limite, pour les articulations supérieures, est plus élevée et Mr. Schwedler lui-même, dans quelques cas, a modifié un peu la forme de la poutre.

Nous obtiendrons une limite supérieure plus exacte au moyen de l'équation 257), en prenant dans la détermination de min $\mathfrak{B}_m$ et de $\mathfrak{M}_m$ correspondant, un k_λ variable se rapportant à la longueur λ de la surcharge, comme le montre plus particulièrement la fig. 134.

177. En établissant les *formules pratiques* pour un système simple de Mr. Schwedler, nous avons à considérer dans le calcul des dimensions des *nervures*, la charge maximum uniformément répartie, que nous nommerons $q = p + k$ par mètre courant; en conservant les notations du N°. **134**, nous obtenons dans ce cas, d'après les équations 175)—179ᵃ):

$$A = \frac{q\,l}{2} \quad \ldots \ldots \quad 259)$$

$$\mathfrak{M}_m = A\,x_m - \frac{q\,x_m^{\,2}}{2} \quad \ldots \quad 260)$$

$$\mathfrak{B}_m = A - q\,x_{m-\frac{1}{2}} \quad \ldots \quad 261)$$

d'où résulte pour les forces qui agissent dans les nervures, d'après les équations 185) à 186):

$$O_m \cos \beta_m = U_{m+1} = \frac{\mathfrak{M}'_m}{\mathfrak{H}_m} \quad \ldots \ldots \quad 262)$$

$$U_m = O_{m-1} \cos \beta_{m-1} = \frac{\mathfrak{M}'_{m-1}}{\mathfrak{H}_{m-1}} \quad \ldots \quad 263)$$

et pour la nervure supérieure:

$$\mathfrak{B}_m = \frac{O_m}{\Omega} \quad \ldots \ldots \ldots \quad 264)$$

$$\mathfrak{B} = \left(1 + K\,\frac{\Omega\,L^2}{\Theta}\right) \frac{O_m}{\Omega} \quad \ldots \quad 265)$$

et enfin pour la nervure inférieure:

$$\mathfrak{A} = \frac{U_m}{\Omega} \quad \ldots \ldots \ldots \quad 266)$$

Il peut être désirable de connaître les forces dans les barres et dans les verticales pour la charge maximum uniformément répartie; d'après l'équation 189), pour la partie du pont située à gauche du côté de la culée A, nous avons:

$$N_m \cos \varphi = \left(\frac{\mathfrak{M}'_m}{\mathfrak{H}_m} - \frac{\mathfrak{M}'_{m-1}}{\mathfrak{H}_{m-1}}\right) \quad \ldots \quad 267)$$

$$N_m \sin \varphi = \mathfrak{B}'_m - \frac{\mathfrak{M}'_m}{\mathfrak{H}_m}\,t\,g\,\beta_m \quad \ldots \quad 267^a)$$

et, en écrivant les conditions d'équilibre pour l'articulation inférieure m:

$$V_m = N_m \sin \varphi - P'_u \quad . \quad . \quad . \quad . \quad . \quad 268)$$

Introduisant le propre poids $p = C\,1 + F$ [voir l'équation 213)]
nous obtenons:

$$P_u = \left(k + \frac{C\,1}{2} + F\right) d \quad . \quad . \quad . \quad 269)$$

où d représente la portée moyenne des deux panneaux situés à
gauche et à droite de m.

Pour la barre verticale du milieu, qui, à sa partie inférieure, est
comprise entre deux diagonales à forces opposées, nous obtenons
en écrivant les conditions d'équilibre, d'après l'équation 194) pour
l'articulation supérieure:

$$\left.\begin{array}{l} V_{\frac{1}{2}1} = P'_0 \\ P_0 = \frac{1}{2}\,C\,1 \cdot d \end{array}\right\} \quad . \quad . \quad . \quad . \quad . \quad . \quad 269^a)$$

le plus souvent il existe deux poutres principales, par conséquent
on aura P'_0 égal à $\frac{1}{2}\,P_0$.

Pour la détermination *des forces maxima dans les barres diagonales et verticales*, nous devons prendre la charge particlle maximum
et pour une charge se mouvant de la culée de droite B jusqu'au
milieu du panneau qu'on considère, par analogie avec les formules 238)—241) pour une poutre parabolique, nous avons:

$$\left.\begin{array}{l} A = \dfrac{p\,1}{2} + \lambda\,k\,\dfrac{\lambda}{2\,1} \\[2mm] B = \dfrac{p\,1}{2} + \lambda\,k\,\dfrac{21-\lambda}{2\,1} \end{array}\right\} \quad . \quad . \quad . \quad 271)$$

$$\mathfrak{B}_m = A - (k + p)\,\lambda \quad . \quad . \quad . \quad . \quad . \quad 272)$$

et pour les moments de flexion simultanés:

$$\mathfrak{M}_{m-1} = A\left(1 - \lambda - \frac{d}{2}\right) - \frac{p}{2}\left(1 - \lambda - \frac{d}{2}\right)^2 \quad . \quad . \quad 273)$$

$$\mathfrak{M}_m = B\left(\lambda - \frac{d}{2}\right) - \frac{q}{2}\left(\lambda - \frac{d}{2}\right)^2 \quad . \quad . \quad . \quad . \quad 274)$$

Il résulte de l'équation 188) pour les *barres diagonales*:

$$N_m \cos \varphi = \frac{\mathfrak{M}'_m}{\mathfrak{H}_m} - \frac{\mathfrak{M}'_{m-1}}{\mathfrak{H}_{m-1}} \quad . \quad . \quad . \quad 275)$$

$$\mathfrak{A} = \frac{N_m}{\omega} \quad . \quad . \quad . \quad . \quad . \quad . \quad . \quad . \quad . \quad 276)$$

L'extrémité inférieure de la barre N_m, pour la portion du pont considérée, est dirigée du côté de B, parce que les diagonales opposées n'existent pas (sauf pour les panneaux du milieu); on obtient donc pour la verticale V_m, en écrivant les conditions d'équilibre pour l'articulation inférieure m:

$$V_m = N_m \sin \varphi - P'_{u_m} \qquad \dots \dots \dots \quad 277)$$

La tension dans cette verticale peut encore augmenter; d'après le développement du N°. **151**, elle atteindra son maximum pour un tablier situé à la partie inférieure des poutres, lorsque la charge

Fig. 210.

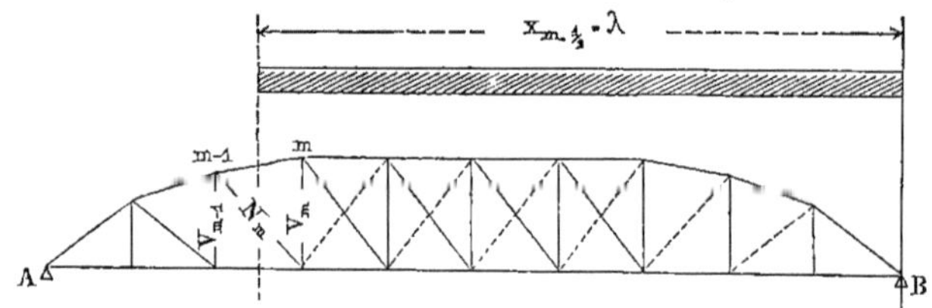

se sera avancée de B jusqu'au milieu de la diagonale m + 1; la fig. 210 représente la position de la surcharge pour laquelle la verticale V_{m-1} travaille au maximum, et nous trouvons:

$$V_{m-1} = - \frac{\mathfrak{M}'_{m-1}}{\mathfrak{H}_{m-1}} \, \mathrm{t} \, g \, \beta_{m-1} - \mathfrak{B}'_{m-1} - P'_{u_{m-1}}$$
$$= - \frac{\mathfrak{M}'_{m-1}}{\mathfrak{H}_{m-1}} \, \mathrm{t} \, g \, \beta_{m-1} - \mathfrak{B}'_m + P'_{0_{m-1}} \qquad \dots \dots \quad 278)$$

dans cette équation, $\mathfrak{B}_m$ est *négatif* entre la culée A et l'abscisse l — a (voir l'équation 207).

Du côté de la culée B, d'après l'équation 275), $N_m \cos \varphi$ devient *négatif* ce qui signifie que des barres inversement inclinées entrent en action au lieu des barres N; pour ces panneaux, on a donc d'après l'équation 192):

$$V_m \;\; = \frac{\mathfrak{M}'_m}{\mathfrak{H}_m} \, \mathrm{t} \, g \, \beta_{m+1} + \mathfrak{B}'_m + P'_{0_m} \quad \dots \dots \quad 279)$$
$$V_{m-1} = \frac{\mathfrak{M}'_{m-1}}{\mathfrak{H}_{m-1}} \, \mathrm{t} \, g \, \beta + \mathfrak{B}'_{m-1} + P'_{0_{m-1}} \left. \begin{array}{c} \\ \\ \end{array} \right\}$$
$$= \frac{\mathfrak{M}'_{m-1}}{\mathfrak{H}_{m-1}} + \mathfrak{B}'_m - P'_{u_{m-1}} \qquad \qquad \dots \; 280)$$

Pour les verticales max $\dfrac{\mathfrak{M}}{\mathfrak{H}}$, où les barres diagonales soumises à la traction changent de signe, nous écrirons les conditions d'équilibre pour l'articulation supérieure, et d'après l'équation 194), d'une façon analogue à la fig. 142ᵃ, nous obtenons:

$$V_m = P'_0 + \frac{\mathfrak{M}'_m}{\mathfrak{H}_m}\,(\operatorname{t g}\beta_m - \operatorname{t g}\beta_{m+1}) \quad . \quad . \quad . \quad 281)$$

en remarquant que, pour un mouvement de la surcharge de B vers A, le point max $\dfrac{\mathfrak{M}}{\mathfrak{H}}$ se trouve toujours sur la partie de droite du pont.

Dans les équations ci-dessus 271)—281), on a toujours supposé la charge avancée de B jusqu'au milieu du panneau m — 1 et la charge du panneau demi-chargé concentrée sur la verticale m; dans toutes les équations mentionnées, on aura donc:

$$P_{u_{m-1}} = P_{0_m} = P_{0_{m-1}} = {}^1\!/_2\,Cl.\,d \,\ldots\ldots\, 282)$$

$$P_{u_m} = (k + {}^1\!/_2\,Cl + F)\,d \,\ldots\ldots\ldots\, 283)$$

équations dans lesquelles d représente la distance moyenne des deux panneaux adjacents à la verticale considérée.

178. De même que les formules exposées pour les équations 259) à 283) sont fondées sur les formules générales 175)—179ᵃ) et 185)—194ᵃ; dans les deux cas, on a supposé un système simple, non-symétrique, à barres diagonales soumises à la tension.

Ces deux séries d'équations doivent fournir le même résultat pour des barres de poutres cintrées, avec un tablier situé à la partie inférieure des poutres; il faut observer toutefois que, dans les équations 238)—252), la charge est supposée s'avançant de A vers B, tandis que dans les équations 271)—283), elle est supposée venant de B vers A.

Bien qu'il existe une grande analogie entre ces poutres paraboliques et le système de Mr. Schwedler, et qu'une coïncidence multiple existe dans les formules qui servent au calcul, il faut remarquer que la différence principale consiste en ce que ce sont précisément les diagonales épargnées dans le système de Mr. Schwedler qui fatiguent le plus dans la poutre parabolique.

Mr. J. W. Schwedler a construit d'après son système un assez grand nombre de ponts, dont quelques-uns sont décrits dans la „Zeitschrift für Bauwesen" de Berlin, entre autres les ponts de routes sur l'Oder à Breslau; ces derniers se distinguent des ponts de chemins de fer surtout en ce que, par suite du poids considérable de la chaussée elle-même, il n'existe qu'un seul panneau à doubles barres diagonales, et que la courbe de la nervure elle-même est à-peu-près en arc de cercle.

179. Une variété dans la forme de la poutre existe pour le *pont sur le Colomak*, projeté par Mr. F. Laissle pour la ligne Charkow-Krementschug; le calcul suivant est fait à l'aide des formules 259)—283).

Fig. 211.

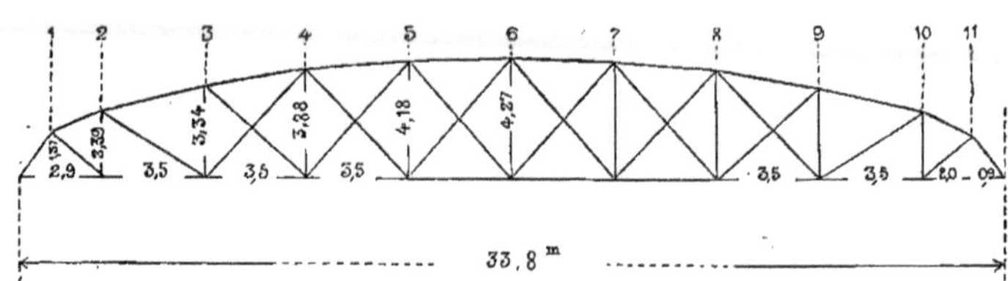

Ce pont a 33,8 mètres de portée, et la portée est divisée en 10 panneaux (voir fig. 211).

La disposition du panneau extrême est remarquable en ce que sa nervure supérieure est brisée; par cet arrangement, l'angle sous lequel les deux nervures sont assemblées est plus grand (moins aigu) et la forme nette de l'ellipse a pu être maintenue pour la nervure supérieure; les six panneaux du milieu ont reçu des barres diagonales dans les deux sens, ce qui aurait pu être évité en partie, si l'on avait interpolé un élément rectiligne et horizontal entre les deux quarts de l'ellipse.

Le pont est représenté dans la planche XIV, ainsi que les détails de la poutre et l'arrangment du tablier; les dimensions des sections des poutres principales sont indiquées en centimètres carrés dans la fig. 212, où l'on a fait déduction des logements des rivets.

Fig. 212.

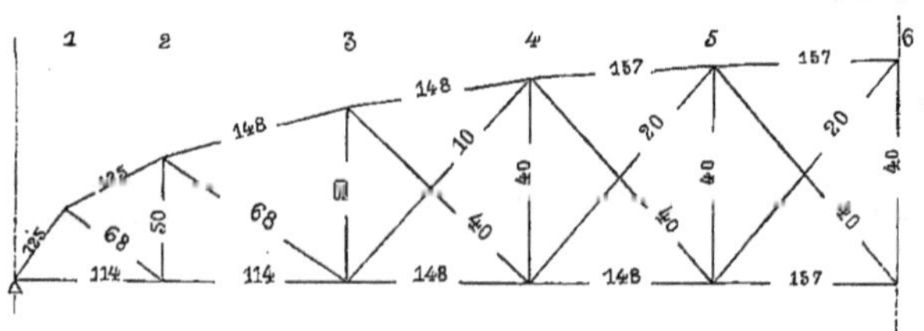

Le *propre poids* du pont sur le Colomak se compose, par mètre courant, comme suit:

Poutres principales :

Nervure supérieure . . . 430 kilogr.
„ inférieure . . . 393 „
Barres verticales . . . . 153 „
„ diagonales . . . 150 „
Contreventement . . . . 34 „
____
1160 kilogr.

Tablier :

Entretoises . . . . . . 180 kilogr.
Longrines-sous-rails . . . 280 „
Rails . . . . 68 „
Traverses et madriers . . 182 „
____
710 kilogr.

Total 1870 kilogr.

Le poids propre de la construction est donc :

$$p = 34,3\,l + 710 = 1870 \text{ kilogr.}$$

et le poids propre métallique, déduction faite des rails, traverses et madriers :

$$p' = 34,3\,l + 460 = 1620 \text{ kilogr.}$$

par mètre courant de simple voie.

Comme *surcharge* on a pris les locomotives esquissées dans la fig. 213 et comme charge maximum on a supposé que trois de

Fig. 213.

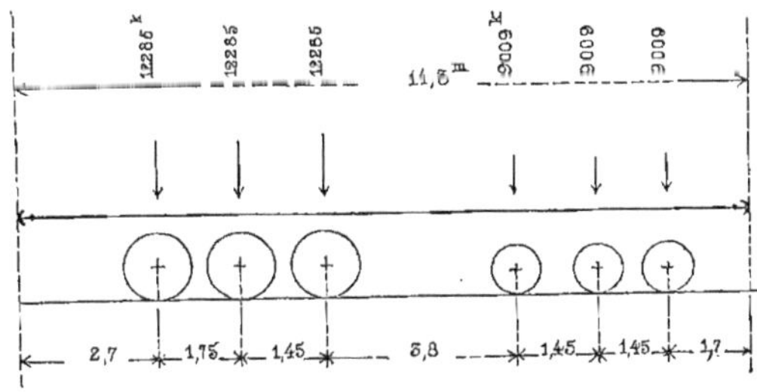

ces locomotives dussent se trouver sur le pont; une charge uniformément répartie, de k = 4564 kilogr. produirait une même max 𝔐 au milieu du pont.

  § 18. Poutres cintrées, non-paraboliques.

Pont sur le Colomak.

$$p = 1870^k \qquad k = 4564^k \qquad q = 6434^k$$

Table

	1	2
Index m =	1	2
x_m	$0,91^m$	2,9
$\mathfrak{H}_m$	$1,37^m$	2,39
$\mathfrak{M}_m = A x_m - \dfrac{q}{2} x_m^2$ D'après l'équation 260).	$90,46^{mts}*)$	288,8
$\dfrac{\mathfrak{M}_m}{\mathfrak{H}_m}$	$66,03^{ts}$	120,6
$U_m = \dfrac{\mathfrak{M}'_{m-1}}{\mathfrak{H}_{m-1}} = \dfrac{1}{2} \dfrac{\mathfrak{M}_{m-1}}{\mathfrak{H}_{m-1}}$ D'après l'équation 263).		$33,01^{ts}$
Ω_m en cent. carrés		114
$\mathfrak{A} = \dfrac{U_m}{\Omega_m}$ en kilogr.		289
$\dfrac{1}{\cos \beta}$	1,696	1,135
$O_m = \dfrac{\mathfrak{M}'_m}{\mathfrak{H}_m} \dfrac{1}{\cos \beta}$ D'après l'équation 262).	$55,98^{ts}$	68,44
Ω_m en cent. carrés	125	125
$\mathfrak{B}_m = \dfrac{O_m}{\Omega_m}$ en kilogr.	448	547
$N_m \cos \varphi = \dfrac{\mathfrak{M}'_m}{\mathfrak{H}_m} - \dfrac{\mathfrak{M}'_{m-1}}{\mathfrak{H}_{m-1}}$ D'après l'équation 267).		27280^k
$\cos \varphi$		0,822
$t g \varphi$		0,690
N_m		33190^k
$N_m \sin \varphi = \left(\dfrac{\mathfrak{M}'_m}{\mathfrak{H}_m} - \dfrac{\mathfrak{M}'_{m-1}}{\mathfrak{H}_{m-1}} \right) t g \varphi$		18820
$P'_u = \dfrac{1}{2} d \left(q - \dfrac{C l}{2} \right)$ D'après l'équation 230).		9360
$V_m = N_m \sin \varphi - P'_u$ D'après l'équation 268).		9460

LIV.	Calcul des nervures.

$$l = 33{,}8^{m} \qquad A = q\,\frac{l}{2} = 108{,}735^{ts}.$$

3	4	5	6	Remarques.
6,4	9,9	13,4	16,9	
3,34	3,88	4,18	4,22	
564,1	761,2	879,4	918,8	*) $\mathfrak{M}_1 = \dfrac{0{,}91}{2{,}90}\,\mathfrak{M}_2.$
168,9	196,2	210,4	215,2 *)	*) Puisque $\frac{\mathfrak{M}}{\mathfrak{H}}$ atteint sa valeur maximum au milieu de la poutre, dans le cas actuel de charge maximum uniformément réparties, les extrémités inférieures de toutes les diagonales soumises à la traction sont inclinées du côté du milieu du pont.
60,30	84,45	98,10	105,20	
114	148	148	157	
529	570	663	670	
1,036	1,012	1,004	1,00	
87,49	99,28	105,62	107,60	
148	148	157	157	
591	632	673	685	
24150	13650	7100	2400	
0,826	0,724	0,670	0,666	
0,688	0,690	1,109	1,194	
29240	18850	10600	3600	
16090	13020	7870	2865	
10245	10245	10245	10245	
5845	2775	— 2375	— 4515 *)	*) $V_6 = 2\,N_6 \sin \varphi - P'_u.$

180. Le poids propre du pont et la surcharge étant fixés et les dimensions de la construction métallique étant indiquées dans la planche XIV et dans la fig. 212, on peut calculer les tensions et les compressions de la matière, d'après les équations 259)—283).

Les *nervures* fatiguent au maximum pour la charge maximum uniformément répartie; les tensions et les compressions moyennes qui en résultent se trouvent d'après les équations 259)—266) et sont consignées dans la table LIV. Cette table renferme aussi les forces N et V des barres, qui correspondent à la surcharge maximum, et qui sont calculées d'après les équations 267)—269).

Les *barres diagonales et verticales* travaillent au maximum pour une surcharge partielle qui réclame l'emploi d'un k, variable avec la longueur de la surcharge. — La locomotive représentée dans la fig. 213 avec son tender, se rapproche beaucoup de la locomotive à marchandises qui a servi au calcul de la table XVII^a, aussi peut-on prendre le rapport $\dfrac{k^1}{k}$ dans cette table; pour le chargement d'une moitié du pont et pour 33,8 mètres de portée, nous obtenons:

$$k^1 = 1{,}275 \; k = 1{,}275 \cdot 4560 = 5810 \text{ kilogr.}$$

En employant la méthode indiquée dans la fig. 134, pour le cas qui nous occupe, nous obtenons pour les abscisses $\lambda = 4^m$, $4{,}65^m$ et $5{,}5^m$, les k_λ correspondants

$$k_\lambda = \frac{36882}{4{,}0} \;,\quad \frac{36882}{4{,}65} \quad \text{et} \quad \frac{36882}{5{,}5} \;,$$

de plus, pour la charge non-symétrique du pont entier:

$$k_0 = \frac{k + k'}{2} = 5185 \text{ kilogr.}$$

et nous trouvons enfin les valeurs de k_λ pour la surcharge jusqu'au milieu de chaque panneau; ces valeurs sont représentées dans la fig. 214.

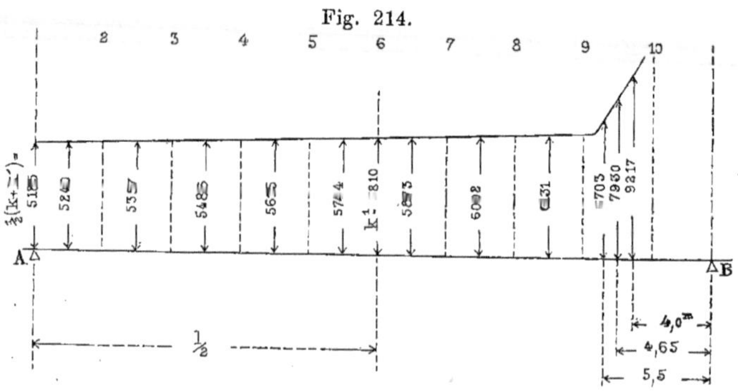

Fig. 214.

En remplaçant ces valeurs de k_λ dans les équations 271)—274), nous obtenons les moments de flexion $\mathfrak{M}$ et les efforts tranchants $\mathfrak{V}$, qui se rapportent, autant que possible, à la charge fournie par la locomotive indiquée dans la fig. 213.

Toutes les $\mathfrak{M}$ et tous les $\mathfrak{V}$ étant ainsi déterminés, l'équation 275) fournit les forces dans les *barres diagonales*; ces forces sont contenues dans la table LV.

Les formules 277)—283) nous fournissent les forces V_{m-1} et V_m qui agissent dans les *barres verticales* des deux côtés du panneau considéré pour une surcharge qui s'est avancée jusqu'au milieu du panneau m (m — 1); ces forces sont contenues dans la table LVI; d'après les explications du N°. **151**, pour le cas qui nous occupe — celui où le tablier est fixé aux articulations inférieures — les forces V_{m-1} indiquent le travail maximum sous lequel agissent les barres verticales, — (ce qui résulte évidemment de la table LVI si l'on compare les V_{m-1} avec les V_m indiqués dans la colonne verticale précédente).

Les valeurs V_m de cette table sont en partie négatives, donc ces verticales sont soumises à des efforts de traction pour la charge considérée. — C'est avec V_m que ces forces de tension atteignent leur maximum et la tension est d'autant plus grande que la force dans les barres est plus faible et que la charge P_u immédiatement supportée est plus grande; les forces de tension un peu importantes ne peuvent donc se trouver qu'aux articulations chargées et surtout à l'entrée de la surcharge lorsque les articulations inférieures (10) et (8) n'ont à supporter que de faibles forces de diagonales; il en est de même au milieu du pont pour une surcharge également répartie; c'est pour cette raison que les valeurs de V_6 de la table LIV fournissent une tension assez grande. (Cette tension est d'environ 112 kilogr. par centimètre carré, tandis que la pression maximum dans la même barre verticale, d'après la table LVI, est de 180 kilogr.)

Remarque. Le pont sur le Colomak est calculé d'après les mêmes formules que le pont sur le Main à Mayence (N°. **172**); toutefois le calcul est un peu différent, non-seulement parce que la nervure inférieure du pont sur le Colomak sit rectiligne et que le calcul est ainsi simplifié, mais aussi pour d'autres raisons. Pour des ponts se rapprochant du type des ponts paraboliques, les barres diagonales voisines de la culée travaillent au maximum lorsque la charge commence eà agir, ensorte qu'il y a lieu de considérer la surcharge comme se mouvant de A vers B; si les ponts se rapprochent du système de Mr. Schwedler, comme le pont sur le Colomak, les diagonales ne travaillent que peu lorsque la surcharge commence à agir (théoriquement la force dans ces barres devrait être nulle), donc, comme pour des poutres droites, le maximum des forces dans les barres est occasionné par une surcharge qui se trouve sur une longueur plus grande que la moitié du pont, ensorte qu'il est préférable de considérer le mouvement de la surcharge de B vers A. — Une autre différence existe encore dans le calcul, en ce que le tablier se trouve à la partie supérieure des poutres pour le pont sur le Main à Kitzingen et à la partie inférieure pour le pont sur le Colomak.

II.   8

Pont sur le Colomak. $\qquad p = 1870^k \qquad l = 33,8_m$

Table

Index $m =$	2	3	4	5
x_m	$2,9^m$	6,40	9,90	13,40
$\lambda = l - x_m \cdot \dfrac{d}{2} =$	$32,35^m$	29,15	25,65	22,15
k_λ d'après la fig 214.	5240^k	5357	5486	5615
$q = k_\lambda + p =$	7110^k	7227	7356	7485
$A + B = pl + \lambda k_\lambda$	$232,72^{ts}$	$219,36^{ts}$	203,92	187,58
$A = \dfrac{pl}{2} + \lambda k_\lambda \dfrac{\lambda}{2l}$	$112,72^{ts}$	98,94	84,86	72,36
B	$120,0^{ts}$	$120,42^{ts}$	119,06	115,22
$\mathfrak{M}_{m-1} = A\left(l - \lambda - \dfrac{d}{2}\right) - \dfrac{p}{2}\left(l - \lambda - \dfrac{d}{2}\right)^2$	$96,05^{mts}$ *)	276,06	504,91	626,72
$\mathfrak{H}_{m-1}$	$1,37^{mts}$	2,39	3,34	3,88
$\dfrac{\mathfrak{M}_{m-1}}{\mathfrak{H}_{m-1}}$	$70,1^{ts}$	116,76	151,17	161,01
$\mathfrak{M}_m = B\left(\lambda - \dfrac{d}{2}\right) - \dfrac{q}{2}\left(\lambda - \dfrac{d}{2}\right)^2$	$313,65^{mts}$	586,80	744,58	792,99
$\mathfrak{H}_m$	$2,39^m$	3,34	3,88	4,18
$\dfrac{\mathfrak{M}_m}{\mathfrak{H}_m}$	$131,23^{ts}$	175,67	191,90	189,71
$N_m \cos \varphi = \dfrac{1}{2}\left\{\dfrac{\mathfrak{M}_m}{\mathfrak{H}_m} - \dfrac{\mathfrak{M}_{m-1}}{\mathfrak{H}_{m-1}}\right\}$	30565^k	29465	20377	14350
$\cos \varphi$	0,822	0,826	0,724	0,670
N_m	37184^k	35680	28145	21434
ω_m en cent. carrés.	68	68	40	40
$\mathfrak{A} = \dfrac{N_m}{\omega_m}$	547^k	524	703	536

LV.

p l $= 63,2^{\text{ts}}$.   Calcul des barres diagonales.

6	7	8	9	10	11	Remarques.
16,90	20,40	23,90	27,45	30,90	32,9	
18,65	15,15	11,65	8,15	4,65	4,65 *)	*) $\lambda = 11 = \lambda_{11}$, puisque le point (11) n'est pas chargé.
5744	5873	6002	6131	7930		
7614	7743	7872	8001	8800		
170,80	159,17	100,10	113,17	100,08		
61,16	51,54	43,65	37,63	34,14		
109,17	100,63	89,48	75,54	65,94		
651,62	586,00	501,18	365,26	233,475		*) $\mathfrak{M}_1 = \dfrac{0,915}{2,900}\, \mathfrak{M}_2$, puisque le point (1) n'est pas chargé.
4,18	4,27	4,18	3,88	3,34		
155,89	137,47	119,90	94,14	69,90		
757,71	653,29	499,78	319,63	150,02	73,63 *)	*) $\mathfrak{M}_{11} = \dfrac{0,915}{2,9}\, \mathfrak{M}_{10}.$
4,27	4,18	3,88	3,34	2,39	1,37	
177,45	156,29	128,81	95,70	64,02	53,74	
10783	9412	4453	780	— 2940	— 8077 *)	*) $N_m \cos \varphi$ indique une tension dans les barres T_{10} et T_{11}.
0,667	0,634	0,667	0,670	(0,826)	(0,822)	
16170	14845	6676	1165	(— 3560)*)	(— 9960)*)	
28	20	20	10	(68)	(68)	
577	742	334	116	(72)	(146)	

Pont sur le Colomak.   Table

$$p = Cl + F = 1160 + 710 \text{ kilogr.},$$

Index m =	2	3	4	5
x_m	2,9m	6,4	9,9	13,4
$\lambda = 1 - x_m + \dfrac{d}{2}$	02,05m	20,15	25,65	22,15
k_λ	5240k	5357	5486	5616
$q = p + k$	7110k	7227	7356	7485
B d'après la table LV.	120,00ts.	120,42	119,06	115,22
$\mathfrak{B}_m = \lambda\,(p + k) - B$	110,0ts.	90,24	69,62	50,57
$P'_{u_m} = -\dfrac{1}{2}\,(k + \tfrac{1}{2}Cl + F)\,d$	10448k *)	11630	11808	12082
$P'_{u_{m-1}} = \dfrac{1}{2}\,(F + \tfrac{1}{2}Cl)\,d$		2064 *)	2257	2257
$P'_{o_{m-1}} = \tfrac{1}{4}Cl\,d$	008k	1015	1015	1015
$\dfrac{\mathfrak{M}'_{m-1}}{\mathfrak{H}_{m-1}}$ d'après la table LV.	70,11ts.	116,76	151,17	.161,01
$\operatorname{tg}\gamma_{m-1}$		0,514	0,271	0,154
$\dfrac{\mathfrak{M}'_{m-1}}{\mathfrak{H}_{m-1}}\operatorname{tg}\beta_{m-1}$		30,02ts.	20,48	12,40
$V_{m-1} = -\,\mathfrak{B}'_m + P'_{o_{m-1}} - \dfrac{\mathfrak{M}'_{m-1}}{\mathfrak{H}_{m-1}}\operatorname{tg}\beta_{m-1}$		16115	15845	13900
ω_{m-1}		50	50	40
$\mathfrak{B}_m$		322	307	322
$N_m \cos\varphi$ d'après la table LV.	30565k	29465	20877	14350
$\operatorname{tg}\varphi$	0,69	0,683	0,954	1,109
$N_m \sin\varphi = N_m \cos\varphi\,\operatorname{tg}\varphi$	21090k	20124	19440	15914
$V_m = N_m \sin\varphi - P'_{u_m}$	10642k	8494	7632	3832

LVI. Calcul des barres verticales.

$l = 33{,}80^m,$ Distance des panneaux $x_{m+1} - x^m = d.$

6	7	8	9	10	11	Remarques.
16,9	20,4	21,9	27,4	28,9	30,9	
18,65	15,15	11,65	8,15	4,65	4,65	$\lambda_{11} = \lambda_{10}$, puis-le point (11) n'est pas chargé.
5744	5873	6002	6131	7930		
7614	7743	7872	8001	9800		
109,17	100,63	89,48	75,54	65,94		
32,83	16,63	2,23	— 10,34	— 20,37		
12310	12533	12761	12985	14752 *)		*) Pour les barres verticales extrêmes, la distance moyenne des panneaux est égale à $\frac{1}{2}$ (3,5 + 2,9).
2257	2257	2257	2257	2257		
1015	1015	1015	1015	928		
155,89	137,47	119,90	94,14	69,90		
0,086	0,026	— 0,026	— 0,086	— 0,154		
6,70	1,78	— 1,56	— 4,05			
10730	7550	8090	— 107			
40	40					
268	189					
10788	9412	4458	780	— 2940 *)	— 8077 *)	*) N négatif indique que les barres inclinées dans l'autre sens (T) viennent à agir.
1,194	1,22	1,194	1,109	0,683 *)	0,69 *)	
12875	11483	5317	865	1828 *)	5573 *)	**) D'après l'équation 281).
565	— 1150	— 7444	— 2240 **)	— 9179 **)		

181. La fig. 215 représente la position de la locomotive pour laquelle les *entretoises* sont soumises au plus grand effort possible; on obtient pour l'entretoise II comme surcharge de la locomotive:

Fig. 215.

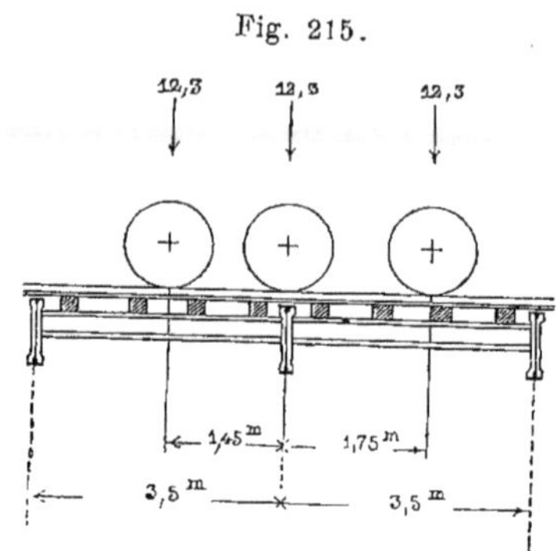

$$12300 \left(1 + \frac{2,05}{3,50} + \frac{1,75}{3,60}\right) = 25600 \text{ kilogr.}$$

à ajouter le poids du tablier de 710 kilogr. par mètre, donc sur 3,5 mètres de longueur . . $\quad$ 2485 „

Total $\overline{\quad 28085 \text{ kilogr.}}$

Fig. 216.

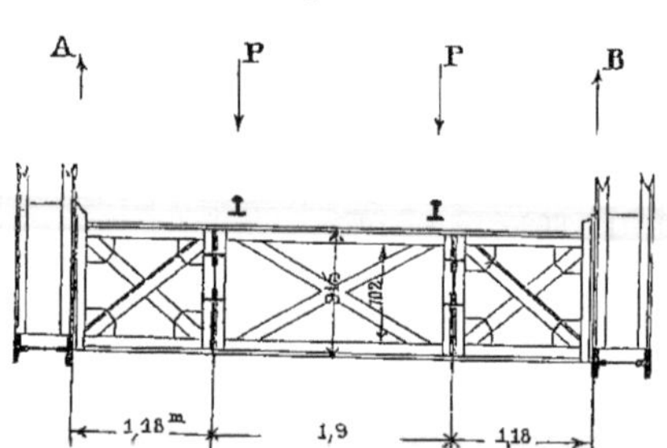

Cette charge des entretoises doit être répartie également sur les deux points chargés, comme le représente la fig. 216.
La pression sur l'appui A est de 14040 kilogr., donc:

$$\mathfrak{M}_1 = \mathfrak{M}_2 = 14040 \times 1,18 = 16567 \text{ kilogr.}$$

Ce moment est le même sur toute la longueur du panneau du milieu et est supporté par deux cornières d'ensemble 40 cent. carrés, déduction faite des rivets; on trouve les efforts de tension et de pression d'après l'équation 55):

$$\mathfrak{M} = \frac{\mathfrak{b}_0}{\mathfrak{b}}\, \mathfrak{B} \cdot \Omega \cdot \mathfrak{H}_0 \left.\begin{array}{c} \\ \\ \\ \end{array}\right\}$$

$$\mathfrak{M} = \frac{\mathfrak{a}_0}{\mathfrak{a}}\, \mathfrak{A} \cdot \Omega \cdot \mathfrak{H}_0 \qquad \right\} \quad \ldots \ldots \quad 284)$$

En plaçant dans cette équation la distance $\mathfrak{H}_0$ des centres de gravité des nervures $= 0{,}85$ mètre et $\dfrac{\mathfrak{b}_0}{\mathfrak{b}} = \dfrac{\mathfrak{a}_0}{\mathfrak{a}} = 1$ (en admettant une même tension sur la section entière des nervures), nous obtenons:

$$\mathfrak{A} = \mathfrak{B} = \frac{16567}{40 \cdot 0{,}85} = 487 \text{ kilogr.}$$

La force P qui agit sur les articulations et qui est égale à la pression sur l'appui $A = 14040$ kilogr., doit être rapportée sur l'appui (c'est-à-dire sur les verticales des poutres principales), à l'aide de deux cornières soumises à la pression et d'une tige soumise à la tension; si nous nommons N la somme des forces dans ces barres, qui forment un angle φ avec l'horizon, nous aurons:

$$\Sigma N \sin \varphi = A = 14040 \text{ kilogr.}$$

$$\Sigma N = \frac{14040}{0{,}65} = 23000 \text{ kilogr.}$$

cette force est supportée par une section formée de:

2 cornières à 16,77	= 33,54	cent. carrés,
1 tige soumise à la tension	= 12,90	„ „
	total 46,44	cent. carrés,
à déduire pour 2 rivets	5,0	„ „
	restent 41,44	cent. carrés.

La tension maximum est donc de

$$\frac{23000}{41{,}4} = 555 \text{ kilogr.}$$

La fig. 217 représente la position de la locomotive qui charge les *poutrelles* au maximum; la pression B sur l'appui est égale à

$$B = \frac{211 + 0,66}{3,50} \cdot 12300 = 9734 \text{ kilogr.},$$

Fig. 217.

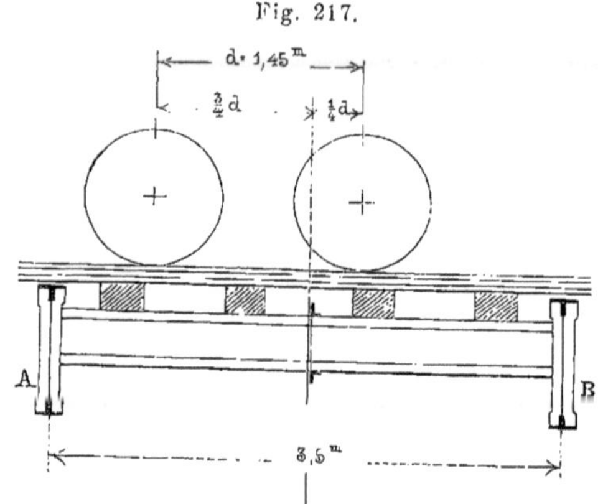

et le moment sur la traverse III est de:

$$\mathfrak{M}_3 = 9734 \times 1,39 = 12530 \text{ kilogrammètres}.$$

Ce moment se répartit sur deux poutrelles dont chacune supporte un effort de 6265 kilogrammètres.

Fig. 218.

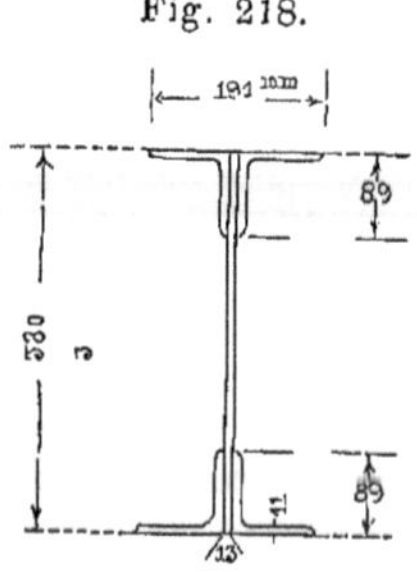

La section des poutrelles est représentée dans la fig. 218, et enfin, en plaçant dans l'équation 150) $\mathfrak{b}_0 = \mathfrak{a}_0 = \frac{\mathfrak{H}_0}{2}$, $\mathfrak{b} = \mathfrak{a} = {}^1/_2\,\mathrm{H}$, nous trouvons comme maximum de tension dans la nervure:

$$\mathfrak{M} = \mathfrak{A}\,\frac{\mathfrak{H}_0{}^2}{\mathrm{H}}\left(\Omega + {}^1/_6\,\delta\,\mathfrak{H}_0\right) \quad \ldots \quad 159)$$

Nous avons dans cette équation:

$\Omega = 2 \cdot 18,5$ . . . . = 37,0 cent. carrés,
déduction pour 1 rivet . . . . 7,0 „ „
30,0 cent. carrés,
addition de ${}^1/_6\,\delta\,\mathfrak{H}_0 = {}^1/_6\,(1,3 \times 3,3)$ = 7,1 „ „
total 37,1 cent. carrés,

$$\frac{\mathfrak{H}_0{}^2}{H} = 0,309 \text{ mètre, ensorte que :}$$

$$\mathfrak{A} = \mathfrak{M} \cdot \frac{1}{0,309} \cdot \frac{1}{37,1} = \frac{6265}{11,46} = 547 \text{ kilogr.}$$

182. Les ponts *sur le Wéser à Hoexter* (portée 58,25 mètres) et *sur l'Elbe à Tangermuende* (portée 65,9 mètres), sur la ligne de Berlin à Lehrte, ont été construits d'après le *système double* de Mr. Schwedler.

Le premier de ces ponts était représenté par des modèles et des dessins à l'exposition de Paris de 1867 et se trouve décrit dans la „Zeitschrift für Bauwesen" de Berlin (1867).

Le second de ces ponts, aussi décrit dans la même publication (1868) par Mr. Schwedler lui-même, nous servira d'exemple pour les considérations suivantes.

La table XV représente l'arrangement général de la construction du pont, ainsi que les détails; il faut ici remarquer que le pont ne possède que deux poutres principales pour deux voies et que, à part les barres (1), (2), (16) et (17), toutes les articulations possèdent un contreventement supérieur; ce dernier ne manque qu'aux extrémités, sur une longueur d'environ 10 mètres.

La fig. 219 indique, pour la moitié du treillis, les dimensions longitudinales de chaque partie.

Fig. 219.

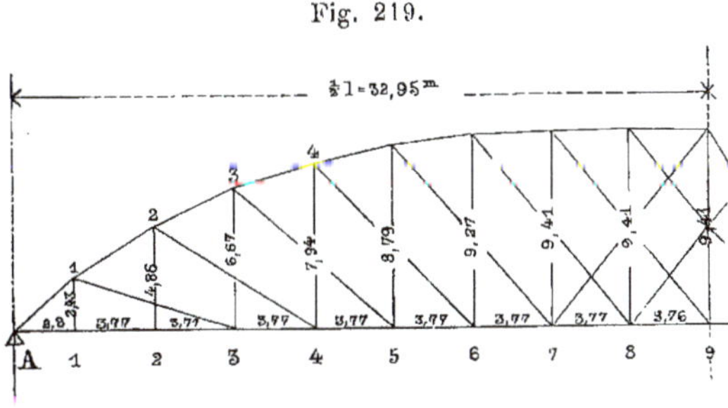

On a fait le calcul de ce système double en supposant que chacun des deux systèmes eût à supporter séparément les charges correspondantes, mais en ayant toutefois des nervures communes dans les deux systèmes, ensorte que la nervure supérieure doit être regardée comme remplacée par une courbe continue.

Les figures **220** et **221** représentent les deux systèmes, que nous désignerons par premier et second; le premier contient les articulations de nombre impair, le second les articulations de nombre pair.

Fig. 220.

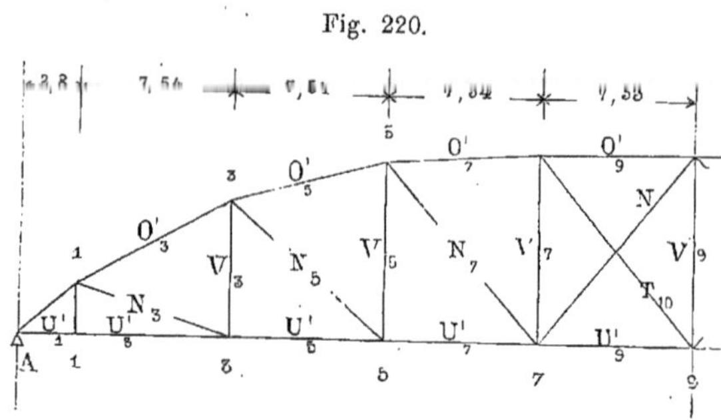

Chacun de ces deux systèmes se calcule comme système isolé d'après nos formules 259)—283), pour une charge uniformément répartie sur une portion quelconque du pont. — Cette supposition fournit dans le premier système, pour l'articulation (1), une sur charge d'environ les deux tiers de celle des articulations adja-

Fig. 221.

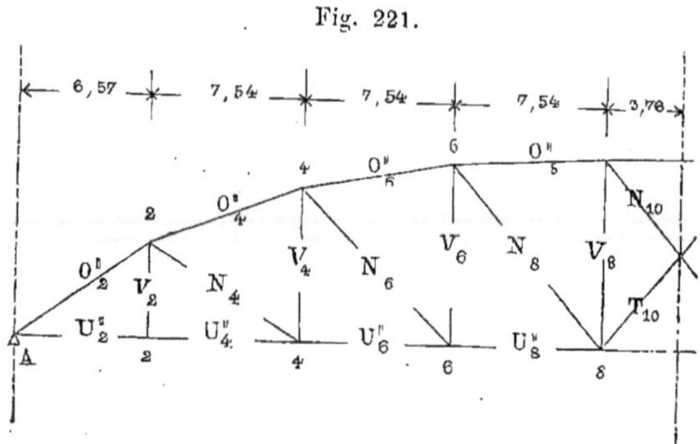

centes, tandis que lorsque ces deux systèmes ne forment qu'un tout, ces articulations ont à supporter, comme les autres, à-peu-près la même charge totale (vu la diminution de longueur des panneaux extrêmes, seulement les $^7/_8$ de cette charge); cette diffé-rence a peu d'importance puisque les charges qui agissent sur les panneaux extrêmes n'ont que peu d'influence sur les valeurs des moments de flexion. (Une inexactitude analogue a lieu, seulement en sens inverse, lorsqu'on suppose que toutes les articulations soient également chargées, lors même que les panneaux extrêmes ont une longueur plus faible.)

Nous désignerons les forces dans les nervures du premier système par O′ et U′ et celles du second par O″ et U″. Il n'est pas nécessaire de faire cette distinction pour les forces dans les barres (tant diagonales que verticales), puisque chaque barre n'appartient qu'à l'un des deux systèmes.

Il faut introduire des notations nouvelles pour les moments de flexion et pour les efforts tranchants. Nous avons nommé $\mathfrak{M}′$ et $\mathfrak{V}′$ les valeurs qui se rapportent à *une* poutre; ces valeurs doivent encore être réduites sur chacun des systèmes et nous les nommerons $\mathfrak{M}″$ et $\mathfrak{V}″$; ainsi par exemple, $\mathfrak{V}″_5$ se rapporte à la fig. 220 et $\mathfrak{V}″_6$ à la fig. 221, tandis que pour la poutre entière du système double $\mathfrak{V}′_5 = \mathfrak{V}″_5 + \mathfrak{V}″_6$. — Dans le système double, nous avons

$$\mathfrak{M}″_m = \frac{1}{2}\,\mathfrak{M}′_m, \text{ et dans un système triple } \mathfrak{M}″_m = \frac{1}{3}\,\mathfrak{M}′_m.$$

183. D'après ce que nous avons vu, nous faisons le calcul du pont sur l'Elbe (voir la planche XV) en cherchant les forces qui agissent dans les treillis représentés dans les figures 220 et 221 et en supposant que chacun des deux systèmes ait à supporter la moitié du poids propre de la construction et la moitié de la surcharge.

Le mode de calcul reste, pour chaque système, le même que celui employé pour le pont sur le Colomak dans les N^{os}. **179—181**, aussi ne donnerons-nous que la méthode suivant laquelle on trouve les *forces combinées dans les nervures*.

Mr. Schwedler a pris dans son calcul 200 quintaux pour poids propre et 280 quintaux pour la surcharge d'une articulation; en employant les mesures métriques, on trouve:

$$p = \frac{10000}{3,766} = 2653 \text{ kilogr.}, \quad k = \frac{14000}{3,766} = 3717 \text{ kilogr.}$$

et q = p + k = 6370 kilogr. Le pont étant à double voie et n'ayant que deux poutres principales, on aura comme moment de flexion maximum *au milieu de la poutre:*

$$M_{max}\,\mathfrak{M}′ = M_{max}\,\mathfrak{M} = \frac{q\,l^2}{8} = 3458,00 \text{ mètres-tonnes,}$$

donc:

$$M_{max}\,\mathfrak{M}″ = 1729,0 \text{ mètres-tonnes.}$$

A l'aide de l'équation 174), on déterminera chaque $\mathfrak{M}'$, tant pour le premier que pour le second système; la fig. 222 renferme les résultats obtenus; les $\mathfrak{M}''$ de nombre impair se rapportent au premier et les $\mathfrak{M}''$ de nombre pair au second système.

Fig. 222.

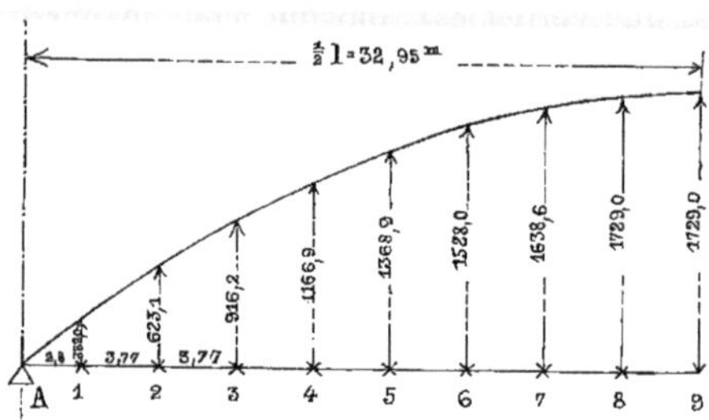

Dans le système de Mr. Schwedler, max $\dfrac{\mathfrak{M}}{\mathfrak{H}}$ se trouve au milieu du pont pour une charge maximum uniformément répartie, donc (puisque les diagonales ne sont construites que pour résister à la tension) la fig. 140 est valable pour la moitié de gauche du pont, et pour trouver les *forces dans les nervures*, nous tirons du N⁰. **134**:

$$O_m \cos \beta = U_{m+2} \cos \gamma = \frac{\mathfrak{M}'_m}{\mathfrak{H}_m} \quad . \quad . \quad 186)$$

et pour le cas qui nous occupe:

$$\left.\begin{array}{l} O'_m \cos \beta = U'_{m+2} = \dfrac{\mathfrak{M}'_m}{\mathfrak{H}_m} \\[2ex] O''_{m-2} \cos \beta = U''_m = \dfrac{\mathfrak{M}''_{m-2}}{\mathfrak{H}_{m-2}} \end{array}\right\} \quad . \quad 285)$$

La table LVII renferme les résultats fournis par ces formules pour les forces dans les nervures, d'abord pour chacun des deux systèmes et ensuite, par la combinaison des forces qui agissent dans les mêmes parties des nervures, pour ceux du système double complet.

La table LVII ne nécessite pas d'autres explications, si ce n'est la remarque que les $\mathfrak{M}''$ sont prises dans la fig. 222 et les cos β dans la fig. 219.

Mr. Schwedler a obtenu les résultats représentés dans la fig. 223, en prenant une surcharge de 480 quintaux à

Fig. 223.

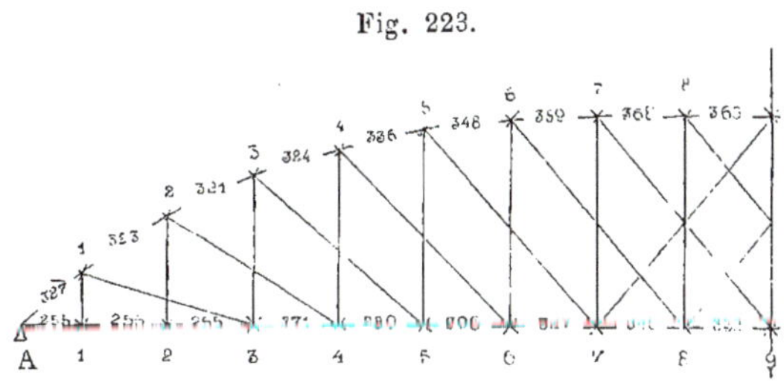

chaque articulation („Zeitschrift für Bauwesen" de Berlin 1868, page 521—524).

184. Mr. Schwedler s'exprime en ces termes sur la construction des poutres principales représentées dans la planche XV: „La nervure supérieure est composée de 16 cornières, chacune de 5 pouces (127^{mm}) de longueur d'aile verticale (voir fig. 224),

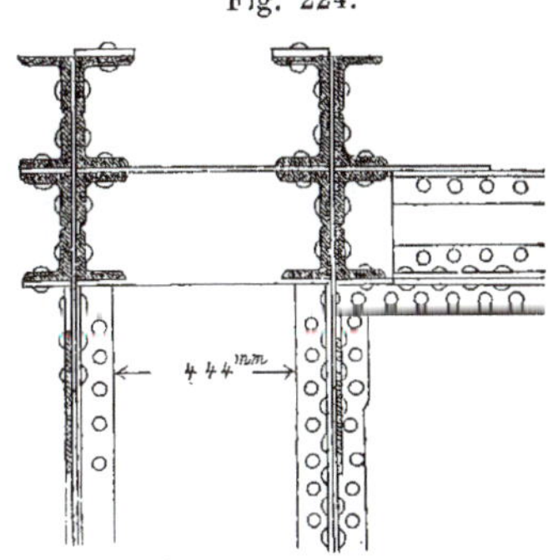

Fig. 224.

tandis que, de panneau en panneau, la variation de la section est produite par la variation des ailes horizontales. Toutes les cornières ont la longueur de deux panneaux et sont courbées aux articulations selon un cercle de 14 pieds (4$^{1}/_{4}$ mètres) de rayon. Les joints sont disposés de façon que, à chaque point d'attache, 8 cornières sont continues et que les 8 autres, placées en croix, sont interrompues, ensorte que le couvrement complet du joint ne nécessite pas l'emploi de couvre-joints extérieurs ou de cornières de recouvrement mais qu'il est fait seulement par des doublures de ¹/₂ pouce (12,5^{mm}) d'épaisseur, placées entre les cornières. Le prolongement des doublures verticales sert en même temps à l'assemblage des verticales et à celui des diagonales.

„Aux articulations, les deux moitiés des nervures sont assemblées par une feuille de tôle horizontale; en outre, entre les nervures, un treillis vertical réunit les cornières de chaque

Pont sur l'Elbe à Tangermuende. Table

Index $m =$	1	2	3	4
Premier système:				
$\mathfrak{M}''_m$	$282,0^{ts}$		$916,2$	
$\mathfrak{H}_m$	$2,43^m$		$6,67$	
$\dfrac{\mathfrak{M}''_m}{\mathfrak{H}_m}$	$116,27^{ts}$		$137,36$	
$\cos \beta_m$	$0,754$		$0,901$	
$O'_m = \dfrac{\mathfrak{M}''_m}{\mathfrak{H}_m} \cdot \dfrac{1}{\cos \beta}$	$154,21^{ts}$		$152,45$	
$U'_m = \dfrac{\mathfrak{M}''_{m-2}}{\mathfrak{H}_{m-2}}$	$116,89^{ts}$ *)		$116,89$	
Second système:				
$\mathfrak{M}''_m$		$623,1^{ts}$		$1166,9$
$\mathfrak{H}_m$		$4,86^m$		$7,94$
$\dfrac{\mathfrak{M}''_m}{\mathfrak{H}_m}$		$128,22^{ts}$		$146,85$
$\cos \beta_m$		$0,840$		$0,947$
$O''_m = \dfrac{\mathfrak{M}''_m}{\mathfrak{H}_m} \cdot \dfrac{1}{\cos}$		$152,64$		$155,07$
$U''_m = \dfrac{\mathfrak{M}''_{m-2}}{\mathfrak{H}_{m-2}}$		$128,22$ *)		$128,22$
Les deux systèmes ensemble: $U_m = U'_m + U''_{m+1}$ ou $= O''_m + O'_{m+1}$	$306,85^{ts}$	$305,09$	$307,52$	$314,79$
$U_m = U'_m + U''_{m+1}$ ou $= U''_m + U'_{m+1}$	$245,11^{ts}$	$254,11$	$245,11$	$265,58$

LVII.

Calcul des forces dans les nervures.

5	6	7	8	9	Remarques.
1368,9		1638,6		1729,0	
8,79		9,41		9,41	
155,73		174,13		183,72	
0,975		1,0		1,00	
159,72		174,13		183,72	
137,36		155,73		174,13	*) $U_1 = U_3$.
	1528,0		1706,3		
	9,27		9,41		
	164,83		181,33		
	0,992		1,00		
	166,06		181,33		
	146,85		164,83		*) $U_2 = U_4$.
325,78	340,19	355,46	365,05	365,05 *)	*) $O''_{10} = O'_8$.
284,21	302,58	320,56	338,96	355,48*)	*) $U''_{10} = O''_8$.

groupe et un latice horizontal assemble les cornières des deux groupes.

„Les verticales sont toutes égales et sont formées chacune de 4 cornières de 4 pouces (101^{mm}) de côté, et d'un demi pouce (12,5^{mm}) d'épaisseur, et renforcent la nervure supérieure à l'aide des feuilles de tôle horizontales de $^3/_8$ pouce (11^{mm}) d'épaisseur, placées entre les nervures.“

Dans le calcul des *entretoises* construites en poutres à parois pleines et chargées en 4 points par les poutrelles, il a été pris une locomotive à 3 axes distants de 12 pieds (3,76 mètres) et d'un poids de 260 quintaux soit 13 tonnes par axe.

La construction des *poutrelles* ou *pièces de pont* est remarquable (voir planche XV); elle se compose d'un simple treillis symétrique, où toutes les barres, qu'elles aient à supporter un effort de tension ou un effort de compression, sont composées de fers plats; cela est permis, vu la faible longueur de ces pièces; il faut toutefois remarquer qu'il existe au milieu des poutrelles un renfort transversal muni de cornières.

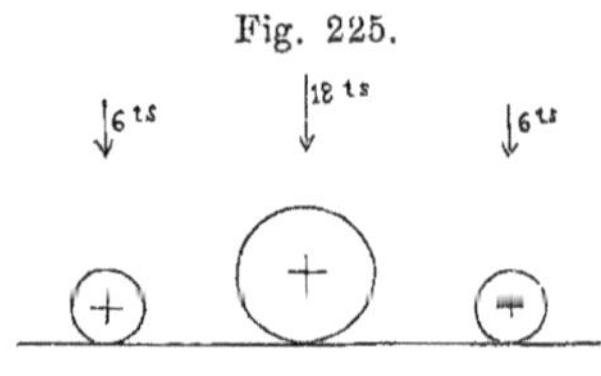
Fig. 225.

On a calculé les poutrelles en prenant une autre locomotive, qui, sans avoir un poids aussi fort, a un axe moteur du poids de 18 tonnes et dont les axes ne sont distants que de 2,82 mètres (voir fig. 225).

Le poids métallique d'une travée du pont à deux voies, de 65,90 mètres de portée (voir la remarque du N°. **182**), se compose de:

Tablier . . . . 58,1 tonnes
Poutres principales:
   Nervures 115,20
   Barres 38,30
   Contreventements supérieur et
     inférieur 17,70
                        181,30
             Total   239,4 tonnes

d'où résulte, par mètre et par voie:

$$p' = 20,9 \mathbin{\textbf{l}} + 440 = 1817 \text{ kilogr.}$$

Dans le calcul statique, il a été pris comme poids total de la construction p = 2660 kilogr., charge qui n'est pas atteinte complétement, quand on ajoute au poids métallique ceux du matériel de voie et des madriers.

Il a été pris comme tension maximum dans les nervures, 100 quintaux par pouce carré, soit 731 kilogr. par cent. carré.

185. Le pont *sur l'Elbe à Meissen*, a une série de petites ouvertures et 3 grandes de 54,6 mètres de portée; Mr. Schwedler a été chargé du projet de la construction métallique, et l'a publiée en 1868 dans la „Zeitschrift für Bauwesen" de Berlin. — Chacune de ces ouvertures est franchie séparément par deux poutres reposant librement sur leurs appuis; la nervure supérieure est faiblement cintrée; au milieu, la hauteur de la construction est à-peu-près le $\frac{1}{7}$ de la portée; sur les appuis, la construction n'a que la hauteur nécessaire pour l'établissement d'un contreventement supérieur, comme le représentent les fig. 226 et 227.

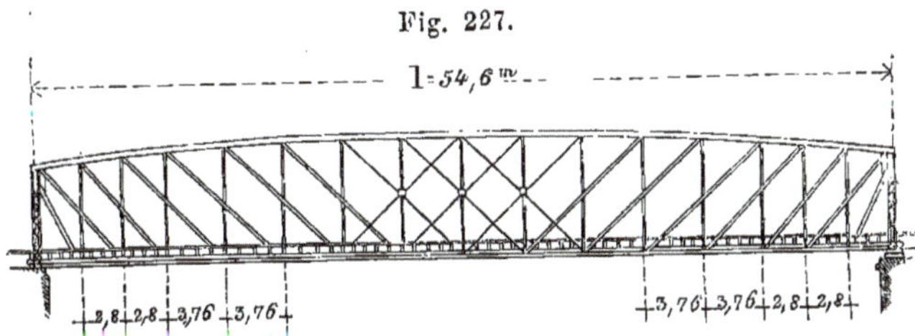
Fig. 226.

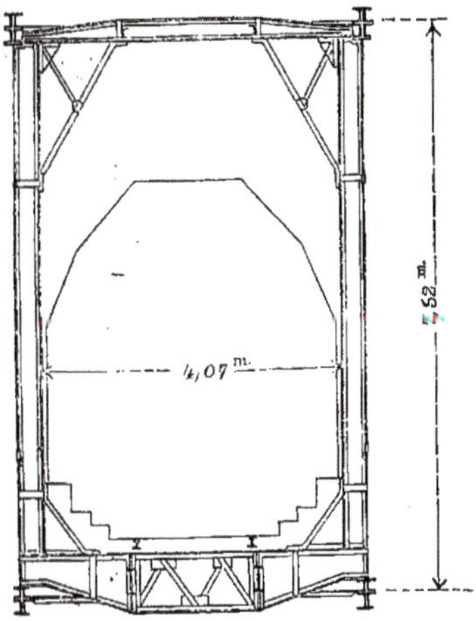

Cette disposition du treillis forme une transition entre les poutres droites et les poutres cintrées; le mode d'action des barres est analogue à celui de poutres droites; le calcul de ce pont se fera comme pour un système double, non-symétrique (voir les Nᵒˢ. **159** et **160** pour le pont sur le Danube à Ingolstadt); la seule différence provient de ce que la nervure supérieure est cintrée; il faudra donc employer les formules 195)—197ᵃ), 200) et 201) au lieu des formules 226)—230).

Fig. 227.

Comme surcharge il a été pris 2600 livres par pied, soit 4142 kilogr. par mètre; comme poids propre de la construction 1400 livres par pied, soit 2230 kilogr. par mètre; le poids de la *construction métallique* se compose de:

II.   9

Tablier . . . . 18,9 tonnes
Poutres principales:
Nervures 39,0
Barres 32,9
Contreventements supérieur et in-
férieur 16,8
——— 88,7 „
Total 107,6 tonnes

donc pour 54,6 mètres de portée, par mètre et par voie:

$$\mathbf{p'} = 29,7\ l + 346 = 1970 \text{ kilogr.}$$

La charge maximum a été calculée de 100 quintaux par pouce carré, soit 731 kilogr., par cent. carré; pour le calcul du tablier, on a pris la locomotive représentée dans la fig. 225.

Le pont sur l'Elbe à Meissen offre la particularité que ses panneaux sont inégaux; les 3 panneaux extrêmes, de chaque côté du pont, n'ont que les $^3/_4$ de la longueur normale des autres panneaux; la position des barres extrêmes est ainsi plus favorable (moins inclinée) et l'aspect du pont n'en est pas moins agréable.

136. Une construction analogue à celle que nous venons de décrire, a été employée sur une grande échelle au *pont sur le Leck à Kuilenbourg.*

Fig. 228.

Ce pont a une ouverture de 150 mètres, une hauteur de poutre de 20 mètres et est formé d'un treillis triple, non-symétrique, comme le représente la fig. 228.

Le poids métallique du pont à deux voies est formé de:
Tablier . . . . 107,0 tonnes
Poutres principales:
Nervures 1178,0
Barres (diagonales et verticales) 570,0
Contreventements supérieur et
inférieur 245,0
——— 1993,0 „
Total 2100,0 tonnes

et pour 150 mètres de portée, par mètre et par voie:

$$\mathbf{p'} = 43,2\ l + 357 = 7000 \text{ kilogr.}$$

Dans ce pont, le tablier et les contreventements sont presque tous construits en acier fondu et les poutres principales exclusivement en fer laminé; dans le N⁰. **38**, nous avons déjà fait remarquer que l'acier ne doit encore être employé qu'avec précaution; c'est probablement pour cela que l'emploi d'acier fondu n'a pas eu lieu pour la construction principale; mais si l'on voulait faire usage d'acier fondu dans de grands ponts afin de rendre la construction plus légère, le but ne serait rempli que très-imparfaitement par l'arrangement mentionné, puisque le tablier et les contreventements n'y forment qu'une partie très-faible du poids total de la construction.

CHAPITRE SIXIEME.

Ponts à poutres lattices.

-----

§ 19.

Théorie des ponts à poutres lattices.

187. Les *poutres lattices* rentrent dans le système de treillis symétriques multiples, et peuvent être calculées d'après les mêmes règles; les ponts à poutres lattices présentent toutefois des particularités qui, d'un côté, permettent une simplification, et d'un autre, nécessitent un complétement de la théorie des poutres en treillis.

Dans les poutres lattices, les barres inclinées, que nous nommerons *tiges du lattice* ou simplement *tiges*, s'entre-croisent plusieurs

Fig. 229.

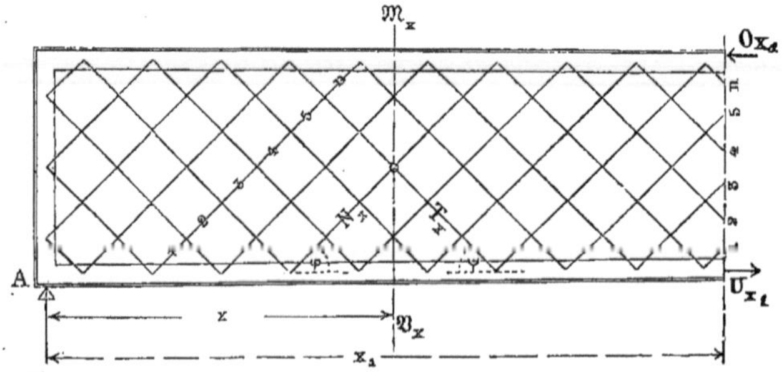

fois avec d'autres tiges inclinées en sens contraire (voir fig. 229), ensorte qu'il en résulte des *mailles* réticulaires qui agissent comme une paroi pleine.

Les tiges, dont chacune est trop faible pour pouvoir supporter une pression un peu forte, sont reliées entre elles pour que le voilement de l'une d'elles ne puisse se faire en général qu'avec celui de toute la paroi.

Fig. 230.   Fig. 231.

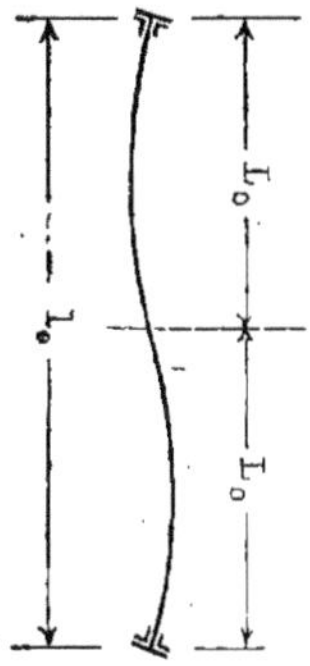

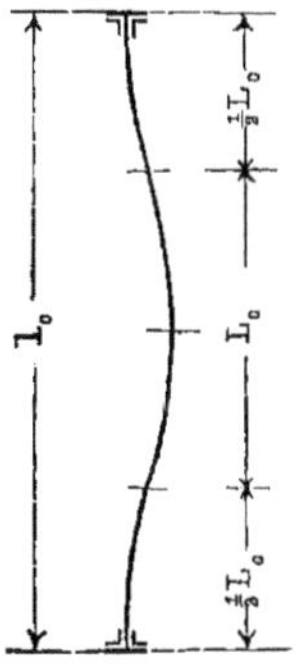

Les fig. 230 et 231 représentent les voilements les plus probables de la paroi; si l'on désigne par l_0 la hauteur totale, par L_0 la hauteur libre correspondant à un ploiement simple, ces deux figures montrent que $l_0 = 2\,L_0$; la longueur de la tige, elle-même plus grande vu son obliquité, est représentée par $l = 2\,L$; donc $L = {}^1\!/_2\,l$ est la longueur libre de la tige à introduire dans la formule 169), comme le montre l'équation suivante:

$$\mathfrak{B} = \mathfrak{B}_m \left(1 + \mathrm{K}\,\frac{\omega\,\mathrm{L}^2}{\Theta} \right) = \mathfrak{B}_m \left(1 + \mathrm{K}\,\frac{\omega\,l^2}{4\,\Theta} \right) \quad . \quad . \quad 285)$$

Remarque. On suppose le moment d'inertie pris perpendiculairement au plan de la paroi, puisque, dans ce sens, les *tiges* sont assez roides, étant toutes reliées entre elles à leurs points de croisement; le ploiement dans le plan du lattice sera traité dans le § 22.

Lorsque la construction est renforcée par des montants verticaux spéciaux, distants entre eux de d_0, il faut placer la valeur $\dfrac{1}{\cos \varphi}\,d_0$ au lieu de la longueur totale l de la barre, où φ indique l'angle des tiges du lattice avec l'horizon.

Fig. 232.

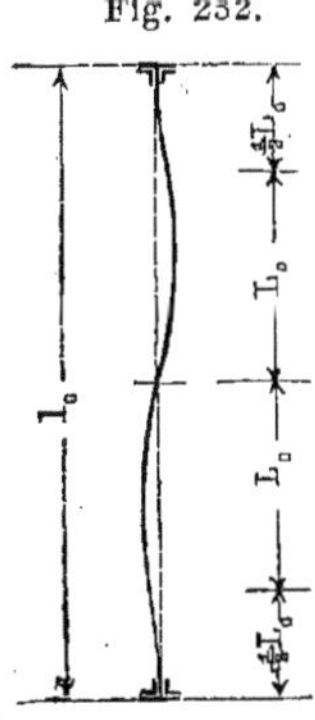

Lorsque de *hautes parois sont étrésillonnées* à leurs extrémités, de façon que la tangente à la courbe du ploiement près des nervures reste verticale, on peut se figurer la plissure de toute la paroi du lattice ayant lieu comme le représente la fig. 232, où l'on peut placer $L_0 = {}^1\!/_3\,l_0$; pour que ce cas arrive, il faut que l'encastrement soit à-peu-près complet.

Lorsque la forme des sections des tiges est la même, que ces dernières soient soumises à la pression ou à la tension, celles soumises à la tension concourent aussi à empêcher un voilement, ensorte que dans la formule 285), on peut doubler le moment d'inertie Θ résistant à la flexion; pour ce cas nous aurons:

$$\mathfrak{B} = \mathfrak{B}_m \left(1 + K \, \frac{\omega L^2}{2\,\Theta} \right) = \mathfrak{B}_m \left(1 + K \, \frac{\omega l^2}{8\,\Theta} \right) \quad . \quad . \quad 286)$$

Il faut reconnaître que cette formule est assez arbitraire, car au lieu des courbes de voilement que représentent les fig. 230 et 231, il peut s'en produire d'autres, et ces cas indiqués ne sont qu'une moyenne entre les différentes possibilités de ploiement; il n'est pas non plus démontré que les tiges soumises à la tension résistent aussi bien au ploiement que les tiges soumises à la compression, lors même que les sections seraient de même valeur.

D'un autre côté, il faut reconnaître que la formule 286) tient bien compte des faits dont il est question et que, plus la fraction $\dfrac{1}{1 + K \, \dfrac{\omega l^2}{\Theta \, 8}}$ se rapproche de l'unité (ce qui correspond à une bonne construction), plus aussi les formules 285) et 286) deviennent exactes.

Remarque. Vu la grande différence que présentent les formules 286) et 169), il se peut qu'il soit nécessaire de modifier l'équation 169) lorsqu'on a un treillis multiple à barres réunies à leurs points de croisement; on commencera par ne prendre qu'une portion de la longueur totale, par exemple les $^3/_4$ ou les $^2/_3$ comme longueur libre L (ce que suppose du reste déjà l'équation 169) sous la dénomination „longueur libre"); d'ailleurs dans les constructions où les tiges tirées sont rigides, ces dernières résistent au ploiement des barres comprimées pourvu qu'elles soient réunies entre elles aux points de croisement.

188. Dans l'*emploi des formules* d'un treillis symétrique multiple pour des poutres lattices, on peut admettre une *variation continue des forces dans les nervures*, vu le faible éloignement des articulations (tandis que cette variation est brusque pour les articulations d'un treillis); on peut donc faire une coupe verticale en un lieu quelconque et nous supposerons que la section x soit faite chaque fois au milieu d'une barre N_x, pour déterminer les forces qui y agissent; comme le représente en partie la fig. 233, nommons:

$\mathfrak{M}_x$ le moment de flexion à la distance x de l'origine des coordonnées qui est ordinairement prise sur la culée en **A**.
$\mathfrak{B}_x$ l'effort tranchant à la distance x,
O_x la force dans la nervure supérieure à la distance x,
β_x l'angle correspondant avec l'horizon,
U_x la force dans la nervure inférieure à la distance x,
N_x la force dans la tige dont le milieu est atteint par la section x;
φ_x l'angle correspondant avec l'horizon,

Σ_x N sin φ la somme des composantes verticales de toutes les tiges atteintes par la section x et inclinées comme la tige N_x.

Σ_x T sin ψ la somme des composantes verticales de toutes les tiges atteintes par la section x et dirigées en sens opposé.

n le nombre des tiges atteintes par la coupe x, ou bien aussi le nombre des fragments produits sur une tige par le croisement des barres inclinées en sens opposé.

$\mathfrak{H}_x$ la distance des centres de gravité des nervures, ou la hauteur géométrique de la poutre à la distance x.

Ω la section de la nervure considérée.

ω la section de la tige considérée.

En employant ces notations, nous trouvons:

Fig. 233.

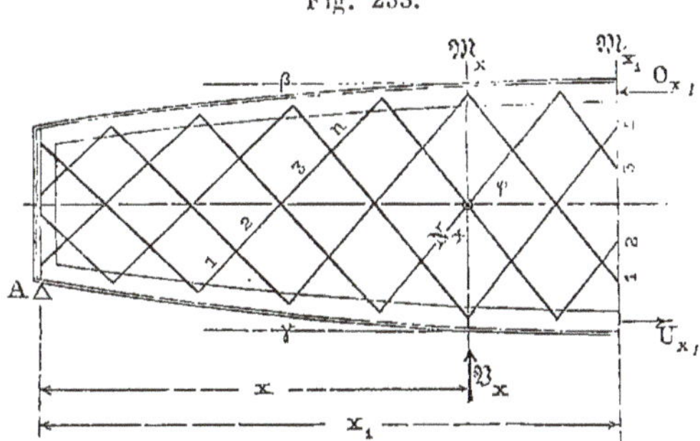

Pour les *nervures* d'une poutre lattice à forme de nervure quelconque, d'après les équations 198) et 199):

$$O_x \cos \beta = U_x \cos \gamma = \frac{\mathfrak{M}'_x}{\mathfrak{H}_x} \quad \ldots \ldots \ldots \quad 287)$$

Pour les *tiges*, d'après l'équation 196):

$$N_x \sin \varphi = \frac{1}{n} \left(\mathfrak{V}'_x = \frac{\mathfrak{M}'_x}{\mathfrak{H}_x} (\operatorname{tg} \beta + \operatorname{tg} \gamma) \right) \quad . \quad . \quad 288)$$

Les tensions et les pressions se trouveront par les équations 166)—168) et 285) ou 286); cette dernière équation s'emploiera lorsque la forme des sections des tiges inclinées en sens opposé sera la même. Les équations 287) et 288) se simplifient lorsque les nervures sont rectilignes, comme cela a ordinairement lieu pour des poutres lattices; dans ce cas on a,

Pour les nervures.

$$O_x = U_x = \frac{\mathfrak{M}'_x}{\mathfrak{H}_x} \quad \dots \dots \dots \quad 289)$$

Pour les tiges:

$$N_x \sin \varphi = \frac{1}{n} \mathfrak{B}'_x \quad \dots \dots \dots \quad 290)$$

189. Comme pour des poutres à parois pleines, on emploie fort souvent, pour rendre la paroi de la poutre plus rigide, des *montants verticaux* qui doivent empêcher la plissure de la paroi; nous avons déjà fait remarquer que, par suite de l'emploi de ces montants verticaux, la longueur libre des barres est notablement diminuée, ensorte que dans l'équation 285), le quotient $\dfrac{\mathfrak{B}}{\mathfrak{B}_m}$ se rapproche sensiblement de l'unité lorsque la distance des montants et l'épaisseur des tiges ont été choisies convenablement, ou bien aussi, les tiges comprimées peuvent être plus fortes, ensorte que la tension $\mathfrak{A}$ dans la barre soumise à la traction est au moins égale à la pression maximum $\mathfrak{B}$ de la tige symétrique pressée, inclinée en sens opposé. — Dans ces deux cas, les montants verticaux ne servent qu'à rendre la construction plus rigide et à répartir les poids du tablier.

Lorsqu'on emploie des montants verticaux, il arrive souvent que les barres comprimées ont à supporter une pression très-forte, qu'on calculera d'après l'équation 286) ou d'après l'équation 285); la pression $\mathfrak{B}$ serait notablement dépassée si *l'arrangement géométrique* de la poutre, produit par les montants verticaux, ne s'y opposait pas; la pression qui, vu le ploiement, ne peut pas être supportée par les barres pressées, est *transmise dans les montants verticaux*, ensorte que nous avons un *système combiné* semblable à celui que nous avons considéré dans les Nᵒˢ. **142** et **143**.

Dans les *systèmes combinés à poutres lattices*, une simplification a lieu en ce que nous pouvons déterminer, comme pour tous les systèmes de poutres lattices, les forces dans les nervures d'après l'équation 287), tandis que, par analogie avec l'équation 181), nous obtenons pour les *tiges*, comme somme des composantes des forces:

$$\Sigma_x N \sin \varphi + \Sigma_x T \sin \psi = \mathfrak{B}'_x - \frac{\mathfrak{M}'_x}{\mathfrak{H}_x} (\operatorname{tg} \beta - \operatorname{tg} \gamma) \quad . \quad 291)$$

Les équations 202) et 203) servent à la détermination du rapport réciproque des forces N et T; nommons $\Sigma \omega_n$ la somme des sections des tiges soumises à la traction dans la section x,

$\Sigma \omega_t$ celle des barres comprimées ; d'après l'équation 202), si nous employons l'équation 286), nous aurons :

$$\frac{\Sigma_x N}{\Sigma \omega_n} = \frac{\Sigma_x T}{\Sigma \omega_t}\left(1 + K\,\frac{\omega l^2}{8\,\Theta}\right) \quad \ldots \quad 292)$$

Si nous remarquons que dans les systèmes de poutres lattices, les tiges en sens opposé ont à-peu-près ou même exactement la même inclinaison, nous obtenons par l'équation 292) :

$$\Sigma_x N \sin \varphi = \Sigma_x T \sin \psi \left(1 + K\,\frac{\omega l^2}{8\,\Theta}\right)\frac{\Sigma \omega_n}{\Sigma \omega_t} \quad . \quad 293)$$

$\Sigma_x N \sin \varphi$ et $\Sigma_x T \sin \psi$ peuvent donc être trouvés par l'équation 291).

Dans les équations 202), 292) et 293), il est supposé que la tension $\mathfrak{A}$ des tiges soumises à la traction est égale à la pression maximum $\mathfrak{B}$ des barres comprimées ; on trouve donc la tension $\mathfrak{A} = $ pression $\mathfrak{B}$, en divisant la section des barres comprimées par la valeur $\left(1 + K\,\frac{\omega l^2}{8\,\Theta}\right)$ et en supposant la somme des forces $\Sigma_x N + \Sigma_x T$ également répartie sur la section réduite

$$\Sigma \omega_n + \Sigma \omega_t \quad \frac{1}{1 + K\,\frac{\omega l^2}{8\,\Theta}}$$

La tension ainsi trouvée ne donne qu'une moyenne pour toutes les barres rencontrées par la coupe x, mais elle donne une valeur aussi exacte que possible pour la barre dont le milieu est atteint par la section x ; nous aurons donc :

$$N_x : \omega_n = \left\{\Sigma_x N + \Sigma_x T\right\} : \left\{\Sigma \omega_n + \Sigma \omega_t\,\frac{1}{1 + K\,\frac{\omega l^2}{8\,\Theta}}\right\} \quad . \quad . \quad 294)$$

La combinaison des équations 291) et 294), si l'on remplace $\dfrac{1}{1 + K\,\dfrac{\omega l^2}{8\,\Theta}}$ par sa valeur $\dfrac{\mathfrak{B}_m}{\mathfrak{B}}$, donne :

$$N_x \sin \varphi = \frac{\omega_n}{\Sigma \omega_n + \Sigma \omega_t\left(\dfrac{\mathfrak{B}_m}{\mathfrak{B}}\right)}\left\{\mathfrak{B}'_x - \frac{\mathfrak{M}'_x}{\mathfrak{H}_x}(\operatorname{tg}\beta + \operatorname{tg}\gamma)\right\} \quad 295)$$

Lorsque les barres comprimées sont plus fortes que les tiges soumises à la traction dans un rapport exprimé par c, en supposant toutefois que les dimensions des barres qui augmentent vers les culées ne varient pas trop brusquement, nous aurons:

$$\Sigma \omega_n + \Sigma \omega_t \left(\frac{\mathfrak{B}_m}{\mathfrak{B}} \right) = \frac{n\omega_n}{2} \cdot \frac{\mathfrak{B} + c\,\mathfrak{B}_m}{\mathfrak{B}} \qquad . \quad 296)$$

et d'après l'équation 295):

$$N_x \sin \varphi = \frac{1}{n} \left(\mathfrak{B}'_x - \frac{\mathfrak{M}'_x}{\mathfrak{H}_x} (\operatorname{tg}\beta + \operatorname{tg}\gamma) \right) \frac{2\,\mathfrak{B}}{\mathfrak{B} + c\,\mathfrak{B}_m} \qquad . \quad 297)$$

D'après les suppositions que nous avons faites jusqu'ici, chaque tige soumise à la tension et chaque barre comprimée qui se croisent à une distance à-peu-près égale x), ont ensemble à supporter la force $\frac{2}{n} \cdot \mathfrak{B}'_x$; nous aurons donc pour les barres comprimées:

$$T_x \sin \psi = \frac{1}{n} \left(\mathfrak{B}'_x - \frac{\mathfrak{M}'_x}{\mathfrak{H}_x} (\operatorname{tg}\beta + \operatorname{tg}\beta) \right) \frac{2\,c\,\mathfrak{B}_m}{\mathfrak{B} + c\,\mathfrak{B}_m} \quad 297)$$

Remarque. Dans les équations 292)—297), N indique une tension, T une pression; si les tiges N étaient comprimées et les tiges T soumises à la tension, il faudrait remplacer dans les équations 292)—297) les valeurs N et φ par les valeurs T et ψ.

Les forces dans les nervures se modifient, car les tiges soumises à la traction ont à supporter une plus forte charge que les barres soumises à la compression; c'est pourquoi la nervure soumise à la traction fatigue moins que la nervure comprimée, puisque la différence des composantes horizontales des forces dans les barres $\Sigma N \cos \varphi - \Sigma T \cos \psi$ doit être supportée par la différence des forces dans les nervures (ou par les composantes horizontales de ces mêmes forces). —

Cette modification des forces dans les nervures est peu grande lorsque la valeur $\frac{c\,\mathfrak{B}_m}{\mathfrak{B}}$ ne diffère pas trop de l'unité.

Fig. 234.

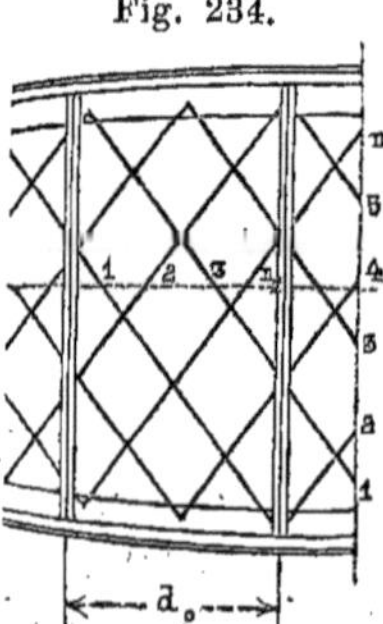

D'autre part, la *différence* des composantes *verticales* des forces dans les barres doit être supportée par les *barres* ou *montants verticaux*, puisque l'on suppose que chaque système combiné soit formé de deux systèmes non-symétriques, à barres inclinées en sens opposé.

Nommons

V_x la force dans un montant vertical voisin de la coupe x,

d_0 la distance de deux montants verticaux,

n le nombre des tiges rencontrées par la coupe *verticale* x, n′ le nombre des tiges rencontrées par une coupe *horizontale* entre deux montants verticaux, c'est-à-dire sur la longueur d_0; on obtient par une coupe x faite sur le montant vertical et qui indique en même temps l'abscisse moyenne des milieux des tiges:

$$V_x = \frac{n'}{n} \left(N_x \sin \varphi - T_x \sin \varphi \right)$$

$$V_x = \frac{n'}{n} \left(\mathfrak{B}'_x - \frac{\mathfrak{M}'_x}{\mathfrak{H}_x} \, \mathrm{tg}\, \beta + \mathrm{tg}\, \gamma \right) \frac{\mathfrak{B} - c\mathfrak{B}_m}{\mathfrak{B} + c\mathfrak{B}_m} \qquad \Big\} \quad . \ . \ \ 298)$$

Le rapport $\dfrac{n'}{n}$ est ordinairement exprimé par celui de $d_0 : \mathfrak{H}$. — Pour les montants verticaux, il faut employer l'équation 169); pour déterminer le rapport $\dfrac{\mathfrak{B}}{\mathfrak{B}_m}$, il faut ordinairement y prendre comme longueur libre L la hauteur même de la poutre, vu que les verticales, n'étant pas libres à leurs extrémités, ont d'un autre côté à supporter des forces latérales qui tendent à produire une flexion et qui proviennent des tiges elles-mêmes.

Les équations 296)—298), et l'équation 287) valable pour tous les systèmes de poutres lattices, se simplifient comme suit, pour des *poutres rectilignes, à nervures horizontales et munies de montants verticaux.*

$$O_x = U_x = \frac{\mathfrak{M}'_x}{\mathfrak{H}} \qquad . \quad . \quad . \quad . \quad . \quad . \quad . \quad 299)$$

$$N_x \sin \varphi = \frac{2}{n} \, \mathfrak{B}'_x \, \frac{\mathfrak{B}}{\mathfrak{B} + c\mathfrak{B}_m} \quad . \quad . \quad . \quad 300)$$

$$T_x \sin \psi = \frac{2}{n} \mathfrak{B}'_x \, \frac{c\mathfrak{B}_m}{\mathfrak{B} + c\mathfrak{B}_m} \quad . \quad . \quad . \quad 301)$$

$$V_x = \frac{n'}{n} \mathfrak{B}'_x \, \frac{\mathfrak{B} - c\mathfrak{B}_m}{\mathfrak{B} + c\mathfrak{B}_m} \qquad . \qquad 302)$$

Le rapport $\dfrac{\mathfrak{B}}{\mathfrak{B}_m}$ est donné par l'équation 286), où il faut placer $tl = d_0 : \cos \varphi$. — La tension $\mathfrak{A}$ dans les tiges, trouvée par l'équation 300), est égale à la compression $\mathfrak{B}$ trouvée par l'équation 301), pourvu que les montants verticaux soient construits assez forts pour pouvoir supporter la force V calculée d'après l'équation 302, sans avoir eux-mêmes à travailler sous une tension plus grande que celle ci-dessus indiquée de $\mathfrak{B} = \mathfrak{A}$.

190. Nous classifions les ponts à poutres lattices comme suit:
1) Ponts à poutres lattices, *à barres semblables tant pressées que irées, sans emploi de montants verticaux.*

Ces poutres sont ordinairement munies de tiges rigides en forme de T, de cornières ou d'autres fers façonnés.

2) Ponts à poutres lattices, *à barres plates*, avec emploi *de montants verticaux.*

Le calcul doit être fait d'après les règles données dans le N°. **189**.

3) Ponts à poutres lattices, à *barres rigides (pressées) et à tiges (tendues) en fers plats.*

Cette dernière classe de ponts se rapproche déjà beaucoup des ponts en treillis; ils s'en distinguent principalement en ce qu'on suppose, dans les ponts à poutres lattices, un changement continu de la force dans la nervure (équation 287); la longueur libre des tiges se détermine d'après l'équation 285) (qui, suivant les cas, est aussi valable pour les poutres en treillis).

On pourra toujours faire rentrer toutes les poutres lattices dans une de ces trois classes. Dans la 3me classe, il n'a pas été fait de différence, qu'on ait employé des montants verticaux ou non, parce qu'on a supposé, pour les barres rigides (comprimées), que le rapport $\dfrac{c\,\mathfrak{B}_m}{\mathfrak{B}}$ se rapproche de l'unité, et alors le montant vertical n'a aucune force de barre à supporter; si, au contraire, les barres comprimées ne possédaient pas une rigidité suffisante, il faudrait employer les règles du N°. **189**, ce qui, pour cette classe, n'est ordinairement pas nécessaire.

§ 20.

Ponts à poutres lattices, à barres semblables, sans montants verticaux.

191. Les règles du N°. **181** sont applicables aux ponts à poutres lattices qui n'ont pas de montants verticaux; de plus, lorsque les barres sont construites semblables, leur longueur libre peut être déterminée d'après l'équation 286).

Le calcul a lieu d'après les équations 287) et 288), qui, pour des poutres lattices à nervures rectilignes (voir fig. 235), se simplifient et deviennent les équations simples 289) et 290).

Fig. 235.

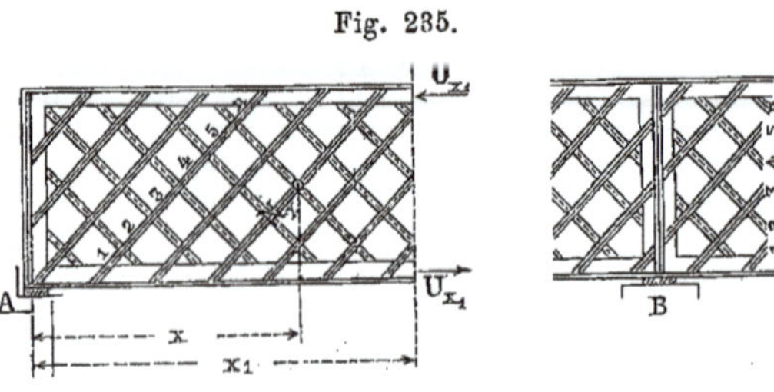

La résistance de ces parois lattices dépend en général de la dimension ou de la rigidité des barres soumises à la compression; il faut donc veiller à ce que le rapport $\frac{\omega}{\Theta}$ des sections des barres soit pris aussi favorablement que possible. En général, la forme en T remplira le mieux le but qu'on se propose. — Pour ces ponts, il est avantageux que le tablier soit placé à la partie inférieure des poutres, puisque alors la moitié du poids du tablier (y compris la surcharge) doit être reportée sur la nervure supérieure par le système des barres; par cet arrangement, les barres comprimées sont un peu déchargées, tandis que les barres soumises à une tension généralement moins forte auront à supporter un surcroît de tension. — Vu la liaison intime des barres, on peut admettre que le poids du tablier qui vient à agir en un point donné se répartit sur une assez grande longueur, ensorte que la charge uniformément répartie, qu'on suppose agir sur la longueur λ, se répartit également sur toutes les barres comprises dans cet espace.

Les barres rencontrées par la coupe verticale x, qui, pour une poutre droite, doivent supporter la force $\mathfrak{B}_x$, ont à supporter la moitié de la charge du tablier sur la longueur $\mathfrak{H}$. cotang φ, c'est-à-dire, lorsque les tiges sont inclinées à 45⁰ et s'il existe deux poutres principales, elles ont à supporter ensemble, pour chaque paroi, un poids $= \frac{1}{4}\,\mathfrak{H}\,(k + F)$. Si ce poids fournit une grande partie de l'effort tranchant $\mathfrak{B}'_x$, les barres comprimées seront déchargées, tandis que les tiges soumises à la traction seront d'autant plus chargées. L'avantage d'un tablier situé à la partie inférieure des poutres se fait donc sentir vers le milieu du pont, où les valeurs de $\mathfrak{B}'_x$ sont faibles.

Le cas contraire arrive lorsque le tablier est situé à la partie supérieure des poutres; dans ce cas, il faut veiller à ce que les barres du milieu possèdent encore une rigidité suffisante.

Les considérations précédentes peuvent recevoir leur application dans la répartition des profils de barres de diverses sections.

Il existe quelques ponts où des barres en fers plats sont employées sans montants verticaux, par exemple l'un des plus anciens ponts à poutres lattices sur le canal royal à Dublin, construit en 1845; il s'y présente un voilement dangereux, facile à comprendre, vu la grande compression que la paroi du lattice doit supporter. Lorsqu'on ne veut pas employer de montants verticaux, on ne se sert plus exclusivement de fers plats; le progrès fait dans la fabrication des fers laminés permet l'emploi de cornières, de fers en T ou d'autres fers façonnés qui présentent une grande résistance au voilement; quant à la légèreté, ces ponts de la première classe peuvent concourir avec les ponts de quelque système que ce soit; le prix par tonne est aussi convenable, si la construction ne réclame pas l'emploi de fers façonnés trop chers; des barres fortes et de grande longueur peuvent être construites de plusieurs pièces au moyen de fers plats et de cornières.

192. Une des premières constructions sur une grande échelle de poutres lattices à barres rigides a été faite de 1857 à 1859 sous la direction de Mr. de Ruppert pour *les ponts sur l'Eipel et le Gran*, dont une publication détaillée a été faite dans la collection de constructions de ponts métalliques de Mr. L. de Klein, Stuttgart 1860.

Fig. 236.

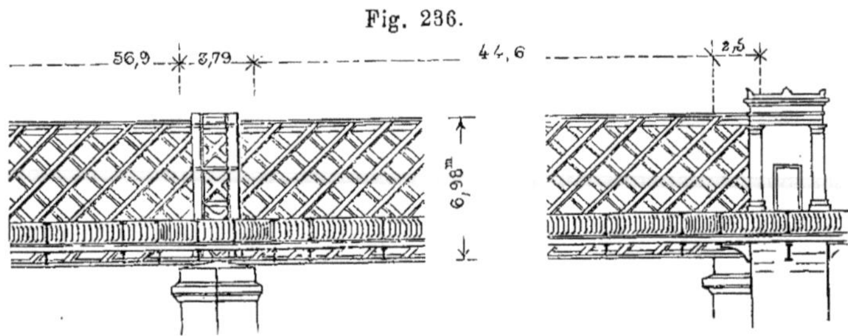

Le pont sur l'Eipel à Szobb, esquissé dans la fig. 236, présente les dimensions longitudinales suivantes:

2 ouvertures extérieures à 44,60ᵐ = . . .	89,20
1 ouverture centrale	56,90
2 piliers intermédiaires à 3,79ᵐ	7,58
Total entre les culées	153,68ᵐ

tandis que la longueur totale de la construction métallique est de 158,68ᵐ.

Les sabots des soutiens sont à-peu-près aussi larges que les piliers eux-mêmes; comme portée dans-œuvre effective, nous avons 57,22ᵐ et 44,92ᵐ, et d'après les règles du N⁰. **16**, nous devons encore ajouter la moitié de la largeur de la surface d'appui, soit 1,73ᵐ et nous obtenons ainsi comme portée entre les soutiens, pour l'ouverture centrale b = 58,96ᵐ, pour les ouvertures extérieures a = 46,65ᵐ, ensorte que le rapport a : b est à-peu-près celui de 4 : 5. Le poids métallique est de 8 quintaux douaniers par pied courant autrichien, soit de 1266 kilogr. par mètre et par voie; ce poids a été un peu dépassé dans l'exécution, ensorte que si l'on ajoute le poids du tablier, y compris les madriers, on peut prendre comme poids total p = 1900 kilogr. par mètre et par voie. — Il a été calculé pour la surcharge 24 quintaux douaniers par pied courant, soit k = 3800 kilogr. par mètre et par voie; dans la table XXII, nous placerons donc $\frac{p}{k} = \frac{1900}{3800} = \frac{1}{2}$ et $\frac{p}{q} = \frac{1}{3}$; les pressions sur les appuis et les moments de flexion principaux sont déjà calculés dans cette table et sont représentés graphiquement dans la planche V. Dans cette dernière représentation, nous voyons que les efforts tranchants maxima ont lieu à droite de la pile B, lorsque les deux premières ouvertures sont chargées; il faut déduire de la somme A + B des pressions sur les appuis, la charge de la première ouverture [en employant l'équation 108ª)] et nous obtenons pour l'effort tranchant maximum à droite de l'appui A, d'après la table XXII:

$$\max \mathfrak{B} = (0{,}2883 + 1{,}0046)\, q\, b - a\, q$$
$$= 5700\,[(1{,}333 \times 58{,}95) - 44{,}42]\ \text{kilogr.} \qquad \left.\begin{array}{c}\\[1.2em]\\\end{array}\right\}\ \cdot\ \cdot\ \text{I.}$$
$$= 190{,}84\ \text{tonnes.}$$

Les $\mathfrak{M}$ et les $\mathfrak{B}$ s'obtiendront d'une manière analogue à l'aide de la table XXII; la détermination préalable des pressions sur les appuis a été faite au moyen des équations 108) et 109).

193. Le pont sur l'Eipel et d'autres ponts construits dans le même genre sont surtout remarquables, en ce que *les barres sont formées de fers en Ω*, comme le montre la figure 237, qui représente la demi-coupe d'une des barres les plus fortes. Supposé que la difficulté plus ou moins grande du laminage des fers soit vaincue, c'est le moment d'inertie Θ, comparé avec la surface de coupe de la barre, qui fera donner la préférence à un profil quelconque, comme l'indiquent les équations 169), 285) et 286).

Dans le calcul des plus fortes barres du pont sur l'Eipel, nous supposons le cas représenté par la fig. 232, où l'on admet une grande rigidité près des nervures tant inférieure que supérieure; dans l'équation 286) nous pouvons donc placer L = ⅓ l et nous obtenons:

$$\mathfrak{B} = \mathfrak{B}_m \left(1 + K\, \frac{\omega\, l^2}{18 \cdot \Theta}\right)\ \cdot\ \cdot\ \cdot\ \cdot\ \text{II.}$$

Les valeurs contenues dans cette équation sont: l = 20′ = 6,32^m, ω = 47,3 cent. carrés; K = 0,00008 d'après la table XI; nous avons déterminé le moment d'inertie Θ d'après la méthode graphique indiquée au N⁰. **17** et nous l'avons trouvé égal à 221^{e4}. — La fig. 237 est une esquisse de cette dernière méthode employée, construite sur une plus grande échelle; les notations et le procédé sont indiqués plus en détail dans le N⁰. **17**.

En remplaçant ces dernières valeurs dans l'équation II., nous obtenons:

$$\frac{\mathfrak{B}}{\mathfrak{B}_m} = 1 + 0,38 = 1,38 \quad \ldots \ldots \quad \text{III.}$$

Fig. 237. Fig. 238.

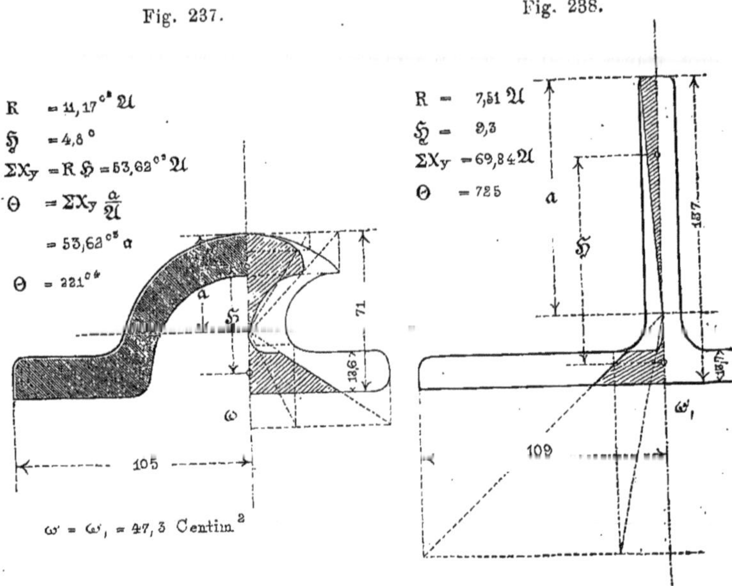

On obtient la pression moyenne des barres en plaçant dans l'équation 290) n = 8; pour déterminer la force maximum dans les barres situées à droite de l'appui B, il faut placer dans l'équation I., max $\mathfrak{B}'$ = max $\mathfrak{B}$ = 190,83 tonnes et sin φ = 0,707 et nous obtenons:

$$\max N = 33717 \text{ kilogr.} \quad \ldots \ldots \ldots \quad \text{IV.}$$

$$\mathfrak{B}_m = \frac{N}{\omega} = \frac{33717}{47,3} = 713 \text{ kilogr.} \ldots \quad \text{V.}$$

En remplaçant ces valeurs dans l'équation II., nous obtenons enfin:

$$\mathfrak{B} = \frac{\mathfrak{B}}{\mathfrak{B}_m} 713 = 984 \text{ kilogr.} \ldots \ldots \quad \text{VI.}$$

Bien que nous ayons employé la ligne de ploiement favorable indiquée par la fig. 232, nous obtenons encore une valeur assez

grande pour la pression maximum, ce qui ne met pas d'opposition
à l'emploi de barres rigides; car pour un fer en $\top$ de même surface
et en employant le même mode de calcul, nous avons trouvé un
moment d'inertie de 725^{c4}, (voir la fig. 238); pour ce profil nous
avons donc $\dfrac{\mathfrak{B}}{\mathfrak{B}_m} = 1 + 0{,}38 \cdot \dfrac{221}{725} = 1{,}116$ et l'on aurait obtenu
$\mathfrak{B} = 1{,}116 \times 713 = 796$ kilogr., résultat tout-à-fait satisfaisant.

On pourrait croire, d'après le résultat favorable obtenu pour
des fers en $\top$, que l'équation II. est fondée sur des considérations
trop avantageuses; mais il faut remarquer que les barres du pont
sur l'Eipel travaillent en réalité sous une pression beaucoup plus
grande que celle donnée par l'équation ci-dessus II.

Sur les piliers intermédiaires, comme le montre la fig. 290, on
a employé des constructions de rigidité en fonte, reliées à leur
partie supérieure par une poutre en fer forgé, lesquelles encadrent
le système lattice en l'empêchant de se déverser; les armatures
verticales sur les piles intermédiaires, contenus dans le système
lui-même et représentés dans la fig. 235 n'ont pas été employés;
aussi, dans l'épreuve du pont qui coïncidait avec la charge maximum mentionnée plus haut, la réaction totale sur les appuis
devait-elle être supportée en entier par 6 barres environ; on peut
se convaincre par un calcul très-simple que la pression était à
la limite de celle qui est encore admissible.

Dans de nouveaux projets, il ne faut employer la courbe de
voilement représentée dans la fig. 232 qu'avec beaucoup de cir-
conspection; en cas de doute, celle de la fig. 231 est préférable
et suivant les cas, il vaut mieux prendre une moyenne entre ces
deux résultats.

194. En même temps que le pont sur l'Eipel, une série de
ponts à poutres lattices furent construits sous la direction de
Mr. Hornbostl pour le chemin de fer de Salzbourg à Vienne;
on employa des deux côtés des fers en $\top$, ces ponts sont remarquables en ce qu'on n'a pas contre-balancé la variation des
forces par un changement de la section des barres elles-mêmes,
mais par une *variation graduelle de l'éloignement des mailles*, en
faisant usage du même profil de barre sur toute la longueur du
pont. La construction est bien simplifiée quant au matériel employé, toutefois cette construction ne se laisse appliquer convenablement que lorsque le tablier est situé à la partie supérieure des
poutres. — Ces ponts se calculent exactement comme d'autres
ponts de cette classe; il n'y a que le nombre n qui varie avec la
distance à la culée.

195. Comme exemple d'un pont à poutres lattices à barres
rigides, de portée moindre, nous prendrons le pont sur la Blau

à Ehrenstein, établi pour le chemin de fer d'Ulm à Sigmaringen, et représenté dans la planche XVI.

Ce pont est biais, les poutres ont 19,8 mètres de longueur et 19,4 mètres de portée entre les appuis. Le système lattice est triple, à barres rigides, en forme de ⊤; la longueur diagonale des mailles est de 1,076 mètre, la distance des entretoises est double, donc de 2,152 mètres; entre les entretoises, construites en poutres à parois pleines, se trouvent des poutrelles en fers à double ⊤, ensorte que la surface inférieure du patin du rail est de 0,63 mètre plus élevée que la surface inférieure de la nervure de la poutre principale.

Ces entretoises ont 0,54 mètre de hauteur; l'épreuve du pont n'a montré qu'une oscillation insignifiante de la paroi du lattice, qui, au-dessus des entretoises, est libre sur une hauteur de 1,44 mètre, et qui n'est rendue rigide que par la résistance transversale des barres elles-mêmes. Le poids métallique, conformément aux dimensions contenues dans la planche XVI, est:

Poutres principales:

$$
\begin{array}{lr}
\text{Nervures, y compris les armatures} & \\
\quad\text{extrêmes} \dots\dots\dots\dots & 9200 \\
\text{Barres} \dots\dots\dots\dots & 4200 \\
\hline
& 13400 \\
\text{Contreventement} \dots\dots\dots & 220 \\
\text{Entretoises} \dots\dots\dots\dots & 7300 \\
\text{Poutrelles} \dots\dots\dots\dots & 2640 \\
\hline
& 23660 \text{ kilogr.}
\end{array}
$$

Le poids métallique pour une longueur $l = 19,4$ mètres, est donc par mètre courant:

$$p' = 36,0\, l + 500 = 1200 \text{ kilogr.}$$

Dans le *calcul* de ce pont, il a été pris comme surcharge celle qui a servi de base à la table XVII[a]; nous en tirons pour une portée de 20 mètres:

$$k = 4660 \text{ kilogr.}; \qquad \frac{k + k'}{2} = 5360 \text{ kilogr.}$$

$$k^1 = 6050 \text{ kilogr.}$$

En ajoutant au poids métallique p' celui du tablier et des madriers, de 300 kilogr. par mètre, nous aurons:

$$p = 1500 \qquad\qquad q_0 = \frac{k + k'}{2} + p$$

$$q = 6160 \qquad\qquad \text{\textquotedbl} = 6850$$

et nous obtiendrons pour 19,4 mètres, de portée:

Moment de flexion maximum au milieu de la poutre:

$$\text{Mmax } \mathfrak{M} = \frac{q\, l^2}{8} = 290,0 \text{ mètres-tonnes.} \qquad \text{I.}$$

Effort tranchant maximum sur la culée:

$$\text{Mmax } \mathfrak{V} = {}^{1}\!/_{2}\, q_0\, l = 66,44 \text{ tonnes} \quad . \quad . \quad . \quad \text{II.}$$

Effort tranchant maximum au milieu de la poutre:

$$\text{max } \mathfrak{V}_{1/_2 l} = \frac{k^1\, l}{8} = 14,67 \text{ tonnes} \quad . \quad . \quad . \quad \text{III.}$$

Pour *une* poutre, il faut réduire ces valeurs de moitié et nous obtenons d'après l'équation 289), pour les *nervures au milieu de la poutre:*

$$O = U = \frac{\text{max } \mathfrak{M}'}{\mathfrak{H}} = \frac{145,000}{1,94} = 64,7 \text{ tonnes} \quad . \quad . \quad . \quad \text{IV.}$$

Fig. 239.

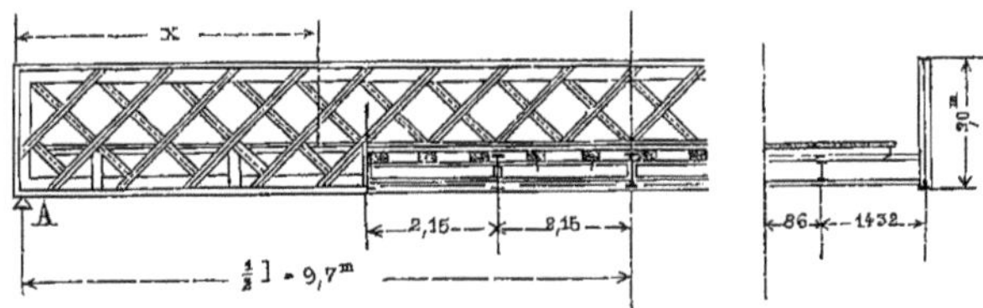

La section qui doit supporter cette force dans les nervures, se compose de:

3 feuilles horizontales, chacune de
200ᵐᵐ de longueur,
et de 10ᵐᵐ d'épaisseur,

$\qquad\qquad\qquad\qquad\qquad$ 60,0 cent. carrés,

2 cornières, chacune de 90ᵐᵐ de longueur d'aile,
et de 11,5ᵐᵐ d'épaisseur,

$\qquad\qquad\qquad$ . . . . . 38,7 " "

1 table verticale 286ᵐᵐ de longueur,
et de 11ᵐᵐ d'épaisseur,

$\qquad\qquad\qquad$ . . . . . 31,5 " "

$\qquad\qquad\qquad\qquad\qquad$ 130,1 " "

à déduire:
2 rivets au travers des feuilles horizontales

$\qquad\qquad\qquad$ 2 × 2,0 × 4,1 = 16,4 " "

$\qquad\qquad\qquad\qquad$ reste 113,8 " "

d'où résulte comme tension maximum dans les nervures, $\mathfrak{A} =$ 656 kilogr.

La force maximum *dans les barres* s'obtient à l'aide de la formule 290):

$$\begin{aligned} \mathrm{N} \sin \varphi &= \frac{1}{n}\, \mathfrak{B}' \\[2mm] \mathrm{N} &= \frac{1}{3} \cdot \frac{1}{0{,}707} \cdot 33220 = 15662 \text{ kilogr.} \end{aligned} \right\} \quad \dots \quad \text{V.}$$

La section ω de la plus forte barre, est de 31 cent. carrés, donc:

$$\mathfrak{B}_{\mathrm{m}} = \frac{\mathrm{N}}{\omega} = 502 \text{ kilogr.} \quad \dots \quad \text{VI.}$$

la longueur libre d'une barre est de 1,4 mètre, la hauteur de la section de 0,1 mètre, donc le rapport de la table XIV $\dfrac{\mathrm{L}}{\mathrm{H}} = 14$, d'où résulte $\dfrac{\mathfrak{B}}{\mathfrak{B}_{\mathrm{m}}} = 1{,}2$; la *pression* maximum serait donc de 602 kilogr. (Le moment d'inertie ne doit pas être doublé comme le suppose l'équation 286), vu le petit nombre des points de croisement.)

Dans le calcul de la *tension maximum* des barres, il faut encore faire déduction de deux logements de rivets, ensorte que la section est réduite à 25 cent. carrés; la tension se calcule à l'aide de l'équation V.:

$$\mathfrak{A} = \frac{\mathrm{N}}{\omega} = \frac{15662}{25} = 627 \text{ kilogr.} \quad \dots \quad \text{VII.}$$

Les tensions et les pressions des barres sont encore modifiées par le report du poids du tablier sur les nervures. Pour une double longueur de maille, ce poids est égal à 2,15 (k′ + F), où il faut placer k′ = 6050, F = 500 + 300 = 800 kilogr.; cette portion de poutre est donc chargée de 7364 kilogr., dont la moitié est transmise dans 4 barres; l'une d'elles supporte donc 921 kilogr., charge qui augmente ou qui réduit la force agissant dans la barre, de $921 \cdot \dfrac{1}{\sin \varphi} = 1300$ kilogr.; la réduction de cette force a lieu pour les barres comprimées et l'augmentation pour les barres soumises à la tension; la valeur N dans l'équation V., devient pour ce cas égale à 16962 kilogr. et la tension maximum dans les barres est de $\dfrac{16962}{15662}\, 627 = 677$ kilogr.

Cette modification de la force dans les barres est surtout appréciable au milieu du pont; si l'on remplace la valeur $\mathfrak{B}$ dans l'équation III. ci-dessus, il résulte de l'équation 290):

$$N \sin \varphi = \frac{1}{n} \mathfrak{B}' = \frac{1}{n} . 7335 \text{ kilogr.} \left. \right\} \quad . \ . \ \text{VIII.}$$

$$N = 3458 \text{ kilogr.}$$

à ces 3458 kilogr. il faut ajouter les 1300 kilogr. qui résultent du report des poids du tablier; la section d'une barre, au milieu du pont, est de 24 cent. carrés et après déduction de 2 rivets, de 19,6 cent. carrés, d'où résulte comme tension maximum au milieu de la poutre $\dfrac{3458 + 1300}{19,6} = 243$ kilogr. Les barres soumises à la compression ne sont que peu chargées au milieu du pont, puisqu'il faut faire déduction de 1300 kilogr. pour la force qui agit dans les barres.

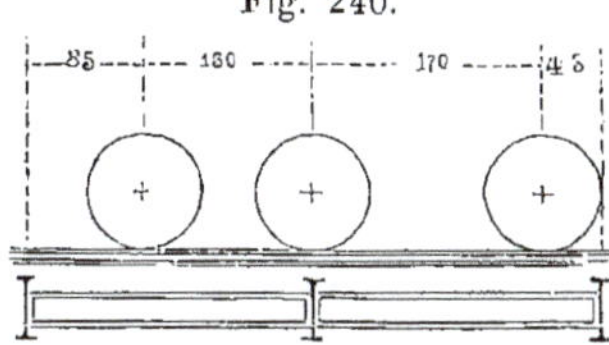
Fig. 240.

La fig. 240 indique la position la plus défavorable de la locomotive quant au chargement des *entretoises*; d'après cette figure, l'entretoise du milieu est chargée de:

$$12000 \left(1 + \frac{85 + 45}{215} \right) = 19265 \text{ kilogr.}$$

et, pour chaque articulation chargée, $P_{\prime}$ est égale à 9632 kilogr.; il faut encore ajouter le poids du tablier $P_{\prime\prime} = 300 . 2,15 = 630$ kilogr.: on a donc $P = P_{\prime} + P_{\prime\prime} = 10262$ kilogr.; d'après la table XXVIII, fig. 95, le moment de flexion $\mathfrak{M}$ pour un point chargé est de:

$$\mathfrak{M} = P \lambda = 10262 \times 1,43 = 14,675 \text{ kilogrammètres} \quad . \ \text{IX.}$$

Ce moment, remplacé dans l'équation 158), fournit comme *tension maximum dans les nervures des entretoises*:

$$\mathfrak{A} = 14675 \frac{H}{\mathfrak{H}_0{}^2} \frac{1}{(\Omega + {}^{1}/_{6} \delta \mathfrak{H}_0)} \quad \cdots \cdots \quad \text{X.}$$

D'après la planche XVI, il faut placer dans cette équation $H = 53,6^c$, $\mathfrak{H}_0 = 49^c$, $\delta = 9,0$, tandis que la section des nervures ω se compose:

d'une table horizontale $20,0 \times 1,0 = $ . . 20,00 cent. carrés,
de 2 cornières, chacune de $9,0^c$ de longueur
d'aile et de $1,15^c$ d'épaisseur 38,60   „   „

                                        58,7   cent. carrés.

à déduire, pour 2 rivets 7,3   „   „

                         reste   51,5   cent. carrés.

Ces valeurs, remplacées dans l'équation X., fournissent comme tension maximum dans les nervures $\mathfrak{A} = 558$ kilogr.

§ 21.

Ponts à poutres lattices, à barres en fers méplats et à montants verticaux.

196. A l'époque où l'on ne construisait pas encore des ponts à poutres lattices à grandes mailles et à barres rigides, on cherchait à rendre rigide la construction, composée en entier de fers plats, à l'aide d'armatures ou de montants verticaux qui servaient ordinairement à l'attache du tablier. Lorsque la distance entre les montants verticaux est notablement plus faible que la hauteur du lattice, toutes les barres comprimées ont à subir à-peu-près également l'influence de ces verticales; les règles données dans le N°. **189** sont directement applicables, la distance d_0 des verticales étant décisive pour la longueur libre des barres; dans l'équation 206) on placera $l = d_0 \dfrac{1}{\cos \varphi}$. Il résulte de ce que nous venons de voir, que la rigidité des barres comprimées est d'autant plus grande que les montants verticaux sont plus rapprochés, car non-seulement la longueur libre de la barre est diminuée, mais aussi le report d'une partie de la force des barres sur les verticales se fait d'une manière plus uniforme. — Pour que les montants verticaux n'absorbent pas trop de matière, il est nécessaire que leur section perpendiculaire à la paroi du lattice soit d'une hauteur aussi grande que possible; l'arrangement que montre la fig. 241, où les cornières employées sont assemblées à la paroi avec leurs ailes de faible largeur et fournissent ainsi avec leurs autres ailes une hauteur h assez notable, est moindre que l'arrangement indiqué par la fig. 242, lequel, à poids égal, présente un moment de résistance beaucoup plus grand contre le déversement de la paroi, en même temps qu'une plus grande surface pour l'attache des entretoises.

Fig. 241.

Fig. 242.

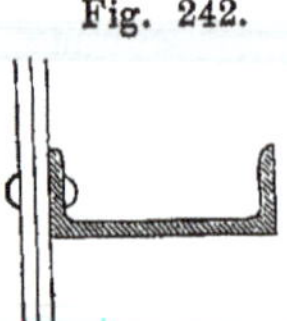

Dans la plupart des cas, les ponts à poutres lattices dont nous parlons ont des nervures horizontales rectilignes; donc — supposé un emploi rationnel des montants verticaux, — on peut employer en général les formules 299)—302); dans la formule 302), il faut appliquer l'équation 169) pour la détermination du rapport $\mathfrak{B} : \mathfrak{B}_m$, mais dans les formules 300) et 301), l'équation 286). Dans ces deux cas, puisqu'on suppose les barres rectangulaires, la table XIV peut être employée avec avantage.

Remarque. Si l'on veut se servir de la table XIV pour l'équation 286), il faut remplacer $1 + K \dfrac{\omega\, l^2}{8\,\Theta}$ par $1 + K \dfrac{\omega\,{}^{1/2}\,l^2}{2\,\Theta}$ et les valeurs $\mathfrak{B}_m : \mathfrak{B}$ obtenues par la table XIV doivent subir une correction par l'emploi du double moment d'inertie; par exemple $\dfrac{1}{1,86} = \dfrac{1}{1 + 0,86}$ fournit, si l'on prend le double moment d'inertie, $\dfrac{1}{1 + 0,43} = \dfrac{1}{1,43}$.

Si l'on détermine N_x d'après l'équation 300 pour une barre soumise à la tension, et T_x d'après l'équation 301) pour la tige comprimée symétrique, les équations

$$\mathfrak{A} = \frac{N_x}{\omega} \quad \ldots \ldots \ldots \quad 303)$$

et:

$$\mathfrak{B} = \frac{\mathfrak{B}}{\mathfrak{B}_m} \cdot \frac{T_x}{\omega} \quad \ldots \ldots \ldots \quad 304)$$

donnent chacune, pour $\mathfrak{A}$ ou pour $\mathfrak{B}$, des valeurs égales, puisque nous avons supposé le même maximum d'effort des barres tant pressées que comprimées, vu l'influence exercée par les montants verticaux.

197. La méthode que nous venons d'indiquer se modifie lorsque la distance des montants verticaux est à-peu-près égale à la hauteur du lattice ou même un peu plus grande. Dans de pareils cas, comme le montre la fig. 243, les barres qui forment la diagonale du panneau compris entre les nervures et les verticales, ne peuvent pas supporter un effort de compression aussi grand que les autres barres, tandis que la diagonale opposée, soumise à la traction, travaille

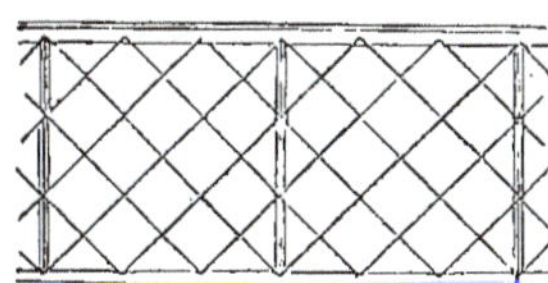

Fig. 243.

davantage; pour chaque paire de barres, on pourrait développer le rapport $\mathfrak{B} : \mathfrak{B}_m$, et l'effort que supportent les barres serait donné par celui des tiges diagonales qui ont à supporter la tension maximum égale à la pression maximum; mais il faut ajouter qu'un changement de forme de tout le lattice produit un effort extraordinaire dans les diagonales tirées, dont la tension est encore plus élevée que l'effort calculé d'après la formule 300). — Des systèmes pareils se trouvent dans des conditions défectueuses qui doivent les faire rejeter, aussi ne les emploie-t-on presque plus.

On remédie à cet inconvénient en employant des verticales entre les montants principaux; souvent on a cherché à améliorer ce système de lattices en construisant les barres diagonales comprimées en fers en T. On arrive ainsi à introduire dans le lattice un élément rigide et de plus à décharger fortement la barre diagonale tirée, comme le montrent plus en détail les équations 300) et 301).

La construction de pareils systèmes peut être avantageuse, mais le calcul se complique puisqu'il faut écrire l'équation 301) pour chaque paire de barres séparément et qu'il faut déterminer une valeur moyenne $\mathfrak{B} : \mathfrak{B}_m$ pour l'introduire dans l'équation 302).

198. Le *pont sur la Vistule à Dirschau* est de tous les ponts à poutres lattices celui qui a la plus grande portée; il se compose de:

6 ouvertures	à 121,1^m	=	726,60^m
5 piles intermédiaires	à 9,73^m	=	48,65^m
2 culées extrêmes	à 31,0^m	=	62,00^m
			837,25^m

Les poutres étant continues sur deux travées, on a pour ainsi dire 3 ponts séparés successifs.

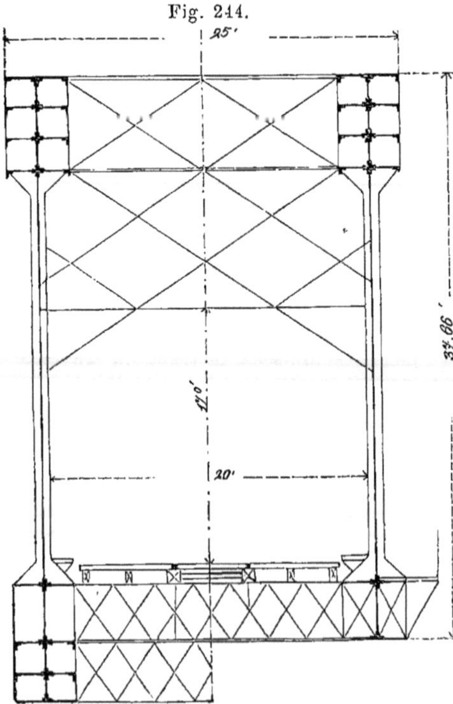

Fig. 244.

Les barres sont formées de fers plats de même section tant pour la traction que pour la pression; des montants verticaux se trouvent de 6 en 6 pieds, soit 1,88^m; on peut donc employer les règles indiquées au N°. **195**. — Le pont est construit pour une seule voie, mais il sert en même temps comme pont de route (voir la fig. 244); la distance des deux parois du lattice a été choisie de manière que deux chariots puissent se croiser lorsque la voie est libre; la portée dans œuvre en coupe transversale du pont, est de 20 pieds soit 6,27^m.

D'après les données énoncées plus haut, la surcharge est celle d'un pont à une voie de chemin de fer, de 2128 livres anciennes par pied courant, soit de 3170 kilogr. par mètre; l'effort maximum ne doit pas dépasser 10,000 livres par pouce carré, soit 684 kilogr. par centimètre carré.

Le poids propre de la construction est, selon les indications, de 6160 livres par pied courant, soit de 9180 kilogr. par mètre (donc $p : q = 3 : 4$); ce poids est notablement plus fort que celui fourni par l'équation 103) pour 121^m d'ouverture, bien que des ponts à poutres continues puissent toujours être un peu plus légers. Ce surcroît de poids résulte en partie du système de la construction, mais il provient surtout d'autres circonstances.

D'un côté la largeur du pont et par cela même le poids du tablier sont plus grands qu'il ne le faut pour *une voie*, à cause du passage des chariots; (cette largeur était en partie indispensable vu la longueur du pont;) aussi le poids du contreventement a-t-il été relativement lourd.

Une seconde particularité est fournie par la correction que doit subir l'équation 103) pour de grandes ouvertures. Cette formule est fondée sur la supposition que le poids total $(p + k)$ soit à-peu-près constant par unité de longueur, comme cela a lieu d'après les tables XVII et XVII^a pour des ponts compris entre 10 et 60 mètres d'ouverture; pour des portées plus grandes, la surcharge reste à-peu-près la même (ou ne diminue que peu) tandis que le poids propre de la construction, calculé d'après l'équation 103), augmente rapidement; pour des ouvertures aussi considérables, il faut augmenter le coefficient C de l'équation 103) et cela d'autant plus que, par une augmentation de ce coefficient, le poids propre p, donc aussi la valeur $q = p + k$ augmentent. Cette dernière remarque est valable pour tous les ponts, tandis que l'augmentation du poids, par suite d'une plus grande largeur réclamée pour de grands ponts, disparaît pour des ponts à double voie, puisque ce poids, réparti sur deux voies, ne dépasse par les conditions normales; lorsque ces ponts pour deux voies ne sont formés que de deux fermes, il en résulte encore l'avantage toujours procuré par la construction de deux poutres au lieu de trois ou de quatre qui auraient à supporter la même charge; cette épargne en matière est notablement plus grande que l'augmentation du poids des pièces de pont et du contreventement supérieur, nécessité par la grande distance des deux fermes qui supportent deux voies.

199. La *section des nervures* du pont de Dirschau est en forme de cellules, elle résiste bien à la pression et permet l'emploi facile de couvre-joints; mais d'un autre côté, l'arrangement des cellules et la grande hauteur des poutres nécessitent un assez grand surcroît de matière.

La tension maximum dans les nervures devait rester constante sur toute la longueur du pont; à cet effet, la section des nervures varie avec les moments de flexion, la largeur des feuilles des tables varie entre 0,39 et 1,41 mètre, leur épaisseur entre 20 et 16^{mm}. Les nervures sont renforcées sur les piles, car nous voyons à l'aide de la planche IV, que le moment de flexion $\mathfrak{M}$ y augmente rapidement; à ces endroits, il a été ajouté d'autres cellules et en même temps la hauteur du lattice a été augmentée de 4 pieds soit de $1,26^m$; par suite de cette augmentation de hauteur, la distance des centres de gravité des nervures sur les piles est de $10,90^m$, tandis qu'elle n'est que de $10,28^m$ sur les autres parties du pont.

Les *montants verticaux* représentés par la fig. 241 sont distants entre eux de 6 pieds soit de 1,88 mètre, ensorte qu'il faut introduire comme longueur 1 des tiges, $d : \cos 45^0 = 2,67^m$. — La section des tiges varie avec l'effort tranchant, de 131^{mm} et 26^{mm} jusqu'à 80^{mm} et 13^{mm}; la distance en diagonale des mailles est de 2 pieds $= 0,628^m$; chaque coupe verticale est rencontrée par 32 barres; sur les piles, où, d'après la table XX:

$$\mathfrak{B} = 0,625 \ q b = 0,625 \ (3170 + 9180) \ 121,1 = 934,75 \ \text{tonnes,}$$

donc $\mathfrak{B}' = 467,37$ tonnes, nous trouvons par l'emploi de l'équation 300):

$$N_x \sin \varphi = \frac{2}{32} . 467370 \ \frac{\mathfrak{R}}{\mathfrak{B} + \mathfrak{B}_m} \quad . \quad . \quad . \quad . \quad \text{I.}$$

d'après l'équation 286), on a:

$$\mathfrak{B} = \mathfrak{B}_m \left(1 + 0,00008 \ \frac{\omega \, 1^2}{8 \, \Theta} \right) \quad . \quad . \quad . \quad . \quad \text{II.}$$

où il faut placer:

$$\omega = 13,1 + 2,6 = 34 \ \text{cent. carrés,}$$
$$1 = d : \cos \varphi = 267 \ \text{cent.,}$$
$$\Theta = {}^1/_{12} \ b \, h^3 = 19,187 \ c^4,$$

et l'on obtient:

$$\mathfrak{B} = 2,264 \ \mathfrak{B}_m \quad . \quad . \quad . \quad . \quad . \quad . \quad . \quad . \quad \text{III.}$$

Il résulte des équations I. et III.:

$$N_x = 30045 \ \text{kilogr.} \quad . \quad . \quad . \quad . \quad . \quad . \quad . \quad \text{IV.}$$

et:

$$\mathfrak{A} = \frac{N_x}{\omega} = \frac{30045}{34} = 884 \ \text{kilogr.} \quad . \quad . \quad . \quad \text{V.}$$

Cette tension est encore augmentée si l'on tient compte de la déduction pour les rivets. D'après les considérations de la fin du N°. **189**, on peut regarder la pression $\mathfrak{B}$ maximum comme étant d'égale valeur.

200. La construction du pont sur la Vistule à Dirschau fut suivie de celle du *pont sur le Rhin à Cologne*, livré à la circulation en 1860. Ce pont a 4 ouvertures, chacune de 98,22^m de portée et les poutres sont continues sur deux travées; à côté du pont de chemin de fer à deux voies, il se trouve un pont de route de 8,47^m de largeur dans-œuvre, comme le montre plus en détail la fig. 245.

Fig. 245.

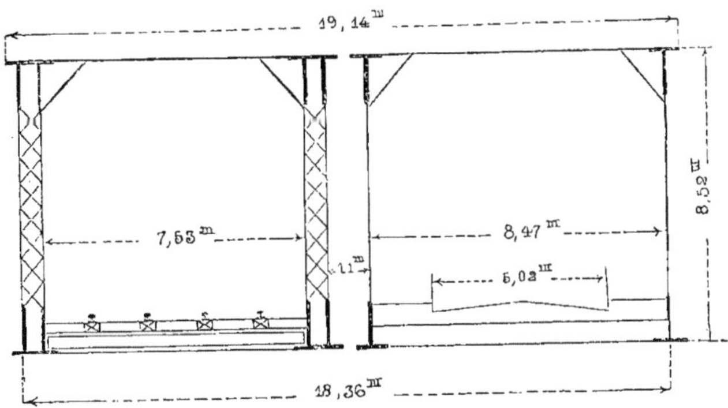

Ce pont a été décrit dans la „Zeitschrift für Bauwesen“ de Berlin, année 1863. Le poids propre de la construction métallique y est indiqué comme suit:

Table LVII.

N°.	Objets	Pont de chemin de fer.		Pont de route.	
		Kilogr.	Kilogr.	Kilogr.	Kilogr.
1.	Pièces de ponts	344257		174493	
2.	Contreventement supérieur .	86238		86460	
3.	Tiges horizontales du lattice	41516		44852	
4.	Nervures	1269744		119021	
5.	Tiges des fermes principales	684784		383939	
6.	Montants verticaux des fermes principales	342246	2768787	307212	1715983

La longueur totale de la constrution métallique est de 415^m, et nous obtenons comme poids pour une portée de 98,12^m,

pour le pont de chemin de fer, *par voie*:
$$p' = 27,91 + 420 = 3336^k,$$
pour le pont de route de 8,4^m de largeur:
$$p' = 37,81 + 422 = 4135^k.$$

201. Le poids ci-dessus indiqué pour le pont sur le Rhin à Cologne est notablement plus faible que celui du pont sur la Vistule à Dirschau; bien que la portée ne dût fournir qu'une différence de 1000—1200 kilogr. par mètre et par voie, cette différence est en réalité d'environ 5800 kilogr., ensorte que le poids du pont sur le Rhin, réduit à la plus grande portée du pont à Dirschau est en poids, par mètre courant, toujours de moitié plus léger que ce dernier. — La raison doit en être cherchée en ce qu'un pont pour double voie peut être construit plus avantageusement et encore en ce que quelques particularités désavantageuses pour le pont à Dirschau ne se sont pas reproduites pour le pont sur le Rhin.

La largeur en diagonale des mailles a été choisie plus grande (0,785^m); dans le même panneau, les barres comprimées ont été construites plus fortes et surtout plus épaisses que les barres tirées. La distance des verticales, de 1,88^m dans le pont de Dirschau, n'est ici que de 1,57^m et a été réduite à 0,785^m près des appuis; les barres du pont sur le Rhin se trouvent donc dans des conditions beaucoup plus avantageuses que celles du pont sur la Vistule, qui ont servi au calcul dans le N°. **199**.

Une nouvelle disposition dans le pont sur le Rhin est celle d'un *double lattice*, qui permet l'emploi de montants verticaux rigides sans une augmentation bien grande de matière; ces montants consistent eux-mêmes en un lattice renfermé entre les deux parois du lattice double; on a fait le reproche à ce double lattice, que la première paroi devait supporter une trop grande partie de l'effort tranchant $\mathfrak{V}$; mais comme la force dans les barres dépend de la différence des forces dans les nervures (voir l'équation 173), il faudrait pouvoir démontrer que les nervures sont soumises à des tensions différentes; pour le pont de Cologne, le lattice intérieur sur les piles sera plus fatigué par la raison qu'en ces points les nervures ne sont pas symétriques (fig. 246) et que par suite les nervures intérieures ont à supporter une plus grande partie de la différence des forces dans les nervures. Dans le poids du tablier, de 420 kilogr. par voie, il faut remarquer que celui des longrines-sous-rails n'y est pas compris parce qu'elles sont en bois.

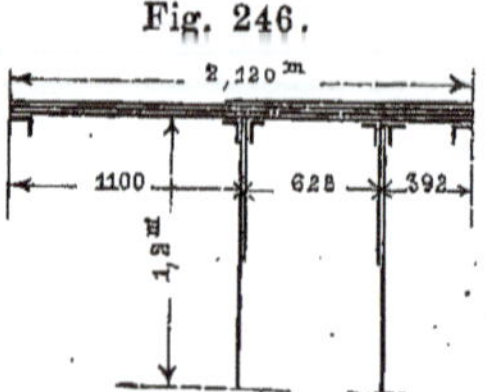

202. Le pont de route est construit plus légèrement que le pont de chemin de fer, le poids, pour 8,47^m de largeur, étant assez faible. — Les entretoises sont surtout fort légères et d'après les données de la „Zeitschrift für Bauwesen" de Berlin leur ploiement sous les charges est de 2^1/2 à 4^{mm}; ce ploiement des entretoises est transmis nécessairement sur la paroi du latice et produit ainsi des oscillations, qu'on peut très-bien observer lors du passage de chariots; la même publication dit à cette occasion: „Ces mouvements ont pu être observés et mesurés très-exactement à l'aide du pont de chemin de fer et l'on a pu découvrir que ce mouvement, pour la forte armature rivée directement aux entretoises (voir fig. 247), est toujours de grandeur à-peu-près égale au ploiement des entretoises, tandis que les cornières simples, placées entre deux entretoises subissent une flexion à-peu-près double; cette dernière a été mesurée jusqu'à 4^1/2 lignes (10^{mm})."

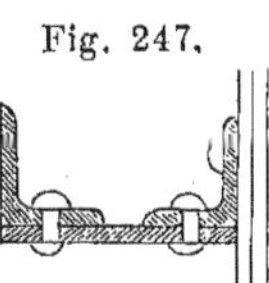

Fig. 247.

La distance des entretoises est de 10 pieds soit de 3,138^m; c'est seulement en ces points que viennent s'attacher les verticales indiquées par la fig. 245; entre ces deux verticales sont assemblées des cornières simples, qui n'augmentent guère la rigidité de la paroi du lattice de 8,52 mètres de hauteur.

Le tablier, dans le pont de route, est aussi construit en bois, à l'exception des entretoises (d'où provient le poids faible du tablier); sur les poutres de pin, de 182^{mm} de hauteur, repose une couche inférieure de madriers de pin imprégnés de créosote et vient ensuite une couche supérieure de madriers de 65^{mm} d'épaisseur, qui ne dura au commencement que 1^1/2 à 2 ans; il faut remarquer que plus tard, en 1862, des madriers de hêtre étaient encore intacts après avoir avoir servi 1^1/2 an.

§ 22.

Poutres lattices, à barres rigides et à tiges en fers méplats.

203. Une grande partie des barres d'un lattice n'étant soumise qu'à la traction, surtout pourdes poutres reposant librement sur deux appuis, on peut faire usage, pour ces barres, de fers plats, peu coûteux et commodes; pour les barres qui doivent subir un effort de compression, il faut employer des constructions de rigidité spéciales qui les protégent contre le voilement. Ces ponts se rapprochent du système de treillis symétriques, multiples, et peuvent être calculés d'après les mêmes formules que ces derniers, dès qu'on connaît la longueur libre L à introduire dans la formule 169) pour déterminer la résistance à la flexion de cette pièce.

Si l'on considère ces ponts comme ponts à poutres lattices — ce qui est plus simple pour le calcul et suffisamment exact quant aux sections obtenues — au lieu de l'équation 168), on peut employer l'équation plus précise 285); du reste, les règles du N°. **188** et en particulier les équations 287)—290) peuvent être appliquées; comme ces ponts sont généralement à nervures rectilignes, les équations 289), 290), 166) à 168) et 285) suffiront en général pour trouver les dimensions des sections.

En employant les notations indiquées au N°. **188**, nous avons *pour des fermes lattices, à nervures rectilignes horizontales, à barres rigides et à tiges en fers plats* :

Effort de tension dans une section quelconque de nervure soumise à la traction :

$$\mathfrak{A} = \frac{\mathfrak{M}'_x}{\mathfrak{H}_x} \cdot \frac{1}{\Omega_x} \quad \ldots \ldots \quad 305)$$

Effort de compression dans une section quelconque de nervure soumise à la pression :

$$\mathfrak{B} = \mathfrak{B}_m = \frac{\mathfrak{M}'_x}{\mathfrak{H}_x} \cdot \frac{1}{\Omega_x} \quad \ldots \ldots \quad 306)$$

En prenant $\mathfrak{B} = \mathfrak{B}_m$, nous supposons que la distance des articulations du système ne soit pas d'une grandeur telle que la nervure doive résister à la flexion, car, dans ce dernier cas, il serait préférable de calculer le pont comme un treillis.

Effort de tension dans une barre quelconque N_x (ou T_x) *soumise à la traction*, dont le milieu est indiqué par l'abscisse x :

$$\mathfrak{A} = \frac{1}{n} \cdot \mathfrak{B}'_x \cdot \frac{1}{\sin \varphi} \cdot \frac{1}{\omega} \quad \ldots \quad 307)$$

Effort de compression maximum dans une barre quelconque T_x (ou N_x) *soumise à la pression*, dont le milieu est indiqué par l'abscisse x :

$$\mathfrak{B} = \frac{1}{n} \cdot \mathfrak{B}'_x \cdot \frac{1}{\sin \varphi} \cdot \frac{1}{\omega} \cdot \left(1 + K \frac{\omega l^2}{4 \Theta}\right) \cdot \quad 308)$$

dans cette équation, l indique la longueur totale de la tige comprise entre le milieu des lignes des nervures.

Pour les tiges soumises alternativement à la tension et à la pression, il faut employer en général l'équation 308); en tout cas il faut que ces barres soient *rigides*, lors même qu'elles réclament une section plus grande pour résister à la traction que pour supporter la pression. — Pour des poutres continues de faible ou de moyenne portée, où la plus grande partie des barres sont soumises alternativement à la traction et à la pression, il est souvent avantageux de munir la poutre en entier de barres rigides qu'on calculera d'après le § 20; ces dernières ont encore l'avantage que la rigidité des barres tirées vient renforcer la résistance à la flexion des barres comprimées. —

D'un autre côté, des poutres construites avec des tiges comprimées de forme différente ont l'avantage que, lorsque ces tiges réclament une section un peu grande, elles peuvent être construites de plusieurs pièces et qu'elles sont peu coûteuses, vu la simplicité des fers employés.

204. Le pont de *Drogheda* sur le *Boyne* (côte orientale de l'Irlande) est un excellent spécimen de cette classe de ponts à poutres lattices; ce pont a été livré à la circulation en 1855; il se distingue par un emploi rationnel de la matière, par une grande légèreté, et par un mode singulier de rendre rigides les barres comprimées. Les notices suivantes sont tirées d'une publication de Mr. Lohse dans la „Zeitschrift für Bauwesen" de Berlin, 1855; cette publication indique comme constructeurs du pont Sir John Macneill et Mr. James Barton.

Le pont, pour double voie, se compose de deux fermes représentées dans la fig. 248; chacune d'elles est formée d'une

Fig. 248.

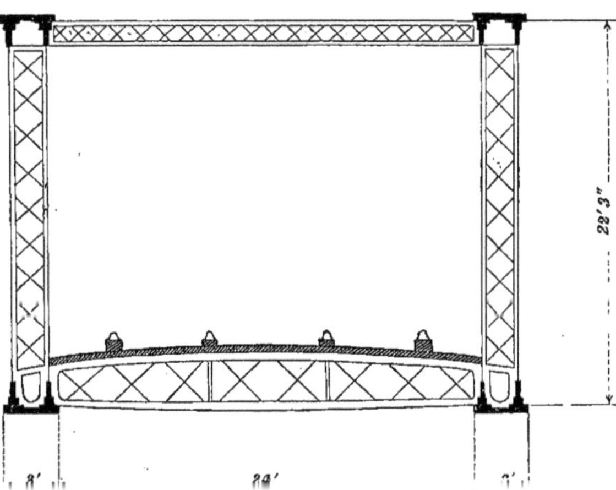

double paroi lattice, et la rigidité des barres comprimées est obtenue par l'attache de deux tiges placées l'une vis-à-vis de l'autre, qui, à l'aide de cornières et d'un léger treillis, forment une seule barre rigide; on n'a pas employé de montants verticaux (hormis les armatures verticales sur les culées), ensorte que la tension des barres tirées peut être calculée exactement d'après l'équation 307.

Ce pont a 3 ouvertures franchies au moyen de poutres continues; les portées sont:

Ouverture centrale, entre les milieux des piles:
$$267' \text{ anglais} = 81,38^{m}$$
2 ouvertures extérieures, chacune de 140' 11'' $= 85,90^{m}$

Total 167,28^{m}

Au-dessus des appuis, les barres reposent sur une seule armature verticale de 0,915^{m} de largeur et de longueur égale, — aussi dans l'emploi de la théorie de la ligne élastique ne pouvait-il exister aucun doute sur la portée à introduire dans le calcul, et les sections des nervures ont été choisies conformes aux moments de flexion que la fig. 249 indique plus en détail. — La variation

Fig. 249.

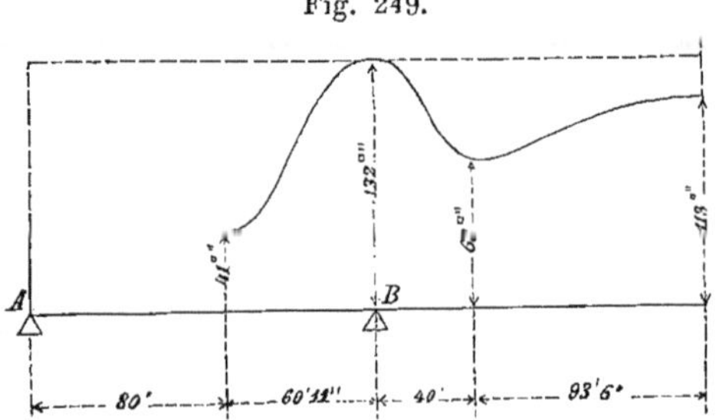

des coupes a pu avoir lieu d'une manière assez régulière, parce que les tables horizontales ont été choisies de faible épaisseur, descendant même jusqu'à 6 et 5^{mm}. — On calcule les moments de flexion d'après l'équation 109), après avoir obtenu d'après l'équation 124) les pressions sur les appuis pour la surcharge adoptée. Quelques-unes de ces valeurs de $\mathfrak{M}$ sont contenues d'une manière approximative dans la table XXIV pour le rapport a : b = $\dfrac{1}{2}$.

Les constructeurs ont adopté le mode de charge représenté graphiquement dans la planche V et indiqué dans le N°. **78**; il a été constaté par l'enlèvement de rivets et par l'observation de joints correspondants que les points d'inflexion de la ligne élastique (pour lesquels $\mathfrak{M}$ = o) se trouvaient bien exactement dans ces points calculés; il est permis de croire que, dans le calcul de l'élastique, il a été employé un moment d'inertie constant sur toute la longueur d'une travée; d'après les recherches faites sur ce pont, cette supposition n'a pas fourni un grand changement dans la position des points d'inflexion, bien qu'en réalité les sections des nervures soient variables.

Le *poids propre* de la travée du milieu indiqué dans le rapport de Mr. Lohse est de 1,446 tonne par pied courant, soit de 4820 kilogr. par mètre, donc de 2410 kilogr. par mètre et par voie ; ce poids est formé : de celui

des nervures . . . . 1340 kilogr.
des verticales et des barres du lattice   517   „
des armatures sur les appuis . .   155   „
du contreventement supérieur . .   42   „
du contreventement inférieur . .   68   „
                                  —— —
                                         2122
                                          288

                        Total   2410 kilogr.

Le *poids propre de la construction métallique*, par mètre courant de voie est donné pour la travée du milieu de 81,4^m de portée par la formule :

$$p' = 26\,l + 290 = 2406 \quad . \quad . \quad . \quad . \quad \text{I.}$$

Il faut remarquer que le faible poids du tablier provient de ce que les longrines qui supportent les rails sont en bois, ensorte que leur poids n'entre pas dans celui indiqué ci-dessus. Ces longrines, ainsi que des madriers en chêne, peuvent représenter un poids de 400 kilogr. par mètre, celui des rails et accessoires de 80 kilogr. par mètre de voie, ensorte que comme poids total on obtient :

$$p = 26\,l + 770 = 2886 \text{ kilogr.} \quad . \quad . \quad . \quad \text{II.}$$

Comme surcharge k, il a été pris 1 tonne par pied courant de voie, soit 3334 kilogr. par mètre ; d'où résulte comme *charge totale* q — p + k — 6220 kilogr.

205. L'équation 308) admet que les barres sont suffisamment reliées entre elles et rigides dans le sens longitudinal de la paroi du lattice parce que la largeur des barres est le plus souvent dans une proportion favorable avec la distance des mailles (voir la remarque sur l'équation 285) ; l'équation 308) suppose donc que le moment d'inertie soit calculé perpendiculairement à la paroi verticale du lattice ; les barres comprimées du pont Drogheda-Boyne, formant elles-mêmes un lattice, sont, dans cette direction, d'une résistance suffisante, car leur hauteur, perpendiculaire à la paroi, est à-peu-près le $^1/_{12}$ de la longueur totale de la barre.

D'un autre côté, vu *la grande distance des panneaux de 2,25^m*, il faut considérer *le ploiement des barres du lattice dans le plan de la paroi verticale* ; c'est pourquoi on a fait plusieurs recherches

II.   11

spéciales en chargeant directement une poutre lattice de même longueur et de même hauteur que les barres comprimées employées; à des distances qui correspondaient aux points de croisement des barres, cette pièce était retenue par des attaches transversales qui pouvaient se mouvoir librement dans le sens longitudinal, mais qui ne permettaient pas de mouvement transversal; cette poutre lattice se trouvait donc dans une position analogue à celle des barres comprimées de la poutre principale; comme la résistance au ploiement dépendait principalement de la largeur des tiges du lattice, il n'a été employé, dans ces recherches que des tiges plus faibles n'ayant que 4 pouces (102^{mm}) de largeur; on obtint une résistance à la rupture de 11 tonnes par pouce carré anglais; toutefois Mr. Barton crut pouvoir compter sur 14 tonnes par pouce carré, soit sur 2200 kilogr. par centimètre carré, vu que la rupture eut lieu en un point faible de la poutre; cette résistance est à-peu-près les $^2/_3$ de celle à la compression, ensorte qu'on peut admettre que pour les fortes tiges d'une largeur de 266^{mm}, le rapport $\dfrac{\mathfrak{B}}{\mathfrak{B}_m}$ est très-favorable; les barres plus faibles, qui ne sont que peu chargées par unité carrée (surtout parce que le tablier est situé à la partie inférieure des poutres), donnent sensiblement la limite du rapport qui doit être employé entre la distance des mailles et la largeur des tiges; il résulte donc que la distance entre les croisements des barres mesurée le long de ces dernières, doit être au plus de 18 fois la largeur des barres, et, en règle générale, seulement de 10 à 12 fois cette largeur. Cette règle peut aussi être admise pour des barres rigides (fig. 237 et 238) et nous voyons en effet que, dans l'exécution, la largeur des fers en T et des fers en Ω est dans une proportion analogue avec la distance des mailles. Les tiges en fers plats permettraient un rapport un peu différent, en ce qu'elles produiraient une rigidité relativement plus grande dans le plan de la paroi du treillis; toutefois des circonstances désavantageuses pouvant se présenter, on ne choisit guère la largeur des tiges en-dessous du $^1/_{12}$ de la distance des points de croisement.

206. Le *viaduc sur la Sarine à Fribourg* fournit un autre exemple d'un pont à barres comprimées rigides; ces dernières ont reçu la forme de ⌡, tandis que les barres tirées consistent en fers méplats; les deux ailes des fers en ⌡ n'ont chacune que 70^{mm} de hauteur, ensorte qu'on n'a pas obtenu la rigidité des fers en T ordinaires; à tous les 5,58^m, ou à tous les 4,18^m vers les culées, il a été ajouté des armatures verticales. — Ce pont, décrit dans la „Zeitschrift für Bauwesen" de Berlin, 1863, présente encore la particularité que ses poutres principales continues franchissent *sept* ouvertures; les 5 ouvertures du milieu ont chacune 48,8^m, et les deux extrêmes chacune 44,92^m de longueur, ensorte qu'on a un treillis continu de 333,83^m de longueur; non seulement cette continuité a facilité le montage du pont par glissement, mais elle a été avantageuse au montage des piles métalliques intermédiaires; le treillis était à cet effet armé de câbles particuliers. La construction et le montage de la partie métallique du pont ont été faits par MM. Schneider et Cie., du Creusot.

CHAPITRE SEPTIEME.

Supplément et considérations rétrospectives.

—

§ 23.

Ponts-tubes.

207. Les parois verticales des *ponts-tubes* agissent d'une manière analogue à celles des autres ponts-poutres, elles peuvent consister en un treillis, un lattice ou être pleines. Ce qui distingue les ponts-tubes des autres ponts, c'est que les *nervures* des deux parois verticales (servant ordinairement pour une seule voie) sont reliées de façon à former une seule bande sur la largeur entière du pont. Les nervures inférieures forment le fond, et les nervures supérieures, la couverture du tube.

Les formules que nous avons développées dans les chapitres précédents pour le calcul des forces dans les nervures et dans les barres, s'appliqueraient directement aussi aux ponts-tubes, lorsqu'on pourrait prouver que les forces dans les nervures se répartissent uniformément sur la section entière, condition sur laquelle sont fondées les équations 166) et 167). Cette condition ne peut pas être complétement remplie dans les ponts-tubes, parce que la différence des forces dans les nervures doit être supportée par les forces dans les barres (ce qui résulte des équations 18) et 173), tandis que les forces dans les barres n'agissent qu'à l'extérieur, c'est-à-dire que des deux côtés des larges bandes des nervures; ces dernières doivent supporter outre leurs tensions longitudinales des efforts rasants qui résultent de ce que les différences des forces dans les nervures sont produites dans le voisinage des parois verticales et reportées vers le milieu par la résistance au cisaillement des feuilles des nervures; ces parties du milieu des nervures auront donc toujours à supporter un effort moindre que les parties voisines des parois; il faut encore remarquer que les nervures des ponts-tubes, par suite de leurs grandes largeurs, consistent toujours en une série de feuilles de tôles. Afin de réduire à un minimum l'inégalité des tensions dans les nervures, on renforce la liaison des feuilles des nervures par des constructions spéciales, *les armatures transversales*, aussi nommées *carlingues*, qui, par leur résistance à la flexion dans le sens horizontal, s'opposent au glissement des feuilles des nervures. — A la partie inférieure, ces carlingues servent d'entretoises pour le tablier, et à la partie supérieure aussi bien qu'à la partie inférieure, elles renforcent le contreventement, formé lui-même par les nervures. — Les carlingues étant destinées à répartir uniformément les forces dans les barres sur la largeur totale des nervures, celles voisines des culées sont soumises à des efforts notablement plus grands que ceux qui agissent dans les carlingues situées vers le milieu du pont, elles doivent en conséquence être construites plus fortes, ou être en plus grand nombre.

208. Le premier *pont-tube* qui ait été construit est celui nommé *Britannia*, qui raccourcit la distance entre l'Angleterre et l'Irlande en franchissant le détroit de Menai; sous plusieurs rapports, c'est un des ponts-tubes les plus considérables; jusqu'à ces derniers temps, aucun pont-poutre existant n'avait une portée aussi grande et celle-ci n'a été jusqu'ici surpassée que par celle du pont sur le Leck, représenté par la fig. 228. — Le pont de Britannia, construit sous la direction de Mr. Robert Stephenson, a 4 ouvertures, les deux plus grandes chacune de 460 pieds anglais (140 mètres), les deux autres plus faibles, de 230 pieds anglais (70 mètres) chacune, comme le représente la fig. 249.

Fig. 249.

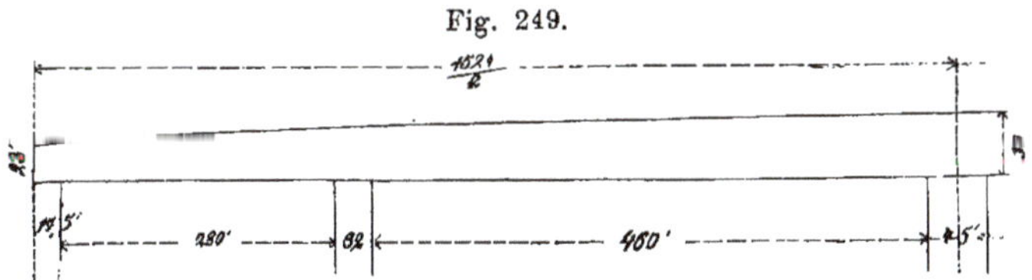

La construction du pont de Britannia a donné lieu à un progrès général, celui de l'emploi du *fer forgé* sur une grande échelle, aussi pour les pièces soumises à la compression; la grande portée a nécessité la recherche du rapport qui devait exister entre le poids à soutenir et le poids propre du pont; à cet effet, MM. W. Fairbairn et E. Hodgkinson ont fait des expériences importantes, surtout sur la résistance des matériaux (fer forgé et fonte). Mr. E. Clark, chargé de la construction du pont, en a donné une description détaillée ainsi que les notices historiques, dans l'ouvrage intitulé:

„The Britannia and Conway tubular bridges by Edvin Clark published under the supervision of Robert Stephenson."

L'emplacement du pont était donné par le rocher de Britannia, suffisamment large pour permettre la construction d'une forte pile intermédiaire. Le premier projet de Mr. Stephenson présente deux arcs de 350 pieds de portée; l'amirauté réclama un rectangle de 460 pieds d'ouverture et de 105 pieds de hauteur, ce qui rendit l'arc impossible. On pensait devoir recourir à un pont en chaînes et le tube n'aurait servi qu'à rendre le tablier rigide, mais le mode de suspension aurait été différent de celui des ponts ordinaires en chaînes. — Ce projet préalable était considéré par Mr. Stephenson comme étant le seul rationnel si l'ouverture devait être notablement plus grande; les recherches faites montrèrent toutefois qu'une ouverture de 460 pieds anglais pouvait être franchie à l'aide d'un tube en fer forgé, c'est-à-dire à l'aide d'une poutre droite, sans qu'on eût recours à une chaîne, et l'on fixa les dimensions principales telles qu'elles sont indiquées dans la fig. 249; le tube est continu sur toutes les ouvertures, seulement la continuité n'est pas parfaite sur la pile du milieu; la ligne élastique y est brisée, et l'angle sous lequel les deux portions de courbes viennent se relier a été choisi de manière que les valeurs des moments de flexion maxima sur la pile et dans la grande ouverture ne différassent pas trop l'une de l'autre. Avant de faire cette importante application de la théorie de l'élastique, on fit des recherches directes sur une tige en bois de 36 pieds de longueur et de 1 pouce de côté en section transversale; ces recherches furent confirmées par celles qu'on pu faire sur le tube achevé. (Voir le N°. **203**, où sont mentionnées des recherches analogues faites pour le pont Drogheda-Boyne.

Des recherches subséquentes montrèrent que le tube agit en effet comme une poutre homogène. — On détermina ensuite par des expériences faites sur un tube métallique le nombre des armatures de la paroi du tube et les dimensions qu'on devait leur donner. Après plusieurs recherches sur des tubes en cercle et sur des tubes elliptiques, on s'arrêta à la forme représentée dans la fig. 250. La

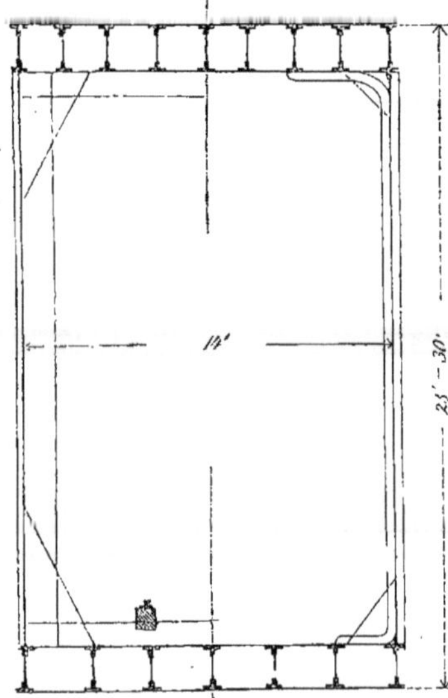

Fig. 250.

partie supérieure (couverture) soumise principalement à la pression
obtint un plus grand nombre de compartiments que la partie inférieure (le fond); dans cette dernière, on employa avec soin les
couvre-joints nécessaires; la disposition particulière des joints de la
double couche de tôle du fond du tube a déjà été représentée en coupe
longitudinale par la fig. 51, et est donnée en plan, par la fig. 251;
les petits disques de cette figure indiquent les joints des parois

Fig. 251.

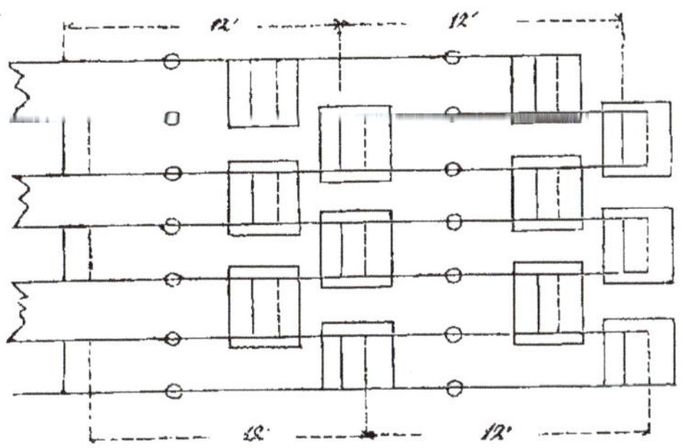

verticales qui se trouvent entre les joints des couches horizontales; les couvre-joints indiqués dans la fig. 251 ont 3 pieds
(0,915 mètre) de longueur et les feuilles de tôle se recouvrent
de 1 pied (0,305 mètre).

Les *parois verticales* du tube consistent en tôles de 2 pieds
(0,61 mètre) de largeur et de $^8/_{16}$ à $^{10}/_{16}$ de pouce (13 ^{mm} à 16 ^{mm})
d'épaisseur. Les couvre-joints sont formés de fers en ⊤, analogues
à ceux indiqués dans la planche VII pour le pont de Langon.

209. Le propre poids du pont de Brittania est considérable; il
est, pour les grands tubes, de 3,30 tonnes par pied courant soit
de 11270 kilogr. par mètre, celui des petites ouvertures est
de 8670 kilogr. par mètre.

Le montage du tube eut lieu séparément pour chaquet ravée;
pour les petites ouvertures, au moyen d'un échafaudage élevé
sur le chantier même, pour les grandes, sur des chantiers spéciaux;
les grands tubes, une fois terminés, furent amenés sur des ra-
deaux entre les piliers, et élevés au moyen de presses hydrau-
liques; on fit la liaison des tubes entre eux en tenant un compte
exact de l'angle de l'élastique; comme nous l'avons déjà indiqué,
la continuité est imparfaite sur la pile du milieu. On évita ainsi
un moment de flexion maximum démesuré sur cette pile du milieu
et les grands tubes eurent à supporter, au montage leur plus
grand effort; vu le poids considérable de la construction elle-

même, le moment de flexion au milieu des tubes reposant librement sur deux appuis et non-chargés est notablement plus grand que le moment de flexion maximum du pont chargé lorsque la liaison des 4 tubes est opérée.

210. En même temps que le pont de Britannia, on construisait aussi le *pont-tube de Conway* (1844—1848) d'une seule ouverture de 125 mètres de portée; la disposition est sensiblement analogue à celle que montre la fig. 250 pour le pont de Britannia. — Le poids métallique est de 9270 kilogr. par mètre et se répartit en 58% de tôles, 27% de cornières et de fers en $\top$; 10% de couvre-joints et 5% de têtes de rivets.

Le pont de *Victoria*, *à Montréal*, projeté par Mr. Robert Stephenson, est d'une longueur exceptionnelle; c'est un pont-tube formé de 34 ouvertures, chacune de 73,8 mètres, et d'une ouverture au milieu, de 100,6 mètres de portée; pour cette dernière ouverture, le poids du tube est, à ce que nous avons lu de 6000 kilogr. par mètre courant. — Les tubes ne sont pas continus; aussi le fond, n'étant soumis qu'à la tension, est-il composé de tôles sans carlingues longitudinales; la couverture est formée de compartiments pour la grande ouverture, mais, pour les petites, les compartiments sont remplacés par des carlingues longitudinales en fers en T.

Le *pont sur la Nogat*, *à Marienbourg*, est un pont-tube à parois en lattices, il a été construit en même temps que le pont sur la Vistule à Dirschau (voir N°. **198**), mais pour des considérations militaires (de fortification), sa hauteur devait être réduite à un maximum. — Le fond et la couverture de ce pont consistent en une seule couche de tôles, renforcées et armées de carlingues longitudinales en forme de ⌐.

§ 24.

Poutres composées ou armées.

211. Les *poutres armées*, aussi nommées *poutres composées*, peuvent se calculer d'après les règles des ponts en treillis; toute-

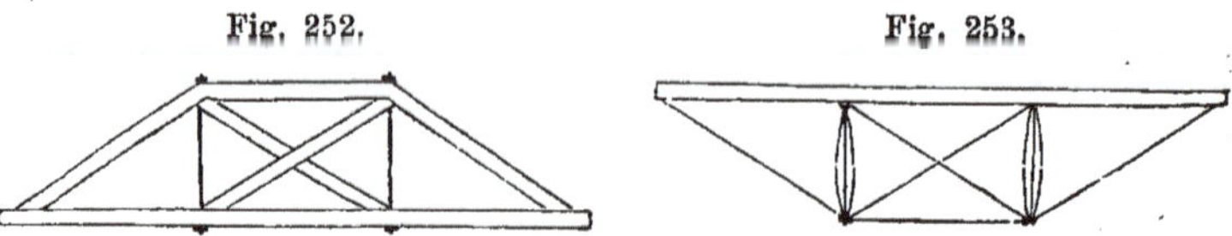

fois le petit nombre et la grandeur relativement considérable des panneaux nécessitent pour le calcul des $\mathfrak{M}$ et des $\mathfrak{V}$, l'emploi

des règles indiquées pour le cas de charges concentrées, dans le
N°. **24** et spécialement par les équations 170)—173). Les barres
diagonales indiquées dans les fig. 252 et 253 ne sont soumises à
aucun effort pour une charge uniformément répartie, mais elles
sont indispensables pour les charges partielles. — Les poutres
armées, dont la forme la plus simple est représentée dans les
figures ci-dessus, appartiennent à la classe des treillis simples
non-symétriques; les forces dans les nervures et dans les barres se
calculent à l'aide des équations 186)—191), dès que les $\mathfrak{M}$ et
les $\mathfrak{B}$ auront été trouvés d'après les équations 170)—173).

212. Les poutres armées peuvent être construites sans barres
diagonales si l'on emploie une tige spéciale pour chaque barre
verticale, comme le représente la fig. 254; le caractère distinctif

Fig. 254.

des ponts-poutres disparaît alors et nous avons un pont en chaînes
ou pont suspendu; si, en effet, nous supposons la longrine supérieure remplacée par des chaînes *de retenue*, les barres verticales
ne sont plus nécessaires et nous obtenons le type indiqué par
la fig. 255, auquel les équations 185) à 191) ne sont plus applicables; on fait le calcul en considérant les points où le tablier
est suspendu comme fixes, c'est-à-dire comme points d'appui, et
en décomposant dans les directions données des chaînes, les pressions sur les appuis, déterminées d'après le § 8. Ce dernier

Fig. 255.

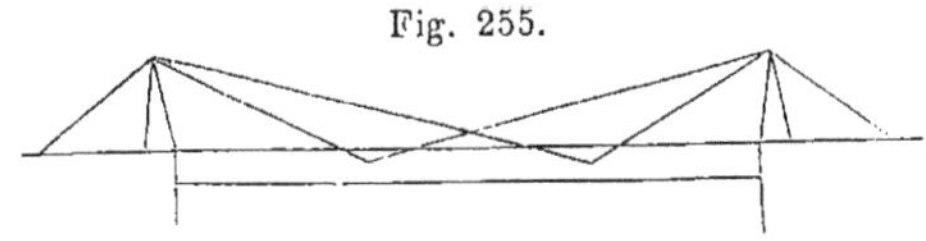

calcul se complique par l'abaissement des points d'appui dans le
cas d'une surcharge, quand on emploie des poutres continues
pour le tablier; les règles à appliquer sont aussi contenues dans
le § 8.

213. Comme exemple d'une poutre armée de grande dimension, nous prendrons le *pont* bien connu *sur le Vye à Chepstow*,

dont l'ouverture principale est représentée dans la fig. 256. Ce pont a été construit par Mr. J. K. Brunel, immédiatement après celui de Brittania; il est aussi fait entièrement de fer forgé. De

Fig. 256.

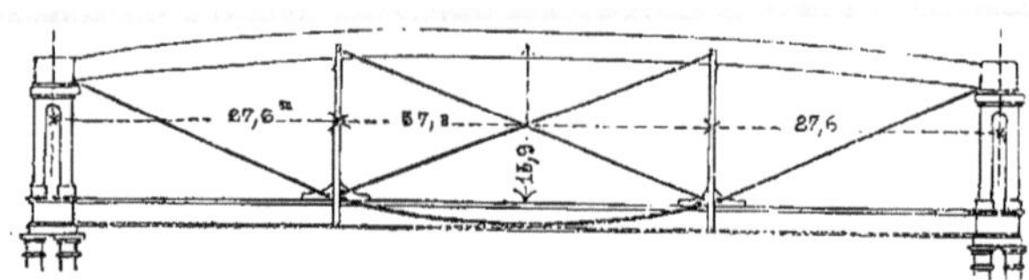

même que dans le pont de Saltash construit quelques années plus tard aussi par Mr. Brunel, la longrine supérieure soumise à la pression se compose d'un tube en tôle de 15ᵐᵐ d'épaisseur, comme le montre la fig. 257; les tubes ont 2,75 mètres de diamètre et sont renforcés tous les 8 mètres par des diaphragmes. — La tige inférieure et les diagonales sont faites de chaînes, le tablier est supporté par des poutres en tôle de 2,3 mètres de hauteur et de 6ᵐᵐ d'épaisseur de paroi verticale. Mr. Brunel indique (voir Clark, page 103) comme

poids du pont pour *une voie:*

Tubes avec couvre-joints	127, 5	tonnes,
Supports du tube	7,75	"
Tôles latérales etc. pour assujettir les chaînes .	15,00	"
" " " pour les chaînes diagonales .	2,25	"
Diaphragmes intérieurs, à 8 mètres d'intervalle .	4,25	"
Têtes de rivets	4,75	"
Chaînes principales et boulons	105,0	"
Chaînes diagonales	23,0	"
Chevalets	18,5	"
Glissières et rouleaux aux points de suspension .	22,0	"
Tablier, c'est-à-dire poutres et pièces de pont .	130,0	"

Total   460,0 tonnes.

Le poids métallique est donc par mètre courant de simple voie, pour 93,0 mètres de portée:

$$p' = 38\ l + 1400 = 4934 \text{ kilogr.}$$

Le poids considérable du tablier est nécessité par la grande longueur des panneaux; du reste le poids correspond à-peu-près à celui du pont de Saltash, indiqué dans le Nº. **167**.

Fig. 257.

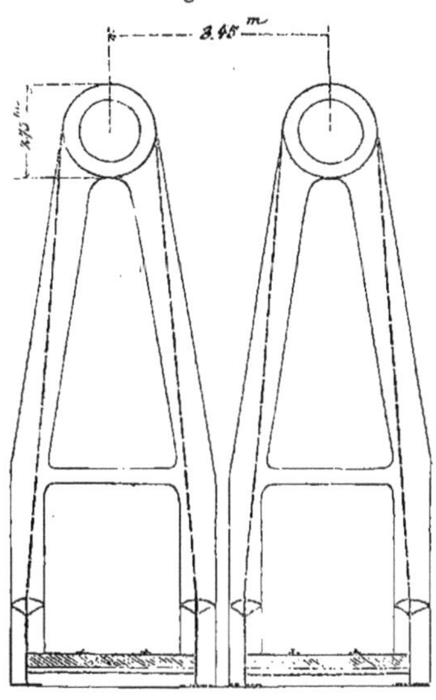

§ 25.
Poutres continues sur plusieurs ouvertures.

214. Les ponts à plusieurs ouvertures reçoivent souvent dans ces derniers temps des poutres reposant librement sur les appuis, comme le montrent nos exemples des ponts en treillis. — D'un autre côté, les ingénieurs français emploient encore de préférence les ponts à *poutres continues* et souvent sur un *grand nombre* d'ouvertures, comme le prouve le pont sur la Sarine à Fribourg (Nº. **205**).

Dans les „Annales des Ponts et Chaussées, année 1866", Mr. Renaudot a publié, pour une série de cas, les valeurs principales des moments de flexion $\mathfrak{M}$ et des efforts tranchants $\mathfrak{B}$; nous reproduisons dans les tables LIX à LXI les résultats qui se rapportent à *quatre* et à *cinq ouvertures d'égale portée*.

Lorsque les tables LIX à LXI sont insuffisantes (surtout lorsque les ouvertures extérieures sont différentes), on pourra toujours employer la méthode de Mr. Clapeyron, indiquée dans les Nᵒˢ. **21** et **22**, qui est aussi applicable lorsque les points d'appui intermédiaires sont abaissés; voir les cas développés dans les Nᵒˢ. **74, 81** et **82**.

Table

Poutres continues sur

Fig. 258.

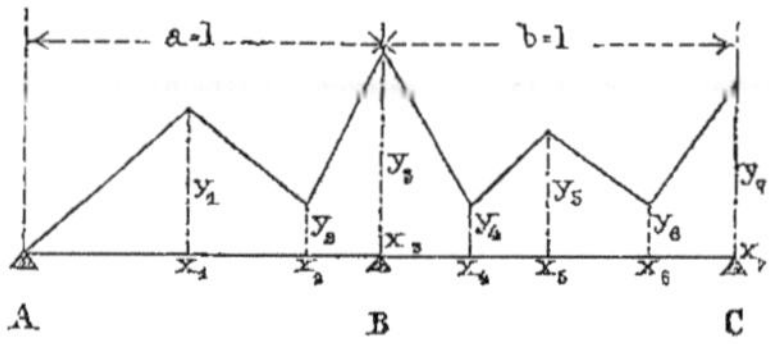

Moments de flexion maxima $\mathfrak{M}$.

$\dfrac{k}{p}$	$\dfrac{x_1}{l}$	$\dfrac{y_1}{p\,l^2}$	$x_2=0,7861$ $\dfrac{y_2}{p\,l^2}$	$x_3=1$ $\dfrac{y_3}{p\,l^2}$	$x_4=0,2681$ $\dfrac{y_4}{p\,l^2}$	$\dfrac{x_5}{l}$	$\dfrac{y_5}{p\,l^2}$	$x_6=0,8041$ $\dfrac{y_6}{p\,l^2}$	$x_7=1$ $\dfrac{y_7}{p\,l^2}$
0,00	0,393	0,0772	0,0000	0,1071	0,0000	0,563	0,0364	0,0000	0,0714
1,00	0,420	0,1761	0,0421	0,2277	0,0491	0,527	0,1168	0,0402	0,1786
1,25	0,423	0,2009	0,0526	0,2578	0,0614	0,526	0,1369	0,0502	0,2054
1,50	0,425	0,2258	0,0631	0,2879	0,0737	0,526	0,1570	0,0603	0,2321
1,75	0,427	0,2506	0,0737	0,3181	0,0859	0,524	0,1772	0,0703	0,2580
2,00	0,429	0,2755	0,0842	0,3482	0,0982	0,524	0,1973	0,0804	0,2875
2,50	0,431	0,3253	0,1052	0,4085	0,1228	0,523	0,2375	0,1004	0,3393
3,00	0,433	0,2750	0,1263	0,4688	0,1473	0,522	0,2778	0,1205	0,3929
4,00	0,436	0,4746	0,1684	0,5893	0,1964	0,521	0,3583	0,1607	0,5000
5,00	0,438	0,5722	0,2105	0,7098	0,2455	0,521	0,4388	0,2009	0,6071

LIX.

4 ouvertures égales.

Fig. 259.

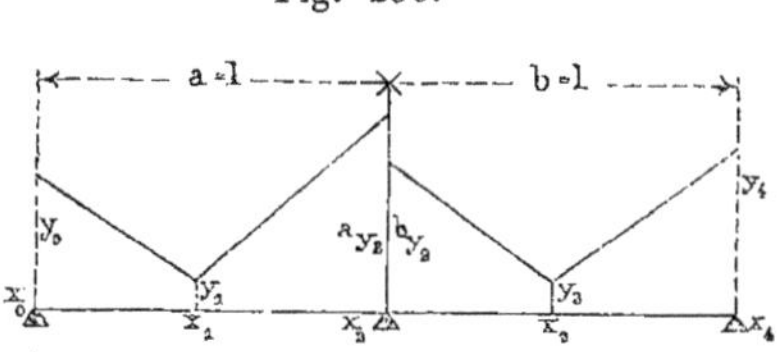

Efforts tranchants maxima 𝔅 et réactions sur les culées A, B, C.							
$x_0 = 0{,}000$	$x_1 = 0{,}3931$	$x_2 = 1$	$x_2 = 0{,}000$	$x_3 = 0{,}5361$	$x_4 = 1$	$\dfrac{B}{pl}$	$\dfrac{C}{pl}$
$\dfrac{y_0}{pl} = \dfrac{A}{pl}$	$\dfrac{y_1}{pl}$	$\dfrac{{}^a y_2}{pl}$	$\dfrac{{}^b y_2}{pl}$	$\dfrac{y_3}{pl}$	$\dfrac{y_4}{pl}$		
0,3929	0,0000	0,6071	0,5357	0,0000	0,4643	1,1429	9,2086
0,8393	0,0536	1,2277	1,1384	0,0670	1,0357	2,3661	2,0741
0,9509	0,0670	1,3828	1,2891	0,0837	1,1786	2,6716	2,3571
1,0625	0,0804	1,5370	1,4707	0,1004	1,3211	2,0777	2,6429
1,1741	0,0937	1,6931	1,5904	0,1172	1,4643	3,2835	2,9286
1,2857	0,1071	1,8482	1,7411	0,1339	1,6071	3,5893	3,2143
1,5089	0,1339	2,1586	2,0424	0,1647	1,8929	4,2009	3,7857
1,7321	0,1607	2,4688	2,3438	0,2009	2,1786	4,8125	4,3571
2,1786	0,2143	3,0893	2,9464	0,2679	2,7500	6,0357	5,5000
2,6250	0,2679	3,7098	3,5491	0,3349	3,3214	7,2589	6,6429

Tables

Poutres continues sur

Fig. 260.

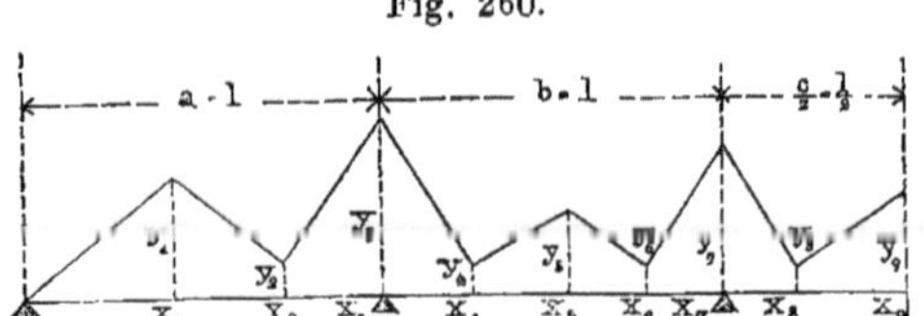

LX.   Moments de flexion

$\dfrac{k}{p}$	$\dfrac{x_1}{l}$	$\dfrac{y_1}{p\,l^2}$	$x_2 = 0.789\,l$	$x_3 = l$	$x_4 = 0,268\,l$
			$\dfrac{y_2}{p\,l^2}$	$\dfrac{y_3}{p\,l^2}$	$\dfrac{y_4}{p\,l^2}$
0,00	0,395	0,0779	0,0000	0,1053	0,0000
1,00	0,421	0,1773	0,0416	0,2249	0,0491
1,25	0,424	0,2022	0,0519	0,2548	0,0614
1,50	0,426	0,2272	0,0623	0,2847	0,0737
1,75	0,428	0,2522	0,0727	0,3146	0,0859
2,00	0,430	0,2771	0,0831	0,3445	0,0982
2,50	0,432	0,3271	0,1089	0,4043	0,1228
3,00	0,434	0,3771	0,1247	0,4641	0,1473
4,00	0,437	0,4771	0,1662	0,5837	0,1964
5,00	0,439	0,5771	0,2078	0,7033	0,2455

LXI.   Efforts tranchants maxima $\mathfrak{B}$

$\dfrac{k}{p}$	$x_0 = 0,000$	$x_1 = 0,395\,l$	$x_2 = l$	$x_2 = 0,000$	$x_3 = 0,526\,l$
	$\dfrac{y_0}{p\,l} = \dfrac{A}{p\,l}$	$\dfrac{y_1}{p\,l}$	$\dfrac{^a y_2}{p\,l}$	$\dfrac{^b y_2}{p\,l}$	$\dfrac{y_3}{p\,l}$
0,00	0,3947	0,0000	0,6053	0,5263	0,0000
1,00	0,8421	0,0526	1,2240	1,1244	0,0718
1,25	0,9539	0,0658	1,3798	1,2739	0,0897
1,50	1,0658	0,0789	1,5347	1,4234	0,1077
1,75	1,1776	0,0921	1,6896	1,5730	0,1256
2,00	1,2895	0,1053	1,8445	1,7225	0,1435
2,50	1,5132	0,1316	2,1548	2,0215	0,1794
3,00	1,7368	0,1579	2,4641	2,3206	0,2153
4,00	2,1842	0,2105	3,0837	2,9187	0,2871
5,00	2,6316	0,2632	3,7033	3,5167	0,3589

LX et LXI.

5 ouvertures égales.

Fig. 261.

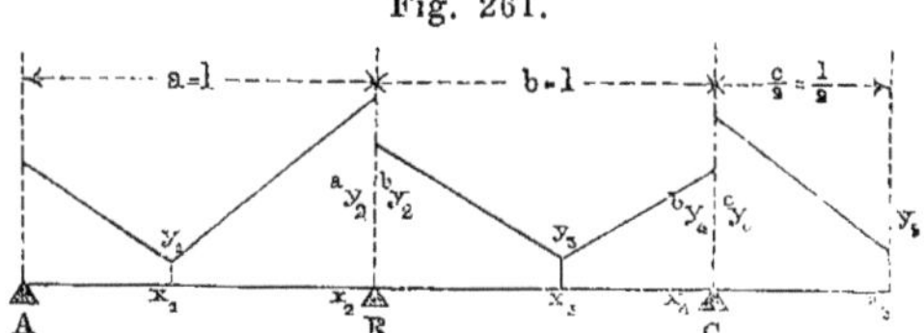

maxima 𝔐. Fig. 260.

$\dfrac{x_5}{1}$	$\dfrac{y_5}{p\,l^2}$	$x_6 = 0,784\,1$	$x_7 = 1$	$x_8 = 0,197\,1$	$x_9 = \dfrac{1}{2}$
		$\dfrac{y_6}{p\,l^2}$	$\dfrac{y_7}{p\,l^2}$	$\dfrac{y_8}{p\,l^2}$	$\dfrac{y_9}{p\,l^2}$
0,526	0,0333	0,0000	0,0789	0,0000	0,0461
0,520	0,1122	0,0423	0,1902	0,0397	0,1316
0,519	0,1320	0,0529	0,2180	0,0496	0,1530
0,518	0,1517	0,0635	0,2458	0,0595	0,1743
0,518	0,1715	0,0740	0,2736	0,0694	0,1957
0,518	0,1913	0,0846	0,3014	0,0793	0,2171
0,517	0,2308	0,1058	0,3571	0,0992	0,2599
0,516	0,2703	0,1269	0,4127	0,1190	0,3026
0,516	0,3756	0,1693	0,5239	0,1587	0,3882
0,515	0,4810	0,2119	0,6253	0,1983	0,4737

et réactions sur les culées A, B, C.   Fig. 261.

$x_4 = 1$	$x_4 = 0$	$x_5 = \dfrac{1}{2}$	$\dfrac{B}{p\,l}$	$\dfrac{C}{p\,l}$
$\dfrac{{}^b y_4}{p\,l}$	$\dfrac{{}^c y_4}{p\,l}$	$\dfrac{y_5}{p\,l}$		
0,4737	0,5000	0,0000	0,1316	0,9737
1,0502	1,0909	0,0909	2,3493	2,1411
1,1944	1,2386	0,1136	2,6537	2,4330
1,3385	1,3864	0,1364	2,9581	2,7249
1,4827	1,5341	0,1591	3,2626	3,0167
1,6268	1,6818	0,1818	3,5670	3,3086
1,9151	1,9773	0,2273	4,1758	3,8923
2,2033	2,2727	0,2727	4,7847	4,4761
2,7799	2,8636	0,3636	6,0024	5,6435
3,3565	3,4545	0,4545	7,2201	6,8110

§ 26.

Considérations rétrospectives.

215. Les exemples de ponts des chapitres précédents, qui représentent les divers types de ponts-poutres, montrent l'emploi des règles générales contenues dans les 2me. et 3me. chapitres, en même temps que le mode de construction employé.

Des poutres continues se présentent dans les exemples du pont de Langon N⁰. **114**, du pont sur l'Eipel N⁰. **191**, sur la Vistule à Dirschau N⁰. **192**, sur le Boyne à Drogheda N⁰. **203** et du pont de Brittania N⁰. **201**.

Ces exemples montrent tous des ponts à parois pleines ou à système lattice, tandis que d'ordinaire les ponts en treillis reposent librement sur deux appuis; ces derniers peuvent du reste être aussi construits continus.

Les *poutres rectilignes et horizontales reposant librement sur les appuis* sont la forme la plus simple des ponts-poutres, outre les poutres en tôle, à parois pleines, contenues dans les Nᵒˢ. **119** et **113**, le § 16 du cinquième chapitre contient une série de ponts en treillis rectilignes représentés plus en détail par les planches lithographiques IX à XII.

Les poutres reposant librement sur les appuis, à nervures cintrées sont souvent employées comme système *simple non-symétrique*, qu'elles soient paraboliques (§ 17) ou d'une autre forme (§ 18). Deux exemples calculés en détail: le pont sur le Main à Kitzingen, Nᵒˢ. **172** et **173**, et le pont sur le Colomak, N⁰. **179** et **110**, montrent l'emploi des règles applicables à des formes de nervure quelconques; la remarque à la fin du N⁰. **110** montre la différence du reste peu importante entre ces deux exemples.

Les treillis doubles, non-symétriques sont représentés par les ponts sur le Danube à Ingolstadt, Nᵒˢ. **159** et **160**, et sur l'Elbe à Tangermuende, Nᵒˢ. **112** et **113**. La méthode du calcul se laisse aussi employer dans le cas d'un système triple.

Les pièces de pont ou entretoises, pour ponts de chemins de fer, sont calculées dans les Nᵒˢ. **110**, **153**, **157** et **111**; dans ce dernier numéro, c'est une poutre en treillis; les exemples des Nᵒˢ. **110** et **157** sont des poutres à parois pleines, tandis que l'entretoise du N⁰. **153** est en partie construite comme treillis et en partie comme poutre à parois pleines.

Les *longrines-sous-rails* sont ordinairement des poutres homogènes, en forme de **I**, dont le calcul peut être avantageusement fait à l'aide de la table XXIX, dès que les moments de flexion (égaux en nombre à ΣXy) sont connus d'après les tables XXX, ou déterminés d'après la méthode représentée par les figures 123, 181 ou 217.

216. *Les poids propres de ponts de chemins de fer* qu'on peut introduire dans les calculs statiques, sont indiqués dans la table XVII[a] et correspondent à une tension maximum dans les nervures de 700 kilogr. par centimètre carré.

Nous voulons comparer les poids des ponts dont nous nous sommes occupés jusqu'ici. Il existe une différence, même pour ces ponts construits d'une manière rationnelle, vu que dans le calcul, on a pris des surcharges et des tensions maxima différentes. La table LXII renferme aussi, outre les poids réels — par mètre et par voie — de la construction métallique p′, les charges variables correspondantes, et les tensions admises dans les nervures.

Dans les constructions des ponts que nous considérons, on a toujours eu l'intention de produire dans la matière, dans toutes les parties des poutres principales, des mêmes efforts maxima — indiqués dans la table par „*tension maximum dans les nervures.*“ Le tablier — comprenant les pièces de pont et les longrines-sous-rails — est calculé ordinairement à une tension maximum plus faible, parce que ces parties du pont ont à souffrir du choc direct des voitures; cet amoindrissement de tension est du reste à-peu-près le même dans la plupart des ponts que nous considérons.

Il faut donc s'attendre à une variation du poids d'un pont dans le même rapport que varie la tension maximum adoptée dans les nervures; d'un autre côté, un pont sera d'autant plus lourd que, dans le calcul statique, la surcharge et le propre poids auront été pris plus grands.

Afin de *pouvoir comparer exactement les poids des ponts qui* nous occupent, il faut d'abord réduire le poids métallique à la même tension, que nous avons prise de $\mathfrak{A} = 700$ kilogr.; ces poids, ainsi modifiés, sont indiqués par la lettre p'_0.

Ensuite, il faudrait aussi prendre, pour chaque portée, le même mode de charge; nous avons ajouté la surcharge k de la table XVII[a] et nous l'avons désignée par k_a.

Les sommes des poids p'_0 et k_a, calculés tous d'après les mêmes principes, doivent être comparées à celles contenues dans les premières colonnes, c'est-à-dire à la somme des valeurs p′ et k qui ont servi au calcul de ces ponts; il est à supposer que les ponts de même construction et de même portée, calculés d'après la table XVII[a] et pour une tension $\mathfrak{A} = 700$ kilogr. doivent être plus lourds dans le rapport $(p'_0 + k_a) : (p' + k)$, que les poids obtenus dans l'exécution.

Ces poids métalliques fictifs, modifiés dans le rapport $(p'_0 + k_a) : (p' + k)$, sont indiqués dans la table par la lettre p'_a, et enfin, dans la dernière colonne, on a ajouté la somme q'_a des valeurs p'_a et k_a qui correspond à un même mode de calcul de tous les projets. Cette dernière colonne est intéressante; on y voit que les valeurs de q'_a sont sensiblement constantes pour les

II. 12

Table

	Désignation du pont.	Portée.	Surcharge — k — par mètre cour.	Tension maximum dans les nervures.	Poids métallique de la construction par mètre et par voie.
1.	Poutre en tôle à parois pleines, pour une voie, reposant librement. Portée d'après le § 12.	15,0 m	4750	650	33,3 l + 330 = 850
2.	Pont sur la Brenz, à Königsbronn, à une voie, reposant librement, treillis.	19,25 m	4660	530	42,7 l + 308 = 1130
3.	Pont canal sur la Blau, à Ehrenstein, à une voie, reposant librement, système lattice.	19,40 m	4660	660	36,0 l + 500 = 1200
4.	Projet pour les petites ouvertures du pont sur l'Elbe, à Meissen, à une voie, reposant librement, treillis parabolique	21,6 m	5440	700	27,0 l + 325 = 900
5.	Pont sur la Brahe, à Czersk, à une voie, reposant librement, treillis parabolique.	25,4 m	4470	684	26,3 l + 338 = 1078
6.	Pont sur le Colomak, à une voie, reposant librement, treillis.	33,8 m	4564	670	34,3 l + 460 = 1620
7.	Pont sur le Main, à Kitzingen, à une voie, reposant librement, système Pauli.	37,0 m	7800 *)	734	23,5 l + 314 = 1180
8.	Pont sur l'Isar, à Munich, à une voie, reposant librement, treillis.	50,2 m	5440	600	37,3 l + 668 = 2634
9.	Pont sur le Danube, à Ingolstadt, à une voie, reposant librement, treillis.	54,24 m	4840	600	41,0 l + 685 = 2908

LXII.

p' + k	$p_0' =$ p' réduit à $\mathfrak{A} = 700$ kilogr.	k_a d'après la table XVII^a.	$q_a = p'_0 + k_a$	p'$_a$ = poids métallique de la construction, réduit dans le rapport $q_a : (p' + k)$	$k_a + p'_a$
5600	31,0 1 + 306 = 770	4750	5520	30,5 1 + 300 = 757	5507
5790	32,3 1 + 233 = 855	4660	5515	31,0 1 + 218 = 815	5475
5860	34,0 1 + 470 = 1130	4660	5790	33,4 1 + 464 = 1112	5772
6340	27,0 1 + 325 = 900	4600	5500	23,6 1 + 284 = 794	5394
5548	25,7 1 + 330 = 982	4550	5532	25,7 1 + 330 = 982	5532
6184	32,8 1 + 440 = 1550	4440	5990	31,7 1 + 428 = 1500	5940
5980	24,8 1 + 330 = 1240	4420	5660	23,4 1 + 313 = 1180	5600
8074	30,4 1 + 690 = 2260	4280	6490	25,0 1 + 504 = 1805	6035
7748	35,1 1 + 587 = 2490	4200	6690	30,2 1 + 500 = 2138	6338

Table

	Désignation du pont.	Portée.	Surcharge — k — par mètre cour.	Tension maximum dans les nervures.	Poids métallique de la construction par mètre et par voie.
10.	Pont sur l'Elbe, à Meissen, à une voie, reposant librement, treillis.	54,6ᵐ	4142	731	$29,7\,l + 346 = 1970$
11.	Pont sur l'Elbe, à Tangermuende, à double voie, reposant librement, système Schwedler.	65,9ᵐ	3725	731	$20,9\,l + 440 = 1817$
12.	Pont de Langon, à double voie, continu, à parois pleines.	68,0ᵐ **)	4000	700	$27,0\,l + 445 = 2274$
13.	Pont sur le Boyne, à Drogheda, à double voie, continu, système lattice.	81,4ᵐ ***)	3333	700	$26,0\,l + 290 = 2407$
14.	Pont sur le Rhin, à Cologne, à double voie, continu, système lattice.	98,22	2550	731	$27,9\,l + 420 = 3336$
15.	Pont sur le Rhin, à Mayence, à simple voie, reposant librement, système Pauli,	105,2	2930	820	$24,33\,l + 676 = 3230$
16.	Pont Royal-Albert, à Saltash, à une voie, reposant librement, treillis parabolique.	138,68	3334	700	$39,3\,l + 1125 = 6575$

*) Y compris 1000 kilogr. par mètre pour le ballast.

**) Portée moyenne des trois ouvertures, dont on a pris le poids moyen.

***) Poids d'une ouverture du milieu.

LXII.

$p' + k$	$p_0' = p'$ réduit à $\mathfrak{A} = 700$ kilogr.	k_a d'après la table XVII^a.	$q_a = p'_0 + k_a$	$p'_a =$ poids métallique de la construction, réduit dans le rapport $q_a : (p' + k)$	$k_a + p'_a$
6100	$31{,}0\,l + 36\,0$ $= 2054$	4200	6254	$31{,}8\,l + 370$ $= 2116$	6316
5542	$21{,}8\,l + 460$ $= 1896$	4000	5896	$23{,}2\,l + 490$ $= 2020$	5916
6274	$27{,}0\,l + 445$ $= 2274$	4000	6274	$27{,}0\,l + 445$ $= 2274$	6274
5740	$26{,}0\,l + 290$ $= 2407$	3850	6257	$28{,}3\,l + 316$ $= 2620$	6470
5886	$29{,}1\,l + 438$ $= 3483$	3700	7183	$35{,}5\,l + 534$ $= 4020$	7720
6160	$28{,}5\,l + 792$ $= 3780$	3650	7430	$34{,}2\,l + 952$ $= 4550$	8200
9909	$39{,}3\,l + 1125$ $= 6575$	3334	9909	$39{,}3\,l + 1125$ $= 6575$	9909

portées de 30 à 80 mètres, quel que soit le mode de construction; cela n'est pas étonnant puisque, dans l'avant-dernière colonne, les valeurs de p'_a augmentent assez régulièrement avec la grandeur des travées, tandis qu'au contraire les valeurs de k_a, calculées d'après la table XVII^a, diminuent. D'un autre côté, nous avons montré dans le N°. **198**, que le poids propre p' augmente à partir de 80 mètres de portée plus rapidement que la surcharge k ne diminue.

On voit aussi que les ponts à double voie sont relativement plus légers que ceux à une voie; c'est en partie à cette cause qu'est dû le faible poids du pont sur le Rhin à Cologne comparé à celui du pont sur le Rhin à Mayence, construit avec un soin particulier; néanmoins il faut ajouter que dans notre comparaison, nous n'avons pu tenir compte de ce que quelques pièces de construction peuvent être soumises à des efforts plus grands, ensorte que la valeur de chacun des systèmes ne peut pas être jugée d'une façon absolue d'après les poids indiqués; nous croyons pouvoir tirer au contraire de cette table le résultat: que tous les systèmes rationnellement employés, pour des mêmes portées, et dans les mêmes circonstances présentent des poids sensiblement analogues, qui diffèrent principalement par le degré de soin apporté dans la construction des détails.

BIBLIOTHÈQUE NATIONALE
R. F.

APPENDICE.

Table des fonctions trigonométriques.

Dans les dessins de constructions, on peut toujours obtenir la tangente ou la
cotangente d'un angle donné; la table suivante sert alors à la détermination des
autres fonctions trigonométriques.

degré.	min.	sin.	cosin.	tang.	cotang.		
0	0	0,00000	1,00000	0,00000	∞	0	90
	10	0,00291	0,99999	0,00291	343,77371	50	
	20	0,00582	0,99998	0,00582	171,88540	40	
	30	0,00873	0,99996	0,00873	114,58865	30	
	40	0,01164	0,99993	0,01164	85,93979	20	
	50	0,01554	0,99989	0,01455	68,75009	10	
1	0	0,01745	0,99985	0,01746	57,28996	0	89
	10	0,02036	0,99979	0,02036	49,10388	50	
	20	0,02327	0,99973	0,02328	42,96408	40	
	30	0,02618	0,99966	0,02619	38,18846	30	
	40	0,02908	0,99958	0,02910	34,36777	20	
	50	0,03199	0,99949	0,03201	31,24158	10	
2	0	0,03490	0,99939	0,03492	28,63625	0	88
	10	0,03781	0,99929	0,03783	26,43160	50	
	20	0,04071	0,99917	0,04075	24,54176	40	
	30	0,04362	0,99905	0,04366	22,90377	30	
	40	0,04653	0,99892	0,04658	21,47040	20	
	50	0,04943	0,99878	0,04949	20,20555	10	
3	0	0,05234	0,99863	0,05241	19,08114	0	87
	10	0,05524	0,99847	0,05533	18,07498	50	
	20	0,05814	0,99831	0,05824	17,16934	40	
	30	0,06105	0,99813	0,06116	16,34985	30	
	40	0,06395	0,99795	0,06408	15,60478	20	
	50	0,06685	0,99776	0,06700	14,92442	10	
		cosin.	sin.	cotang.	tang.	min.	degré.

Appendice.

degré.	min.	sin.	cosin.	tang.	cotang.		
4	0	0,06976	0,99759	0,06993	14,30067	0	86
	10	0,07266	0,99736	0,07285	13,72674	50	
	20	0,07556	0,99714	0,07578	13,19688	40	
	30	0,07846	0,99692	0,07870	12,70620	30	
	40	0,08136	0,99668	0,08163	12,25051	20	
	50	0,08426	0,99644	0,08456	11,82617	10	
5	0	0,08716	0,99619	0,08749	11,43005	0	85
	10	0,09005	0,99594	0,09042	11,05943	50	
	20	0,09295	0,99567	0,09335	10,71191	40	
	30	0,09585	0,99540	0,09629	10,38540	30	
	40	0,09874	0,99511	0,09923	10,07803	20	
	50	0,10164	0,99482	0,10216	9,78817	10	
6	0	0,10453	0,99452	0,10510	9,51436	0	84
	10	0,10742	0,99421	0,10805	9,25530	50	
	20	0,11031	0,99390	0,11099	9,00983	40	
	30	0,11320	0,99357	0,11393	8,77001	30	
	40	0,11609	0,99324	0,11688	8,55555	20	
	50	0,11898	0,99290	0,11983	8.34496	10	
7	0	0,12187	0,99255	0,12278	8,14435	0	83
	10	0,12476	0,99219	0.12574	7,95302	50	
	20	0,12764	0,99182	0,12869	7,77005	40	
	30	0,13053	0,99144	0,13195	7,59575	30	
	40	0,13341	0,99106	0,13461	7,42871	20	
	50	0,13629	0,99067	0,13758	7,26873	10	
8	0	0,13916	0,99027	0,14054	7,11537	0	82
	10	0,14205	0,98986	0,14351	6,96823	50	
	20	0,14493	0,98944	0,14648	6,82694	40	
	30	0,14781	0,98902	0,14945	6,69116	30	
	40	0,15069	0,98858	0,15243	6,56055	20	
	50	0,15356	0,98814	0,15540	6,43484	10	
9	0	0,15643	0,98769	0,15838	6,31375	0	81
	10	0,15931	0,98723	0,16137	6,19703	50	
	20	0,16218	0,98676	0,16434	6,08444	40	
	30	0,16505	0,98629	0,16734	5,97567	30	
	40	0,16792	0,98580	0,17033	5,87080	20	
	50	0,17078	0,98531	0,17333	5,76128	10	
10	0	0,17365	0,98481	0,17633	5,67128	0	80
	10	0,17651	0,98430	0,17933	5,57638	50	
	20	0,17937	0,98378	0,18233	5,48451	40	
	30	0,18224	0,98325	0,18534	5,39552	30	
	40	0,18509	0,98272	0,18835	5,30928	20	
	50	0,18795	0,98218	0,19136	5,22566	10	
		cosin.	sin.	cotang.	tang.	min.	degré.

degré.	min.	sin.	cosin.	tang.	cotang.		
11	0	0,19081	0,98163	0,19438	5,14455	0	79
	10	0,19366	0,98107	0,19740	5,06534	50	
	20	0,19652	0,98050	0,20042	4,98950	40	
	30	0,19937	0,97992	0,20345	4,91516	30	
	40	0,20222	0,97934	0,20648	4,84300	20	
	50	0,20507	0,97875	0,20952	4,77286	10	
12	0	0,20791	0,97815	0,21256	4,70464	0	78
	10	0,21076	0,97754	0,21560	4,63825	50	
	20	0,21360	0,97692	0,21864	4,57363	40	
	00	0,01044	0,07680	0,00100	1,51071	90	
	40	0,21928	0,97566	0,22475	4,44942	20	
	50	0,22212	0,97502	0,22781	4,38969	10	
13	0	0,22495	0,97437	0,23087	4,33148	0	77
	10	0,22778	0,97371	0,23393	4,.7471	50	
	20	0,23062	0,97304	0,23700	4,21933	40	
	30	0,23345	0,97237	0,24008	4,16530	30	
	40	0,23627	0,97169	0,24316	4,11256	20	
	50	0,23910	0,97100	0,24624	4,06107	10	
14	0	0,24192	0,97030	0,24933	4,01078	0	76
	10	0,24474	0,96959	0,25242	3,96165	50	
	20	0,24756	0,96887	0,25551	3,91364	40	
	30	0,25038	0,96815	0,25862	3,86671	30	
	40	0,25320	0,96742	0,26172	3,82083	20	
	50	0,25601	0,96667	0,26483	3,77516	10	
15	0	0,25882	0,96593	0,26795	3,73205	0	75
	10	0,26163	0,96517	0,27107	3,68909	50	
	20	0,26443	0,96440	0,27419	3,64705	40	
	30	0,26724	0,96363	0,27732	3,60588	30	
	40	0,27004	0,96285	0,28046	5,56557	20	
	50	0,27284	0,96206	0,28360	3,52609	10	
16	0	0,27564	0,96126	0,28675	3,48741	0	74
	10	0,27843	0,96046	0,28990	3,44951	50	
	20	0,28123	0,95964	0,29305	3,41236	40	
	30	0,28402	0,95882	0,29621	3,37594	30	
	40	0,28680	0,95799	0,29938	3,34023	20	
	50	0,28958	0,95715	0,30255	3,30521	10	
17	0	0,29237	0,95639	0,30573	3,27085	0	73
	10	0,29515	0,95545	0,30891	3,23714	50	
	20	0,29793	0,95459	0,31210	3,20406	40	
	30	0,30071	0,95372	0,31530	3,17159	30	
	40	0,30348	0,95284	0,31850	3,13972	20	
	50	0,30625	0,95195	0,32171	3,10842	10	
		cosin.	sin.	cotang.	tang.	min.	degré.

 Appendice.

degré.	Min.	sin.	cosin.	tang.	cotang.		
18	0	0,30902	0,95106	0,32492	3,07768	0	65
	10	0,31178	0,95015	0,32814	3,04749	50	
	20	0,31454	0,94924	0,33136	3,01783	40	
	30	0,31730	0,94833	0,33460	2,98868	30	
	40	0,32006	0,94740	0,33783	2,96004	20	
	50	0,32282	0,94646	0,34108	2,93189	10	
19	0	0,32557	0,94552	0,34433	2,90421	0	64
	10	0,32832	0,94457	0,34758	2,87700	50	
	20	0,33106	0,94361	0,35085	2,85023	40	
	30	0,33381	0,94264	0,35412	2,82391	30	
	40	0,33655	0,94167	0,35740	2,79802	20	
	50	0,33929	0,94068	0,36068	2,77254	10	
20	0	0,34202	0,93969	0,36397	2,74748	0	63
	10	0,34475	0,93869	0,36727	2,72281	50	
	20	0,34748	0,93769	0,37057	2,69853	40	
	30	0,35021	0,93667	0,37388	2,67462	30	
	40	0,35293	0,93565	0,37720	2,65109	20	
	50	0,35565	0,93462	0,38053	2,62791	10	
21	0	0,35837	0,93358	0,38386	2,60509	0	62
	10	0,36108	0,93253	0,38721	2,58161	50	
	20	0,36379	0,93148	0,39055	2,56046	40	
	30	0,36650	0,93042	0,39391	2,53865	30	
	40	0,36921	0,92935	0,39727	2,51715	20	
	50	0,37191	0,82827	0,40065	2,49597	10	
22	0	0,37461	0,92718	0,40403	2,47509	0	61
	10	0,37730	0,92609	0,40741	2,45451	50	
	20	0,37999	0,92499	0,41081	2,43422	40	
	30	0,38268	0,92388	0,41421	2,41421	30	
	40	0,38537	0,92276	0,41763	2,39449	20	
	50	0,38805	0,92164	0,42105	2,37504	10	
23	0	0,39073	0,92050	0,42447	2,35585	0	60
	10	0,39341	0,91936	0,42791	2,33693	50	
	20	0,39608	0,91822	0,43136	2,31826	40	
	30	0,39875	0,91706	0,43481	2,29984	30	
	40	0,40141	0,91590	0,43828	2,28167	20	
	50	0,40408	0,91472	0,44175	2,26374	10	
24	0	0,40674	0,91355	0,44523	2,24604	0	59
	10	0,40939	0,91236	0,44872	2,22857	50	
	20	0,41204	0,91116	0,45222	2,21132	40	
	30	0,41469	0,90996	0,45573	2,19430	30	
	40	0,41734	0,90875	0,45924	2,17749	20	
	50	0,41998	0,90753	0,46277	2,16090	10	
		cosin.	sin.	cotang.	tang.	min.	degré.

degré.	min.	sin.	cosin.	tang.	cotang.		
25	0	0,42262	0,90631	0,46631	2,14451	0	65
	10	0,42525	0,90507	0,46985	2,12832	50	
	20	0,42788	0,90383	0,47341	2,11233	40	
	30	0,43051	0,90259	0,47698	2,09654	30	
	40	0,43313	0,90133	0,48055	2,08094	20	
	50	0,43575	0,90007	0,48414	2,06553	10	
26	0	0,43837	0,89879	0,48773	2,05030	0	64
	10	0,44098	0,89752	0,49134	2,03526	50	
	20	0,44359	0,89623	0,49495	2,02039	40	
	30	0,44620	0,89493	0,49858	2,00569	30	
	40	0,44880	0,89363	0,50222	1,99116	20	
	50	0,45140	0,89232	0,50587	1,97680	10	
27	0	0,45399	0,89101	0,50953	1,96261	0	63
	10	0,45658	0,88968	0,51319	1,94858	50	
	20	0,45917	0,88835	0,51688	1,93470	40	
	30	0,46175	0,88701	0,52057	1,92098	30	
	40	0,46473	0,88566	0,52427	1,90741	20	
	50	0,46690	0,88431	0,52798	1,89400	10	
28	0	0,46947	0,88295	0,53171	1,88073	0	62
	10	0,47204	0,88158	0,53545	1,86760	50	
	20	0,47460	0,88020	0,53920	1,85462	40	
	30	0,47716	0,87882	0,54296	1,84177	30	
	40	0,47971	0,87743	0,54673	1,82906	20	
	50	0,48226	0,87603	0,55051	1,81649	10	
29	0	0,48481	0,87462	0,55431	1,80405	0	61
	10	0,48735	0,87321	0,55812	1,79174	50	
	20	0,48989	0,87178	0,56194	1,77955	40	
	30	0,49242	0,87036	0,56577	1,76749	30	
	40	0,49495	0,86892	0,56962	1,75556	20	
	50	0,49748	0,86748	0,57348	1,74375	10	
30	0	0,50000	0,86603	0,57735	1,73205	0	60
	10	0,50252	0,86457	0,58124	1,72047	50	
	20	0,50503	0,86310	0,58513	1,70901	40	
	30	0,50754	0,86163	0,58904	1,69766	30	
	40	0,51004	0,86015	0,59297	1,68643	20	
	50	0,51254	0,85866	0,59691	1,67530	10	
31	0	0,51504	0,85717	0,60086	1,66428	0	59
	10	0,51753	0,85567	0,60483	1,65337	50	
	20	0,52002	0,85416	0,60881	1,64256	40	
	30	0,52250	0,85264	0,61280	1,63186	30	
	40	0,52498	0,85112	0,61681	1,62125	20	
	50	0,52745	0,84959	0,62083	1,61074	10	
		cosin.	sin.	cotang.	tang.	min.	degré.

degré.	min.	sin.	cosin.	tang.	cotang.		
32	0	0,52992	0,84805	0,62487	1,60033	0	58
	10	0,53238	0,84650	0,62892	1,59002	50	
	20	0,53484	0,84495	0,63299	1,57981	40	
	30	0,53730	0,84339	0,63707	1,56969	30	
	40	0,50075	0,84102	0,64117	1,55066	20	
	50	0,54220	0,84025	0,64528	1,54972	10	
33	0	0,54464	0,83867	0,64941	1,53986	0	57
	10	0,54708	0,83708	0,65355	1,53010	50	
	20	0,54951	0,83549	0,65771	1,52043	40	
	30	0,55194	0,83389	0,66189	1,51084	30	
	40	0,55436	0,83228	0,66608	1,50133	20	
	50	0,55678	0,83066	0,67028	1,49190	10	
34	0	0,55919	0,82904	0,67451	1,48256	0	56
	10	0,56160	0,82741	0.67875	1,47330	50	
	20	0,56401	0,82577	0,68301	1,46411	40	
	30	0,56641	0,82413	0,68728	1,45501	30	
	40	0,56880	0,82248	0,69157	1,44598	20	
	50	0,57119	0,82082	0,69588	1,43703	10	
35	0	0,57358	0,81915	0,70021	1,42815	0	55
	10	0,57596	0,81748	0,70455	1,41934	50	
	20	0,57833	0,81580	0,70891	1,41061	40	
	30	0,58070	0,81412	0,71329	1,40195	30	
	40	0,58307	0,81242	0,71769	1,39336	20	
	50	0,58543	0,81072	0,72211	1,38484	10	
36	0	0,58779	0,80902	0,72654	1,37638	0	54
	10	0,59014	0,80730	0,73100	1,36800	50	
	20	0,59248	0,80558	0,73547	1,35968	40	
	30	0,59482	0,80386	0,73996	1,35142	30	
	40	0,59716	0,80212	0,74447	1,34323	20	
	50	0,59949	0,80038	0,74900	1,33511	10	
37	0	0,60181	0,79864	0,75355	1,32704	0	53
	10	0,60414	0,79688	0,75812	1,31904	50	
	20	0,60645	0,79512	0,76272	1,31110	40	
	30	0,60876	0,79335	0,76733	1,30323	30	
	40	0,61107	0,79158	0,77196	1,29541	20	
	50	0,61337	0,78980	0,77661	1,28764	10	
38	0	0,61566	0,78801	0,78129	1,27994	0	52
	10	0,61795	0,78622	0,78598	1,27230	50	
	20	0,62024	0,78442	0,79070	1,26471	40	
	30	0,62251	0,78261	0,79544	1,25717	30	
	40	0,62479	0,78079	0,80020	1,24969	20	
	50	0,62706	0,77897	0,80498	1,24227	10	
		cosin.	sin.	cotang.	tang.	min.	degré.

degré.	min.	sin.	cosin.	tang.	cotang.		
39	0	0,62932	0,77715	0,80978	1,23490	0	51
	10	0,63158	0,77531	0,81461	1,22758	50	
	20	0,63383	0,77347	0,81946	1,22031	40	
	30	0,63608	0,77162	0,82434	1,21310	30	
	40	0,63832	0,76977	0,82923	1,20593	20	
	50	0,64056	0,76791	0,83415	1,19882	10	
40	0	0,64279	0,76604	0,83910	1,19175	0	50
	10	0,64501	0,76417	0,84407	1,18474	50	
	20	0,64723	0,76229	0,84906	1,17777	40	
	30	0,64945	0,76041	0,85400	1,17085	30	
	40	0,65196	0,75851	0,85912	1,16398	20	
	50	0,65386	0,75661	0,86419	1,15715	10	
41	0	0,65606	0,75471	0,86929	1,15037	0	49
	10	0,65825	0,75280	0,87441	1,14363	50	
	20	0,66044	0,75088	0,87955	1,13694	40	
	30	0,66262	0,74896	0,88473	1,13029	30	
	40	0,66480	0,74703	0,88992	1,12366	20	
	50	0,66697	0,74509	0,89515	1,11713	10	
42	0	0,66913	0,74314	0,90040	1,11061	0	48
	10	0,67129	0,74120	0,90569	1,10414	50	
	20	0,67344	0,73924	0,91099	1,09770	40	
	30	0,67559	0,73728	0,91633	1,09131	30	
	40	0,67773	0,73531	0,92170	1,08496	20	
	50	0,67987	0,73333	0,92709	1,07864	10	
43	0	0,68200	0,73135	0,93252	1,07237	0	47
	10	0,68412	0,72937	0,93797	1,06613	50	
	20	0,68624	0,72737	0,94345	1,05994	40	
	30	0,68835	0,72537	0,94896	1,05378	30	
	40	0,69046	0,72337	0,95451	1,04766	20	
	50	0,69256	0,72136	0,96008	1,04158	10	
44	0	0,69466	0,71934	0,96569	1,03553	0	46
	10	0,69675	0,71732	0,97133	1,02952	50	
	20	0,69883	0,71529	0,97700	1,02355	40	
	30	0,70091	0,71325	0,98270	1,01761	30	
	40	0,70298	0,71121	0,98843	1,01170	20	
	50	0,70505	0,70916	0,99420	1,00583	10	
45	0	0,70711	0,70711	1,00000	1,00000	0	45
		cosin.	sin.	cotang.	tang.	min.	degré.

Récapitulation

des notations qui ont été employées pour les forces dans les treillis,
pour les moments de flexion $\mathfrak{M}$ et pour les efforts
tranchants $\mathfrak{V}$.

O_m — la force dans la nervure supérieure du panneau situé à gauche du point m.

U_m — la force dans la nervure inférieure du panneau situé à gauche du point m.

N_m ou T_m — la force dans une barre du panneau situé à gauche du point m.

V_m — la force dans une barre verticale passant par le point m.

$\mathfrak{M}_m$ — le moment de flexion au point m.

$\mathfrak{M}_x$ — le moment de flexion à une distance x de l'appui A.

$\mathfrak{M}_{\frac{m + m'}{2}}$ — le moment de flexion à une distance fixée par le milieu des points m et m'.

$\mathfrak{M}_{m - 1/2}$ — le moment de flexion au milieu du panneau m (m — 1), situé à gauche du point m.

$\mathfrak{V}_m$ — l'effort tranchant, constant sur toute la longueur du panneau, situé à gauche du point m.

$\mathfrak{V}_x$ — l'effort tranchant à la distance x de l'appui A.

$\mathfrak{V}_{\frac{m + m'}{2}}$ — l'effort tranchant à une distance fixée par le milieu des points m et m'.

Errata.

Pag. 29 ligne 11: *au lieu* de: $\dfrac{24}{q}$ — *lisez:* $\dfrac{q}{24}$.

  „ 31   „ 28:   „   „   „ $\dfrac{q l^4}{24}$ —   „ $\dfrac{q l^4}{24 \Theta E}$.

  „ 242 les figures 141 et 142 devraient être transposées, tandis que le texte
ne change pas.

  „ 280 ligne 21: *au lieu* de: qu'on considère — *lisez:* où la charge est
entrée.

  „ 298 ligne 3 d'en bas: *au lieu* de: 18400 — *lisez* · 14400.

  „ 298   „ 3   „   „   „   „   „ $\operatorname{tg}\beta$ — *lisez:* $\operatorname{tg}\beta_m$

  „ 298   „ 4   „   „   „   „   „ $P u_{m-1}$ — *lisez:* $P v_{m-1}$.

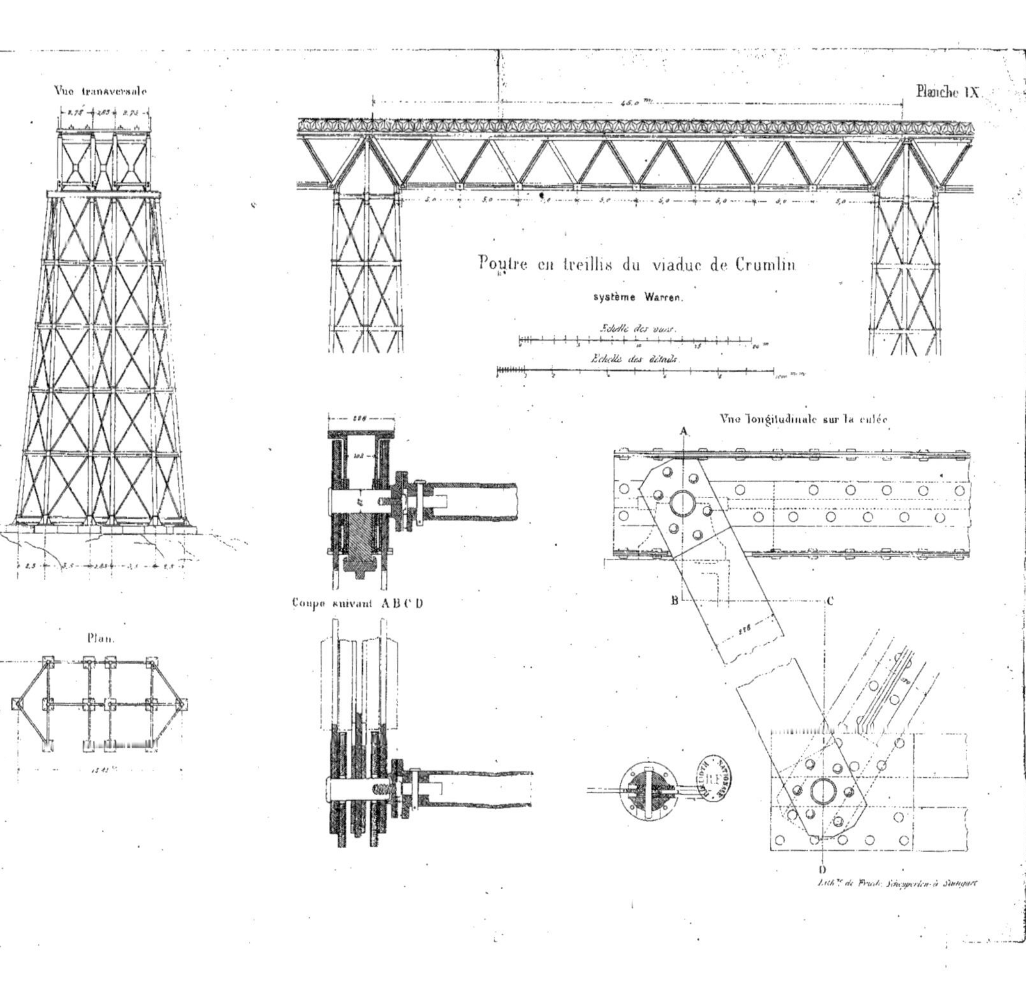

Vue transversale
Planche IX.
45.0 m.
Poutre en treillis du viaduc de Crumlin
système Warren.
Echelle des vues.
Echelle des détails.
Plan.
Coupe suivant A B C D
Vue longitudinale sur la culée
A
B
C
D
Lith. de Fred. Schæpperlen à Stuttgart

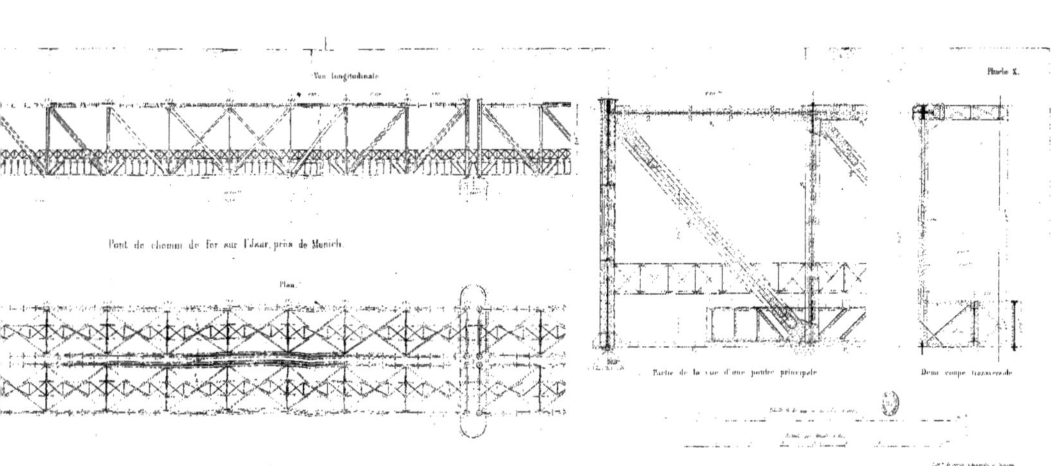

Vue longitudinale
Pont de chemin de fer sur l'Isar, près de Munich.
Plan.
Partie de la vue d'une poutre principale
Demi coupe transversale
Planche X.

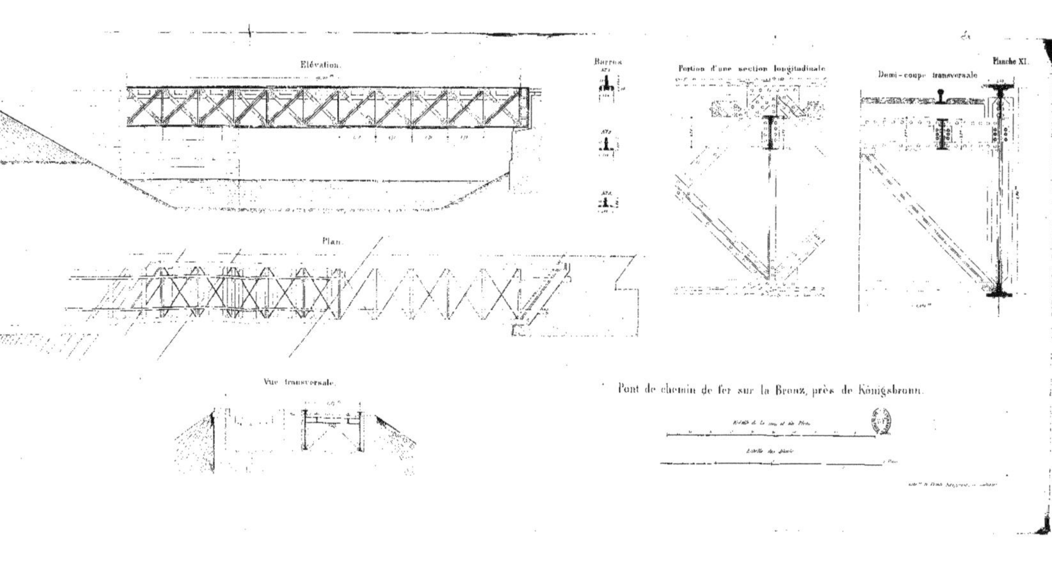

Pont de chemin de fer sur la Brenz, près de Königsbronn.

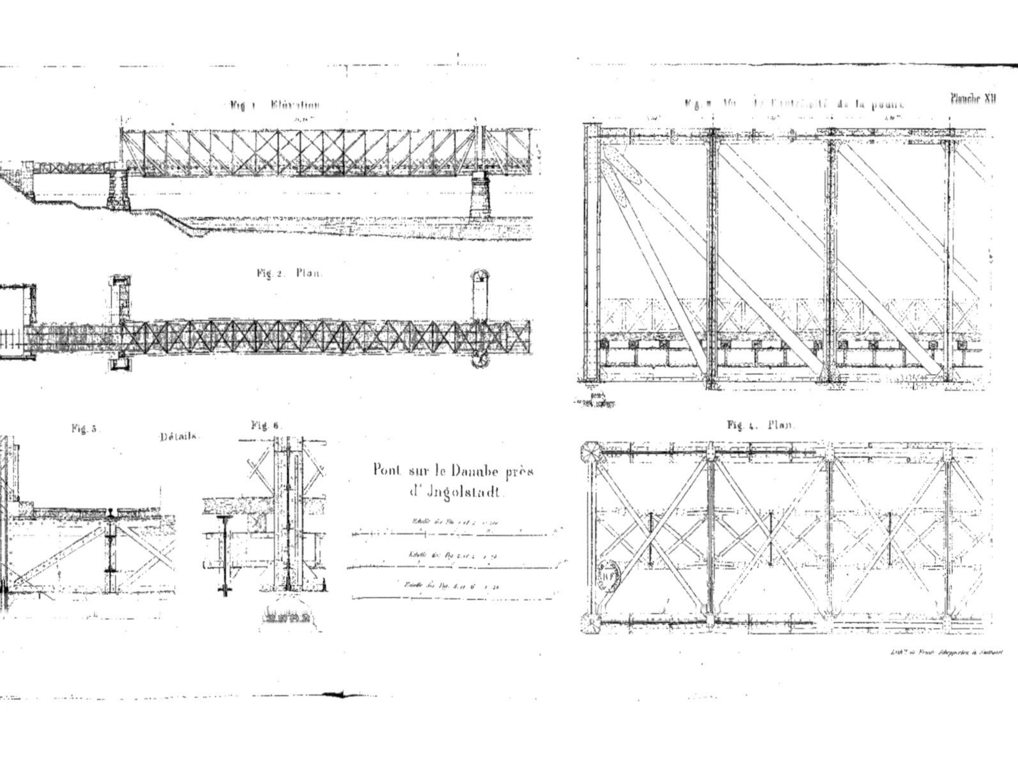

Planche XII
Fig. 1. Élévation
Fig. 2. Plan
Fig. 3. Fig. 4. Coupe transversale de la poutre
Fig. 4. Plan
Fig. 5.
Détails
Fig. 6.
Pont sur le Danube près d'Ingolstadt
Échelle des Fig. 1 et 2 : 1:500
Échelle des Fig. 3 et 4 : 1:75
Échelle des Fig. 5 et 6 : 1:20

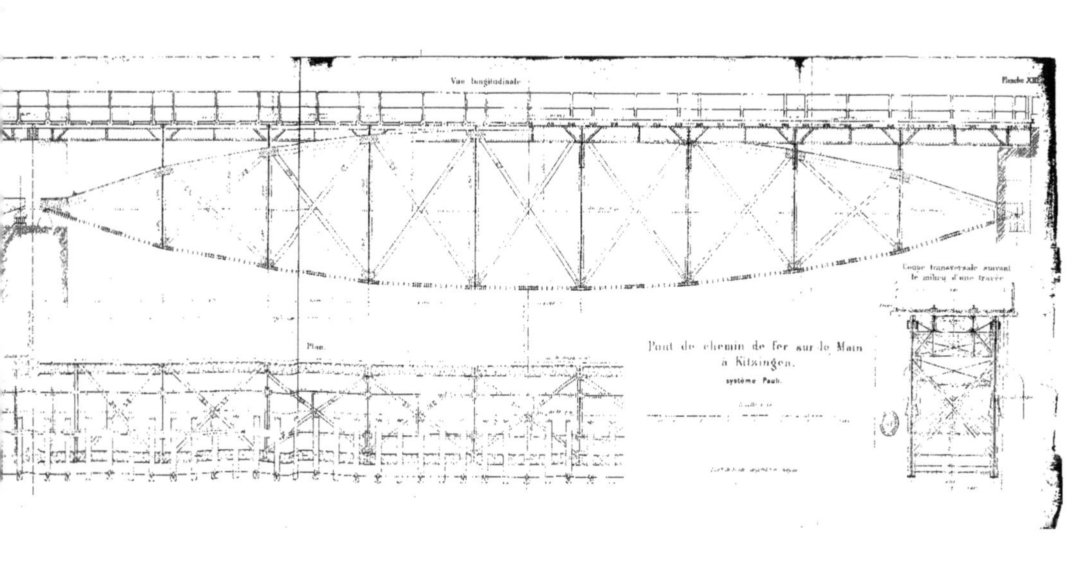

Vue longitudinale
Planche XIII
Coupe transversale suivant le milieu d'une travée
Plan
Pont de chemin de fer sur le Main à Kitzingen.
système Pauli.

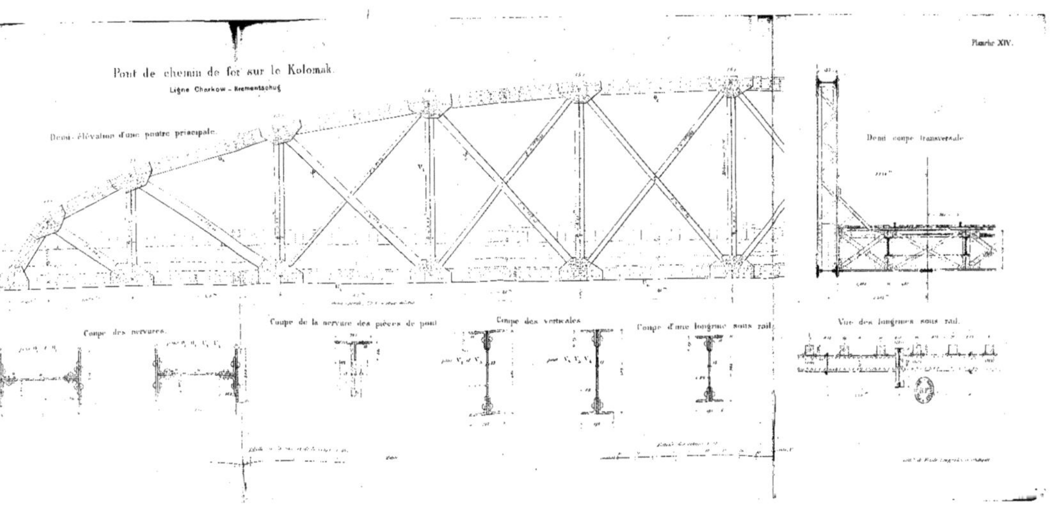

Pont de chemin de fer sur le Kolomak.
Ligne Charkow - Krementschug
Demi-élévation d'une poutre principale.
Demi coupe transversale.
Coupe des nervures.
Coupe de la nervure des pièces de pont.
Coupe des verticales.
Coupe d'une longrine sous rail.
Vue des longrines sous rail.

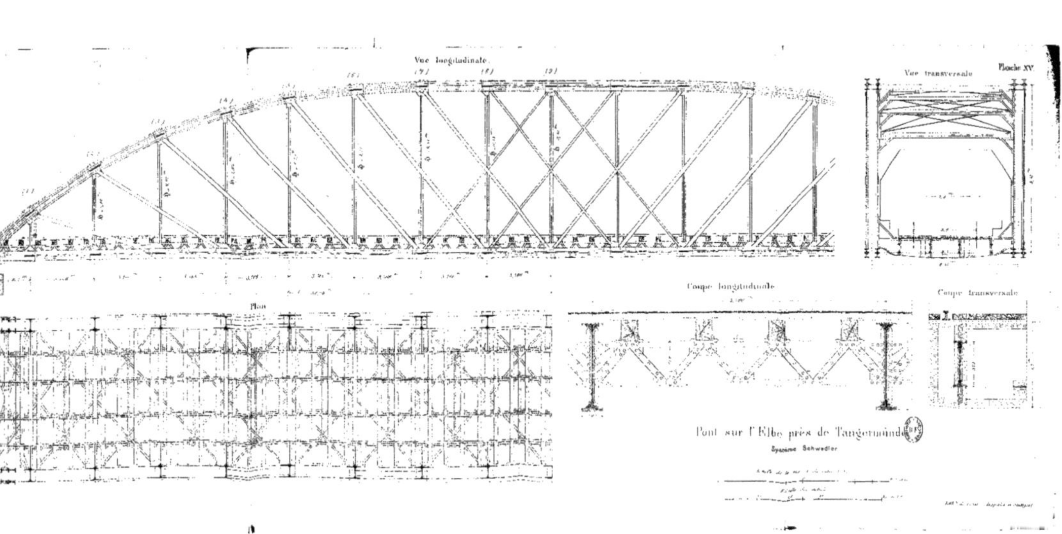

Vue longitudinale.
Vue transversale
Planche XV
Coupe longitudinale
Coupe transversale
Plan
Pont sur l'Elbe près de Tangermünde
Système Schwedler

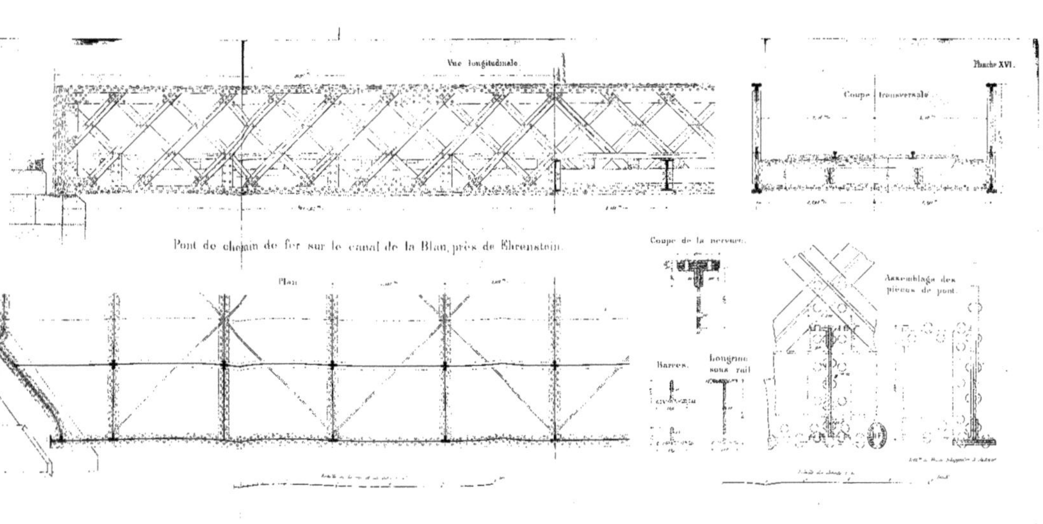

Vue longitudinale.
Planche XVI.
Coupe transversale.
Pont de chemin de fer sur le canal de la Blau, près de Ehrenstein.
Plan.
Coupe de la nervure.
Assemblage des pièces de pont.
Barres.
Longrine sous rail.

Imprimerie de Woerner et Comp. à Stuttgart.